杭州师范大学浙江省高校
人文社会科学重点研究基地（艺术学理论）科研资助项目成果

韶華老人周天籁

陈芝敏　刘晨　著

SJPC
上海三联书店

周天初像

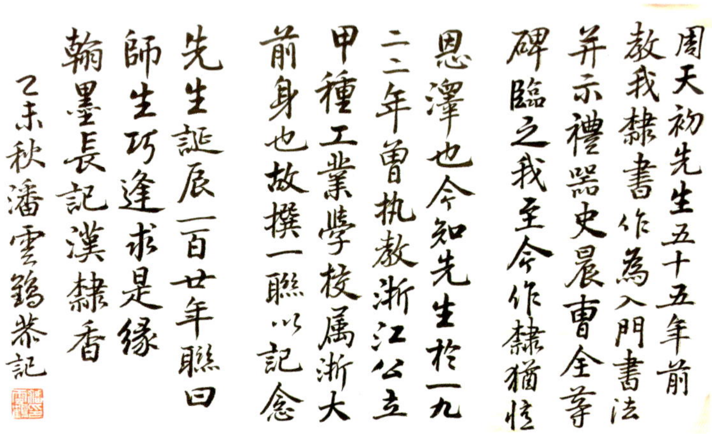
周天初先生五十五年前
教我隸書作為入門書法
并示禮器史晨曹全等
碑臨之我至今作隸猶憶
恩澤也今知先生於一九
二三年曾执教浙江公立
甲種工業學校屬浙大
前身也故撰一聯以記念
先生誕辰一百廿年聯曰
師生巧逢求是缘
翰墨長記漢隸香
乙未秋潘雲鶴恭記

师生巧逢求是缘，

翰墨长记汉隶香。

——潘云鹤为老师周天初先生诞辰120周年题

湖口归渡（1940 年）

碧湖吴家圩（1940 年）

乌桕（1940 年）

月镜岩（1940 年）

鸡冠峰（缙云仙都，1940 年）

石笋仙踪（松阳，1941 年）

后周堡（松阳，1941 年）

后周堡局部

倪翁洞（仙都）

日光回忆

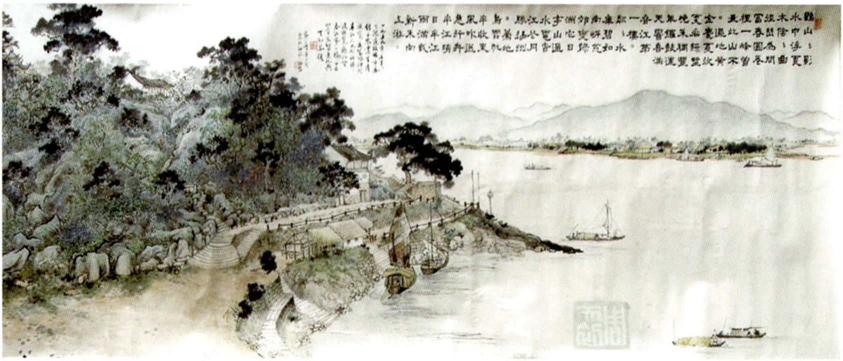

鹳山图（1957 年）

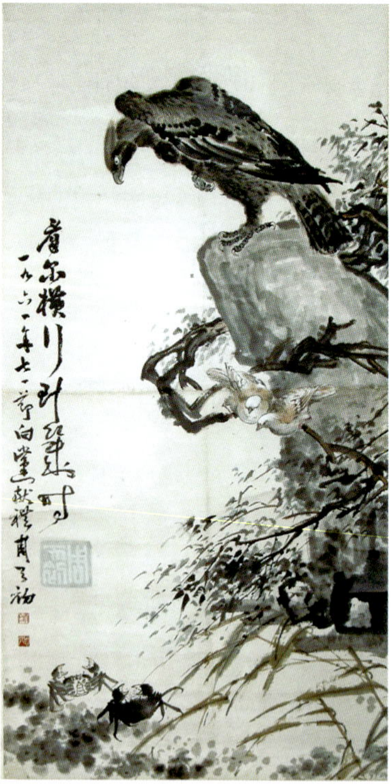

鹰蟹图（1961 年）

山花烂漫(1963 年)

胸中景境(1944 年)

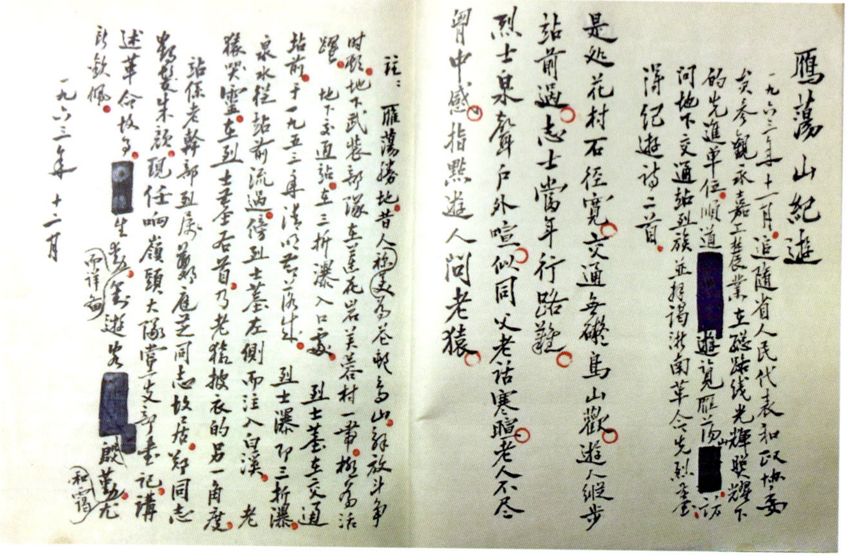

雁蕩山紀遊

一九六三年十一月追隨省人民代表和政協委員參觀永嘉工農業在總路線光輝照耀下的先進單位順道[redacted]遊覽雁蕩山[redacted]訪問地下交通站烈族並拜謁浙南革命先烈墓得紀遊詩二首

是处花村石徑寬，交通無礙島山歡。遊人緩步站前過，志士當年行路難。

烈士泉聲户外喧，似同父老話寒暄。老人不尽胸中感，指點遊人問老猿。

註：雁蕩[illegible]地昔人称之為[illegible]山解放斗爭時期地下武裝部隊在蓮花岩芙蓉村一帶極為活躍。地下交通站在三折瀑入口處。到士墓在交通站前于一九五三年清明節落成。到士泉水經站前流過傍到士墓左側而注入白溪。老猿哭靈在到士墓右首乃老猿披衣的另一角度。站係老幹部到[illegible]庭芝同志故居，鄭同志[illegible]現任[illegible]嶺頭大隊黨支部書記，講述革命故事[redacted]生動詳細遊者[illegible]欽佩。

[redacted]

一九六三年十二月

雁荡山纪游

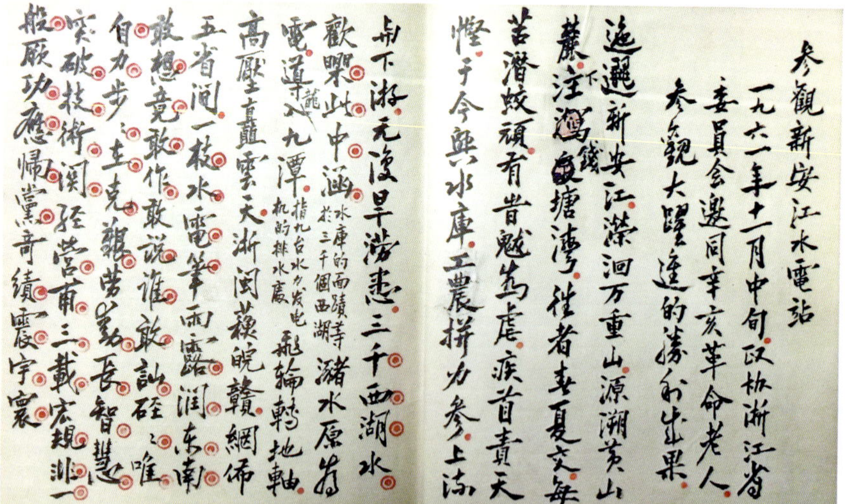

參觀新安江水電站

一九六一年十一月中旬政協浙江省委員會邀同辛亥革命老人參觀大躍進的勝利成果

迤邐新安江，縈迴万重山。源溯黄山麓，注下錢塘灣。往者春夏交，每苦潛蛟頑。有昔魃為虐，疾首責天慳。于今與水庫，工農拼力參。上游無復旱潦患。三千西湖水，歡躍此中涵（水庫的面積等於三千個西湖）。潴水原為電，導入九潭（指九台水力發电機的排水處）。飛輪轉地軸，高壓直矗雲天。浙閩蘇皖贛，綿佈五省間。一枝水電筆，雨露潤東南。敢想竟敢作，敢説誰敢訕。硜硜唯自力，步步克艱勞。[illegible]長智慧，突破技術關。經營甫三載，宏規非一般。厥功應歸黨，奇績震宇寰。

参观新安江水电站

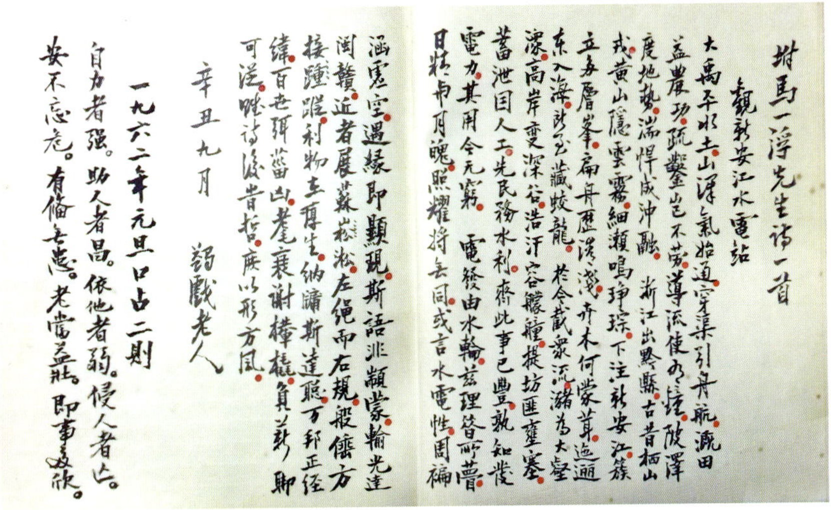

附馬一浮先生诗一首

觀新安江水電站

大禹平水土，山澤氣始通。穿渠引舟航，溉田益農功。疏鑿已不勞，導流使成瀦。陂澤度地勢，湍悍成沖融。浙江出黟縣，古昔栖山戎。黄山隱雲霧，細瀨鳴琤琮。下注新安江，簇立多層峯。扁舟歷淺深，[illegible]木何蒙茸。迤邐東入海，[illegible]藏蛟龍。於今截衆流，瀦為大壑深。高岸變深谷，浩汗容艨艟。提坊匯壅塞，蓄泄因人工。先民務水利，齊此事已豐。孰知發電力，其用今無窮。電發由水輪，玄理皆所豐。日精與月魄，照耀將無同。或言水電性，周[illegible]涵虛空。遇緣即顯現，斯語非顢頇。輪光達閩贛，近者覆蘇淞。左繩而右規，般倕方接踵。[illegible]利物未有生，納牖斯達聰。万邦正經緯，百世弭菑凶。耄衰謝樺樵，負薪聊可從。唯詩後普哲，賡以形方風。

辛丑九月　蠲戲老人

一九六二年元旦口占二則

自力者强。助人者昌。依他者弱。侵人者亡。

安不忘危。有備無患。老當益壯。即事多欣。

附马一浮先生诗一首

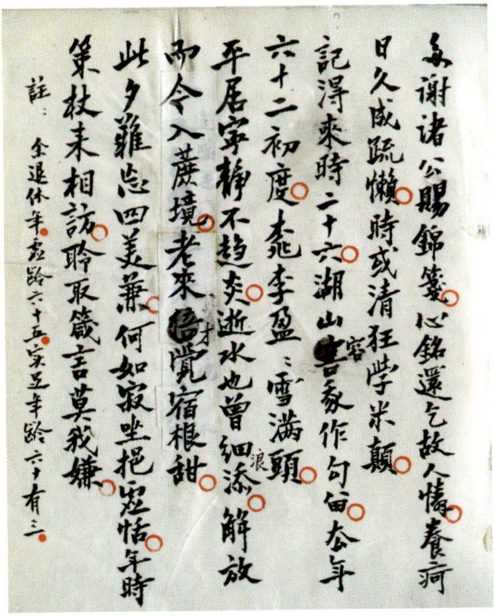

承謝諸公賜錦箋，以銘還乞故人情。養疴日久成疏懶，時或清狂學米顛。

記得來時二十六，湖山容易作句留。今年六十二初度，[illegible]李盈盈雪滿頭。

平居寧靜不趋炎，逝水也曾細添浪。解放而今入蔗境，老來猶覺宿根甜。

此夕難忘四美兼，何如寂坐把[illegible]年時。策杖來相訪，聆取箴言莫我嫌。

註：余退休年齡六十五，實足年齡六十有三。

退休时所作诗词（1958 年）

目　　录

文前插图目录

序一：周天初与他的时代轮廓

一个月前陈芝敏女士专程到访，递上其撰著的《韶华老人周天初》书稿，嘱我为之作序。尽管起初应邀为其提供过一些史料和建议，但作序之事唯恐力有不逮，担待不起，直言最好请名家为之作序。而陈女士诚意执着，并允可宽时以候。于是不再推辞，相诺勉力而为，取舍由她。从人间四月芳菲尽的一个周末开始，忙里偷闲，让思绪穿越百年，去探寻周天初与他的时代轮廓。

周天初是我曾经工作过的浙江省杭州高级中学（以下简称杭高）前辈师长。我曾在杭高执教历史凡十四年，在编撰《杭高百年史事日志（1899—1949）》《杭高人物名片》（均为未刊稿）时曾收有周天初的少许资料，在所著《百年名校杭州高级中学——从杭高出发的人文之旅》一书中也刊有其照片与简介，所以对于周天初，虽未有深度的了解，但终究略知一二，至少一说到这个名字，脑海中马上会浮现那副留着山羊胡子的嶙峋风骨，马上会记起前辈在浙江艺术教育史上的地位，马上会想到矗立在湖滨公园的由他负责设计筹建的淞沪战役阵亡将士纪念塔老照片。

周天初在杭高工作的时代正值时局变幻、学制变革、学校分合的20世纪二三十年代。当时的杭高经历了从浙江省立第一师范学校到浙江省立第一中学（校）再到浙江省立高级中学（后改名浙江省立杭州高级中学)的改制变迁。

浙江省立第一师范学校的前身乃浙江官立两级师范学堂,1908 年 5 月 14 日正式开学。堂址以浙江贡院旧址改建,即今杭高贡院校区所在地(位于杭州凤起路与中河路交汇处东北角)。民国元年即 1912 年更名为浙江省立两级师范学校(以下简称浙江两级师范)。次年,根据教育部《师范教育令》和浙江省议会通过的《筹设省立师范学校决议案》,浙江省每一旧府各设立师范学校一所。浙江两级师范改为浙江省立第一师范学校(以下简称浙江第一师范),原优级部(即高等师范)停办,部分学生或赴日本留学,或补习一年后送北京高等师范学校(今北京师范大学)继续学习;原初级部(即中等师范)在贡院原址改称浙江第一师范。浙江第一师范从 1913 年起至 1923 年止凡十年,英才云集,五四时期成为浙江新文化运动的中心,被蔡元培誉为“浙江最负盛名的学校”。周天初就是在 1923 年春即浙江第一师范的末期进入这所名校兼职的,此前一年他从日本回国,先后在位于场官弄(今杭州大学路)的浙江公立工业专门学校和位于横河桥(今杭州建国中路)的浙江省立女子师范学校(以下简称省立女师)任教。

1922 年 11 月,大总统黎元洪下令公布《学校系统改革案》,规定中学学制为三三制,即初中、高中各 3 年,高中为综合制,既有普通科,又有职业科。是为壬戌学制。浙江各中等学校遵照浙江省教育厅的统一部署,从 1923 年秋开始施行新学制。各省立中学与所在地之省立师范合并:一中(杭州)、四中(宁波)、五中(绍兴)、七中(金华)、十中(温州)各设三年制高中师范科;二中(嘉兴)、三中(湖州)、六中(台州)、八中(衢州)、九中(严州)、十一中(处州)各设三年制初中师范讲习科;省立女师改称浙江省立女子中学校(以下简称省立女中)。1923 年 8 月,浙江第一师范与创办于 1899 年由养正书塾、官立杭州府中学堂演变而来的位于大方伯圆通寺旧址(今杭州解放路浙江大学医学院附属第二医院内）的浙江省立第一中学校（以下简称省立一中）合并形成新的省立一中，以贡院校址为本部，办高中普通科和师范科，以大方伯校址为分部，专办初中。由于两校合并，贡院校址成为省立一中乃至后来杭高的主体校址，浙江第一师范与省立一中的历史在此汇流，浙江第一师范作为一所学校的历史就此落下帷幕。1927 年 4 月南京国民政府成立，浙江试行大学区制，成立国立第三中山大学，兼理全省教育事宜，杭州各中学校均受其管辖。8 月，为求男女受教育机会均等，国立第三中山大学决定省立中学校一律实行男女同校。创办于 1904 年的省立女中根据浙江省政府委员会第 30 次会议决定并入省立一中：以设于贡院的省立一中为省立一中第一部，专招男生；以横河桥及西大街（今武林路）之省立女中为省立一中第二部，专招女生。原省立一中大方伯校舍与原借贡院部分校舍办学达 13 年的浙江省立商科职业学校互换校舍，由此省立一中师范、高中、初中男生统一于第一部贡院校舍。1928 年 5 月，全省中小学校校名一律去除“校”字。省立一中在 1927 年至 1929 年整整两个学年间一度拥有两部三校区，成为浙江省规模最大的中学。从 1923 年至 1929 年，周天初先后在省立一中、省立女中、合并后的省立一中担任艺术学科主任兼教员。

1929 年，省立一中再度改制，根据 5 月 17 日浙江省政府委员会第 226 次会议决定，省立一中高初中分办，使高中与大学更好地衔接，将省立一中第一、第二两部之高中与省立二中（嘉兴）之高中及省立高级商科中学合并，在贡院校址组建全省唯一的公办高中。8 月，浙江省立高级中学（以下简称省立高中）成立，普通科、师范科、商科合于一校，真正实现公办高中男女同班。省立一中专办初中，仍分两部：第一部迁设蒲场巷（今大学路），专收男生；第二部设于西大街，专收女生。从此，本为同体的省立一中高中部与初中部分道发展，原高中部在贡院校址发展为杭高，原初中男生部（即省立一中第一部）又迁址学政署旧址（今浙江省杭州第四中学吴山校区校址），发展为杭州初级中学（以下简称杭初）。1931 年 6 月，省立一中第二部（初中女生部）独立，恢复浙江省立女子中学（以下简称省立女中）校名，增设高中，并迁址铜元路校址（今浙江省杭州第十四中学凤起校区校址）。这便是如今的杭州第四中学、杭州第十四中学这两所名校与杭高关系之历史渊源。同月，浙江省立杭州师范学校（以下简称杭师）创办，9 月在横河桥租屋开学，1935 年迁入南山路新校址。省立高中之师范科自 1931 年度起停止招生，原有的师范科学生在校继续学习直至毕业，至 1933 年 7 月省立高中结束开办师范科历史。1932 年 12 月，教育部决定废止综合中学制度，普通中学、师范学校、职业学校分别设立，高、初中均以升学为主要目的，高中不分文理科。1933 年 8 月，根据教育部《中学规程》关于"省立中学以所在地地名名之"的规定，省立高中改校名为"浙江省立杭州高级中学"，简称杭高；省立女中改称"浙江省立杭州女子中学"，简称杭女中。尽管在浙江第一师范之学校遗产继承问题上，后人所编的杭高、杭师校史各有侧重，见仁见智，从学校资产、人员、档案的延续性而言杭高受之无愧，从师范教育性质而言杭师对于杭州的师范教育史的继承作用当属公认。从 1929 年至 1934 年，周天初先后在省立高中、杭高担任学科主任兼教图画，并自 1931 年起兼杭师教职，1934 年正式转入杭师。

1937 年日本全面侵华。1938 年 6 月 14 日，浙江省政府委员会决定将内迁丽水碧湖的杭高、杭初、杭女中、杭师、民众教育实验学校、嘉兴中学、湖州中学等七校合并，组成"浙江省立临时联合中学"（以下简称联中），分设高中、初中、师范三部。9 月起，省立中等学校学生一律免收学费。1939 年 6 月 20 日，浙江省政府委员会第 1080 次会议决定改组联中，原高中、初中、师范三部分别独立成校为浙江省立临时联合高级中学（简称联高）、浙江省立临时联合初级中学（简称联初）、浙江省立临时联合师范学校（简称联师）。直至抗战胜利，各校回迁杭州，分别恢复杭高、杭初、杭师。周天初在杭师（包括联中师范部、联师时期）历经战乱动荡，颠沛迁徙，始终坚守艺术讲坛，春风化雨，初心不改，直至1958 年退休。1945 年 11 月，周天初因在师范学校连续服务 20 年以上受到教育部表彰。1947 年 6 月 23 日，杭师专为其出版《周天初先生担任教席念五周年、执教杭师十六周年纪念册》。

我对周天初的最初认知主要来自另一位浙江艺术教育前辈姜丹书的回忆，他在《浙江第一师范回忆录》中这样写道："第一师范的艺术教师，统而计之，不过五人，李叔同、金咨甫、金玉相、周天初及我，我的任期最长，贯彻始终，而且前后出头，所教的是图画工艺，叔同自民元秋起至民七夏止，所教的是图画音乐。叔同入山后，咨甫继其职（音乐），后来添一个玉相分任图画，再后来又添一个天初分任图画。""第一师范艺术空气之浓厚……之所以造成，自以叔同为首功，我不过追随其旁，其他诸友能继其绪而不坠，一般成绩，大概皆能超出乎寻常。"所以，当年在编撰《杭高人物名片》时即对浙江第一师范的五位艺术名师均予收录。这些天来，又重新梳理充实这五位艺术名师的名片，并补入浙江两级师范时期即已在杭州多校执教的包公超、周承德、樊熙这三位艺术名流名片，以便通过对这组杭州艺术教坛群像的巡礼来感知成就周天初美育人生的背景。

包公超（1876—1943），谱名敦善，字蝶仙，一作迪先、蜨侬，书画款署苕溪散人，吴兴归安（今湖州）人，旅居杭州。画家、美术教育家。清代画家戴熙之曾外孙，清代书画篆刻家包虎臣之孙。早年随堂兄包承善（缵甫）学书画，绘技圆熟。1911 年前后在浙江高等学堂、浙江官立两级师范学堂、浙江省立两级师范学校、浙江省立第一中学校任图画教师。1908 年春杭州各学校联合运动会期间曾指导浙江高等学堂学生陈布雷、邵飘萍创办油印小报。仕女、山水、花卉俱有声于时，笔法精严，设色娴雅，常与书画名家如吴昌硕、汪琨等人合作画扇，名动江南。

中年鬻画沪上，所作山水，深得古意。其山水作品曾为鲁迅收藏，并赞其作“晴窗披览，仿佛见故乡矣”。1941 年作《秋山图》册页，题诗曰：“秋树婆娑别有姿，秋山淡冶耐人思，数行雁影天涯去，赖尔能传塞外辞。”又工梅派京剧，有小蝶、肖蝶、幼蝶三子，人称 1930 年代上海滩“金融三蝶”，为京剧票友。享年六十余岁。

周承德（1877—1935），字逸舜，亦作佚生、轶生、轶翁，号观无居士，海宁盐官人。音乐教育家、书法篆刻家。16 岁中秀才，廪生。留学日本，入成城学校预习，深受精于书道的学监犬养毅器重。后考入早稻田大学博物科。1900 年前后回国，在杭州求是书院、浙江高等学堂任教博物，兼教数学、书法，又在浙江官立两级师范学堂、浙江省立两级师范学校、浙江省立第一师范学校、浙江省立女子师范学校任教音乐。曾研读达尔文进化论，为浙江早期进化论宣传者。善书汉隶、八分及唐楷，谨严浑穆，书法自成一格，康有为誉之“浙省一人”。善画兰竹，亦工刻印，有秦汉六朝风韵。参与创办西泠印社，曾任社长。参加南社，与柳亚子、邵力子、苏曼殊、马一浮、张宗祥、李叔同、经亨颐等时相聚晤。后以卖字为生，旧时杭州商家店招多请其手书，西湖一带寺庙庄院多有其对联屏条。所书擘窠大字，浙东、浙西风景区常有所见，饮誉海内。

姜丹书（1885—1962），字敬庐，号赤石道人，江苏溧阳人。画家、美术教育家。清末毕业于南京两江优级师范学堂图画手工科，应部试，以优等第一名授师范科举人。1911 年秋任浙江官立两级师范学堂图画手工教员，历经浙江省立两级师范学校、浙江省立第一师范学校、浙江省立第一中学校诸时期。1915 年指导浙江第一师范学生在手工课上自行研制国产粉笔，经宣传推广，使日货粉笔绝迹。还利用废纸创制地理模型，经内政部审定作为雕刻类美术品注册，此类“西湖模型”曾作为纪念品相赠来杭讲学的印度诗人泰戈尔。所编撰的师范学校用书《美术史》《美术史参考书》，以通史体例叙述中外建筑、雕刻、绘画、工艺美术的历史嬗变及其艺术特色，后经教育部审定于 1917 年、1918 年由商务印书馆相继出版，为中国最早的美术史教科书和参考书。1919 年创办中华教育工艺厂，后历任上海、杭州、无锡等地艺术院校教职。擅艺术理论，著有《艺术解剖学》《透视学》，其艺术解剖、透视、摄影等课，均开中国美术教育史先河。擅作写意山水，尤长于红柿、红叶。有画室名丹枫红叶楼，筑于杭州凤起桥。曾任中国美术家协会浙江省分会副主席。传世作品有《黄山图》，著有《艺术论文集》《敬庐画集》《丹枫红叶室诗稿》等。

樊熙（1855？—1935 后），字羲臣，杭州人。画家、美术教育家。善山水，亦擅仕女、花卉，被誉为清代画家戴熙嫡传。历任浙江高等学堂、浙江省立两级师范学校、浙江省立女子师范学校、浙江省立第一中学校、杭州宗文中学、惠兴女校等校国画教员。为书画篆刻家来楚生之良师益友。任教宗文中学时赏识学生来楚生（稷勋）才艺，竭力培养，指导其书画篆刻。1934 年集自刻印拓成《楚生印存》一册，由潘天寿篆书题首，其行楷题曰："篆刻搜秦汉，挥毫学宋元。楚生学弟天资敏悟，自幼同参画禅，兼习篆刻，亦超妙绝伦……。"1935 年又代订《来楚生绘画篆刻润例》刊于《东南日报》。享年八十岁。

李叔同（1880—1942），名息，字叔同，号息霜。祖籍平湖，生于天津。中国近现代艺术先驱，将西方近代美术、音乐和戏剧引进中国的第一人。早年留日，参与发起中国第一个话剧团体"春柳社"。1912 —1918 年任浙江省立两级师范学校、浙江省立第一师范学校图画音乐手工专修科西洋画及美术史教员，兼教音乐。首开中国裸体写生之先河，开启中国现代版画艺术序幕。举办美术展览会、音乐演奏会，开浙江艺术教育引领社会风气之先。创作风靡全国的《送别》和中国近代音乐史上最早的合唱曲《春游》等。培养有丰子恺、潘天寿、刘质平、吴梦非等艺术人才。1918 年在虎跑出家，法名演音，号弘一。在诗文、书画、金石诸方面造诣甚深，出家后书法出尘脱俗，人称“一绝”。其苦修律宗，终成“中兴南山律宗第十一代祖”。1942 年圆寂于泉州。

金咨甫(1890—1934)，原名梦畴，武义白姆乡后金村人。音乐教育家。1912 年考取浙江省立两级师范学校图画音乐手工专修科，品学兼优，与丰子恺、曹聚仁、潘天寿等同为李叔同的得意门生。浙江省立第一师范学校毕业后，曾在萧山、绍兴等地任教。1918 年李叔同出家前向浙江第一师范推荐补缺者“非咨甫莫属”。1919 年成为中华美育会会员和《美育》杂志编辑员。1925 年 8 月成为全国美术展览会委员会 17 名成员之一。是民国教育部审定教材《新中华中等乐理课本》编审者。执教 20 余年，先后担任浙江省立第一师范、浙江省立女子师范等校图画音乐教师，教学出色，深得学生喜爱。曾为壶山小学、浙江省立一中等校谱写校歌，还创作《五月九日国耻纪念歌》等诗作鼓动民众奋起抗日。因家境贫寒，顽病加身，于 1934 年英年早逝。病逝前遗嘱请弘一法师(李叔同)写金刚经为其回向佛道，弘一于 1936 年为之书写《金刚般若波罗蜜经》。

金玉相(1884—1952)，名琢章、甦，别号甦翁，字玉相、开松，以字行，金华城南寺后王村人。画家、美术教育家。就读于浙江省立两级师范学校图画音乐手工专修科。任教 30 余年，1918 年起在浙江省立第一师范学校任美术教员，1926 年入浙江省立第七中学校(今金华一中前身)任劳作教师，1945 年任金华师范民众教育馆教导主任，1948 年创办绍贤小学。各种绘画俱佳，兼长中西画法，尤擅指墨、工艺美术。有《甦翁山水画稿》存世。

周天初(1894—1970)，名耕云，别号天衣居士，奉化周村人。画家、美术教育家。早年就读于浙江省立第四中学校(今宁波中学前身)，1916 年上海图画美术院毕业后，应刘海粟之邀留校任教。1918 年入学日本东京美术专门学校西画科，1922 年毕业回国，相继在浙江公立工业专门学校、浙江省立女子师范学校、浙江省立第一师范学校、浙江省立女子中学、浙江省立第一中学、浙江省立高级蚕桑科中学、浙江省立杭州高级中学、浙江省立杭州师范学校任教美术，期间兼国立杭州艺术专科学校讲师、国立英士大学艺术系副教授。1945 年因在师范学校连续服务 20 年以上受到教育部表彰。擅长油画、中国画，作品有《鹳山图》《烟际迷离》等。杭州湖滨的淞沪战役阵亡将士纪念塔即由其设计筹建，雕塑出自刘开渠之手。曾任中国美术家协会浙江省分会副主席、浙江省政协委员。

正所谓风云际会，周天初及其前辈同事们弘扬艺术教育所取得的成就与当时的大时代背景息息相关。

民国伊始，在教育总长蔡元培的努力下，教育部于 1912 年 9 月 2 日公布教育宗旨为“注重道德教育，以实利教育、军国民教育辅之，更以美感教育完成其道德”，以“养成共和国民健全之人格”。浙江第一师范是当时浙江规模最大的新式学堂，时誉“浙省教育界之巨子，革新运动之领袖”、“浙江文化运动的先觉者”的经亨颐长校凡十年，并兼浙江省教育会会长。与蔡元培的主张相呼应，为反对束缚个性、摧残人格的旧教育，同时吸取西方工业化进程中形成的划一性教育弊病之教训，经亨颐以“勤慎诚恕”为校训，力倡人格教育。在其心目中，学校为未来社会公民人格塑造的启蒙场所，而非“贩卖知识之商店”，“求学何为？学为人而已”，“以人格之实现为社会发达之本”，“凡学校皆当以陶冶人格为主”。这一理念在课程设置与教学上反对重文轻武、重知识轻技能的传统观念，强调德智体美均衡发展，注重体育、音乐、图画、手工诸科，智力训练、情感陶冶、意志锻炼并重，以造就健全人格。由此，艺术教育获得巨大推动。

在蔡元培、经亨颐的教育理念中，艺术教育是人格教育的有机组成部分，它并非为术业而开展，而是为共和国民成长铺设的基础。蔡元培认为美育不仅具有陶养情感、融合情感的作用，还具有提高人的精神境界，“超脱利害的性质”，能“提起创造精神”，增强人的生活乐趣。《教育部咨各省师范及小学注重国文、手工、图画、音乐》指出：“关系美育者，推图画、音乐、文学三科为最重要，此外如手工一科，非但与美的陶冶至有关系，且能养成实用之能力。”经亨颐专门就艺术教育的目的与方法指出：“艺术教育之所谓美，非狭义之美，与人格有密切之关系者也。”“儿童美的判断之发达甚迟，不得不借制作以引出之。则制作不过手段，鉴赏乃为目的。”“鉴赏与制作固宜兼顾，惟普通教育上则宜以鉴赏为目的。”“教育为一艺术，教育家为一艺术家，此所谓美非术之美，乃为美的人格之陶冶。”在浙江第一师范本科五年学程中，每年都有图画、音乐、手工三门课，且每周各有 2 小时教学，在各课比重上颇占重要地位，音乐和手工平时须练习，经亨颐规定其教授时间和自修时间的比例与国文、数学一样，均为 2∶1，而其他学科则为 4∶1。艺术关乎人生，美育成为那个时代教育人的教育梦。

早在开办之初，浙江两级师范即聘有 3 名艺术教师——吉加江宗（图画、手工）、元桥义敦（音乐）两名日籍教师和包公超（国画），后又聘周承德为音乐教师。1911 年正值辛亥之年，时局动荡。是年秋，姜丹书应学堂监督徐定超之聘，接替回国的日籍教师出任图画手工教员。1912 年学堂更名为学校，并于当年秋季正式增设高师图画音乐手工专修科，开浙江艺术专科之先河。李叔同应校长经亨颐之聘到校任教西画和音乐，在校时用名李息。当时用器画教师先后是薛楷、吴宗濬，图案画教师是郑素伯，国画教师是樊熙，手工教师是姜丹书、本田利实。学校设有美术特别教室 2 间、手工特别教室 1 间、音乐特别教室 1 间，周围种植花草树木，环境优雅美丽。其中美术特别教室一个是玻璃屋顶，三面采光，两边高敞的玻璃窗上挂着落地长帘，室内排列着二三十个画架，桌上摆着从日本购进的各种石膏模型；另一个是一面采光的；

另外还有一个石膏模型陈列室。手工特别教室共有三大室，都是平屋，四面凌空。最大的一个是木工及其他细工教室；一个是金工教室；一个是成绩陈列室，兼标本陈列室及材料、工具储藏室。音乐特别教室是一座方形的四面凌空的升罗底式的平洋房，里面除了两架钢琴居中，沿墙摆着 50 多架风琴。这样先进齐全的教学设备，在当时国内独一无二。进入浙江第一师范时期，音乐由李叔同、周承德执教，1918 年后改由金咨甫接班，图画手工由姜丹书执教，1918 年后添请金玉相分任图画，再到 1923 年春又添请周天初兼任部分图画课务。

以李叔同、姜丹书为代表的艺术名师们在这个曾经是浙江贡院的校园里进行了一系列开创性的实践，创下了多项中国艺术教育之最：

浙江最早的美术展览（1913 年春浙江两级师范举办美术展览会），

浙江最早的音乐会（1913 年夏浙江两级师范举办音乐演奏会），

中国最早的人体写生（1914 年李叔同），

中国最早的现代版画艺术（李叔同、夏丏尊指导，浙江第一师范学生社团“乐石社”编辑《木版画集》），

中国人自行撰写的第一部西洋美术史（李叔同），

“长亭外，古道边，芳草碧连天”一曲的填词创作风靡全国（李叔同《送别》），

中国近代音乐史上最早的合唱曲（李叔同《春游》），

中国最早的美术史教科书和参考书（姜丹书《美术史》《美术史参考书》，1917 年、1918 年商务印书馆出版）。

从浙江两级师范到浙江第一师范的艺术教育实践，如同火种，既培养了一批德艺双馨的艺术新人，如绘画方面的丰子恺、潘天寿，工艺方面的何明斋、王隐秋，音乐方面的吴梦非、刘质平、袁一洪等，又在面上对改变浙江中小学艺术教育的状况起了重大作用，如同标杆，为后继者树立了典范与参照系。浙江第一师范先进的艺术教育设施设备、良好

的艺术教育氛围给予周天初的印象是相当深刻的，以至于多年以后他对于新创办的杭师在艺术专用教室的设计布局上有着不容置疑的完美要求，他将自己在杭师的生涯视为当年浙江第一师范艺术教育生命的延续。

那个时代的教师作为自由职业者，均有多校经历，也在多校兼课。李叔同就曾遥兼南京高等师范教师，每月往来宁杭两次。1912 年，省立女师开设图画、手工课，姜丹书应聘兼教图画、手工，及至之后的省立女中共 14 年，还先后在省立一中、宗文中学（今杭州第十中学前身）兼教手工、用器画，樊熙也同时在省立女师、宗文中学兼教国画，周承德同时在省立女师兼教音乐，包公超同时在省立一中兼教图画。进入 20 世纪 20 年代后，周天初、金咨甫也都在浙江第一师范及之后的省立一中、省立女师及之后的省立女中两校同时兼课，姜丹书、周天初还都曾在上海艺术专科师范学校、浙江艺术专门学校、国立杭州艺术专科学校（今中国美术学院前身）等校任教。关于周天初在省立女中的情况，姜丹书在《浙江五十余年艺术教育史料》中有如下记述："民国十四年（注：1925 年），曾开一班三年制的高中师范艺术科，其主要教师为周天初、沈兹九（均西画）、蔡叔慎（国画）、金咨甫（音乐）、周子叙（手工）等。"周天初后来在杭高、杭师、联中、联师工作时，同期共事的艺术教师还有吴梦非、顾西林、孙多慈等。

从这些 20 世纪二三十年代周天初同时期共事的艺术教师名单中同样可见当时杭州的艺术教育氛围：

沈兹九（1898—1989），女，名慕兰，德清城关镇人。美术教育家、著名报人、社会活动家。沈西苓的姐姐。1919 年毕业于浙江省立女子师范学校。1921 年秋东渡日本，就读东京女子高等师范学校艺术科。1925 年至 1929 年在浙江省立女子师范学校、浙江省立女子中学、浙江省立第一中学任教，后在江苏松江女中、南京汇文女中任教。1932 年夏入中山文化教育馆上海分馆任《时事类编》助编。主编《申报》副刊《妇女园地》，创办并主编《妇女生活》杂志，参与和发起成立上海妇女救国联合会。抗战开始后，在宋美龄领导的全国新生活运动指导委员会任职。1939 年加入中国共产党。1941 年赴新加坡，与胡愈之结为夫妇，共同创办新南洋出版社，胡愈之主编《南洋商报》《南侨日报》，其主编妇女副刊、《新妇女》。1946 年参加中国民主同盟。1949 年出席中国人民政治协商会议第一届全体会议，历任全国妇联常委兼任《新中国妇女》首任主编、民盟中央委员、全国政协委员、全国人大代表。与胡愈之合著有《流亡在赤道线上》等。

蔡绍敏（1891？—1949？），女，字叔慎、淑慎，诸暨人。画家、美术教育家。1911 年肄业于浙江官立女子师范学堂。在沪与同乡蒋志澄结婚后，入上海美术专科学校深造，曾从诸闻韵、潘天寿学画。1926 年毕业后曾任华西学校、浙江省立女子中学、浙江省立第一中学、浙江省立高级中学国画教师，国立杭州艺术专科学校讲师。善山水，亦长花草、人物，画风有清代画家戴熙的影子。1937 年齐白石为其庐山风景画册题字，1944 年傅抱石赠其山水画，1947 年其与徐悲鸿等在上海举办画展。

周子序（1893—1955），谱名理伦，学名敬敷，又字子叙，黄岩城内县前街人。名医、医学翻译家、美术教育家。1912 年秋入学浙江省立两级师范学校高师图画手工专修科，1915 年夏毕业于浙江省立第一师范学校，随后到绍兴五中、浙江省立女子中学执教 16 年。嗜好书画，收藏善本古籍。期间潜心研读医书，自习日文，1930 年开始在杭州开业行医。1928 年翻译日本汉方医学古方派一代宗师汤本求真编著的《皇汉医学》，成书 3 卷，计 57 万字，由中华书局在 1930 年 3 月出版。学者马君武、原书作者汤本求真为译本题词，马一浮作序。马君武题词的内容是“发宇宙之秘密，谋人类之健全”。1933 年再译日本原志免太郎的

《灸法医学研究》由中华书局出版。1937 年日本全面侵华，杭州沦陷后回黄岩行医，兼教黄岩县立中学卫生课。晚年潜心钻研，著有《针灸学》(稿本)5 卷 12 万字，整理医案 8 册 50 余万字，均未出版，遗言献于黄岩县文化馆。

吴梦非(1893—1979)，名翼荣，东阳巍山镇白坦村人。音乐教育家、中国美学界奠基人之一。1908 年入学浙江官立两级师范学堂，辛亥革命爆发时一度辍学。1912 年作为初级师范肄业生，以第一名成绩跳级入学浙江省立两级师范学校高师图画手工专修科，先从姜丹书学习图画和手工，次年起随李叔同学习音乐、美术，旁及诗词、篆刻等。1915 年浙江省立第一师范学校毕业后在沪浙赣等地中学执教。与柳亚子、邵力子、陈望道等过从甚密，参加南社。1919 年与刘质平、丰子恺等创办上海艺术专科师范学校，任校长兼教艺术理论课。是为中国第一所规模较大且正规的艺术专科师范学校。同年发起组织中华美学会，兼任会刊《美育》杂志总编辑，同时主编《民国日报》副刊《艺术评论》。1928 年赴江西庐山，在全国中学校长会议上主讲艺术教育。后在浙江省立高级中学、浙江省立杭州高级中学任教多年，为校歌谱曲。历任国民党中央宣传部总干事、中央文化事业计划委员会专门委员、教育部中学师范课程编订委员、浙江省教育厅视察、上海大学教授、正中书局编辑。1949 年后历任中国音乐家协会杭州分会执委兼秘书主任、浙江省人大代表、上海音乐学院教授、浙江省文联组织部副部长等职。1930 年编译的《和声学大纲》是中国最早问世的和声学教学用书之一。著有《初中乐理》《初中音乐》《师范音乐》《简易师范音乐》《风琴弹奏法》《西画概要》等 10 余种。参与编写《中国音乐史》。

顾西林(1892—1968)，女，原籍嘉善，出生于上海。南派二胡名家、音乐教育家。苏州道台的千金，终身未婚，精通昆曲。5 岁学箫，6 岁学扬琴，9 岁入私塾，兼习二胡。1906 年入上海启明女校音乐专修科，

1912 年毕业。曾任教于江苏第一师范学校附属小学、镇江中学、苏州女子师范学校、浙江省立温州师范学校、浙江省立杭州师范学校、福建音乐专科学校。1926 年参与发起丙寅音乐团，改编、创作民乐作品。浙江省立临时联合师范学校时期编写《小学歌曲选》《联师之音》。1949 年后任杭州师范学校教师、中国音乐家协会浙江分会主席、杭州音乐家协会主席等职。从事音乐教育五十余年，被誉为“音乐妈妈”。“文革”中惨遭迫害。撰著的《小学音乐教学法》是中国最早的小学音乐教学法研究著作之一。

孙多慈（1912—1975），女，字韵君，安徽寿县人。画家、美术教育家。祖父孙家鼐是清末重臣，历任工、礼、吏、户部尚书和首任学务大臣，创办京师大学堂，父亲孙传瑗（养癯）历任孙传芳秘书和国民党安徽省常委。自幼喜绘画，1930 年到南京中央大学美术系作旁听生，1931 年以国画满分考入中央大学美术系，师从徐悲鸿，与之相恋十年，终因家庭反对而分手。1935 年大学毕业即由中华书局出版《孙多慈素描集》。1937 年底随父避战乱到丽水碧湖，任浙江省立临时联合中学、浙江省立临时联合高级中学美术教师至 1942 年夏，从事油画创作并研究国画。1940 年与浙江省教育厅厅长许绍棣结婚，奔波于景宁、庆元、云和，共同致力于抗战模范教育县建设。抗战胜利后返回杭州，任教于国立杭州艺术专科学校。1947 年后出国，继赴台湾，1948 年任台湾师范大学艺术学院教授，后任院长，1962 年兼任中国文化学院艺术系首任系主任。1975 年病逝于美国洛杉矶，骨灰安葬于台湾兴福墓园。画风写实、稳健，作有油画《木工》《农作》《景宁风景》《玄武湖春晓》和水墨画作品《春城无处不飞华》等，晚年代表作《天问》藏于台湾历史博物馆。

正是在这样的背景和氛围中，周天初的艺术天赋成就了他的美育人生。周天初正是在与这些艺术教育家的共事、交往中，淬炼着自己的美育信念，坚守着自己的美育理想，践行着自己的美育追求。1935 年春，杭州书画界志同道合者在唐云、姜丹书、潘天寿的发起下，组织“莼社”（又名“蓴社”，同义），是为影响较大的杭州书画团体，有成员 20 余人，每月雅集一次，竞作书画。社名为姜丹书所取，一则以莼（蓴）为西湖名菜，二则取“吴道子中年行笔如莼菜条”之义。周天初、周子序、来楚生与高野侯、丁辅之、陈叔通、陈汉第、潘臣青等名家前辈同为其中一员。

这部《韶华老人周天初》书稿，让我进一步了解了周天初在 1949 年以后对浙江艺术教育和美术事业发展的贡献，也使周天初这位历史人物形象在脑海中鲜活起来。从 1950 年代初组织杭州市中等学校美术教研大组活动，到 1952 年发起成立新中国成立后浙江第一个山水画组织“国画山水写生组”，再到 1962 年组织“杭州书画研究社”，从参与筹建中国美术家协会浙江省分会，到出任杭州市美术工作者协会副主席，再到出任首届中国美术家协会浙江省分会副主席，周天初组织美术教研，组织美术社团，组织美术会展，在更高更宽广的平台上抒发着自己的美育情怀，奉献着自己的美育才干，丰富着自己的美育人生。可以说，周天初以其数十年艺术教坛的耕耘、公认的艺术造诣、结交广泛的艺术圈人脉和务实的社会活动能力，当之无愧地成为了新中国成立后浙江美术事业发展的核心组织者之一。

感谢作者给后世留存下一个更为完整的周天初人生轮廓，丰富和加深了人们对于周天初这位艺术教育前辈的印象。抢救、挖掘史料已是刻不容缓，特别是抢救、证实当事人脑海中共同的记忆——时间、地点、参与者、事件经过，更是一项基础工程。陈芝敏女士尽己所能从公共图书馆、档案馆中努力查找周天初的点滴史料，从周天初的同代人记录、学生们的回忆中努力还原周天初的工作片段，当属不易。世界是客观存在的，对于世界的理解和意义赋予却是由每个人自己决定的。历史上发生的事情是客观存在的，而一经进入人们的眼帘，从人们的嘴或笔尖流露出来，便经过了主观的筛选，这就是历史认识的主观性。当事人的回忆当然不等同于历史的全部或真相，后人不应也无法奢求当事人在其回忆中做到面面俱到、客观公正。回忆、日记等的史学价值就在于为后人研究历史提供了重要的素材。难能可贵的是，陈女士作为家属后代，未经历史学专业研修，在为先人立传之初即能秉持史德之念，实事求是，有一录一，既不为尊者讳，也不将错就错攀附高枝，并力所能及地进行考证，令人敬佩。特别是对周天初之父周世棠生平事迹的挖掘，也颇具史料抢救意义。

感谢陈芝敏女士的力邀，使我重启了一场经由周天初切入的杭州近代艺术教育之旅。杭州不仅以秀丽的风光享誉天下，更以深厚的历史文化底蕴增色生辉。杭州的诸多名校，既有弦歌不绝、薪火相传的文脉，又有大师云集、人才辈出的辉煌。可惜的是还不到两个甲子的轮回，诸多的历史遗存即已荡然消逝，曾经的风云人物也都成了历史的过客，或经多方收集仅余记忆碎片几许，或资料匮乏仅有寥寥数语简介。于是，就在整整两周的业余时间里，再一次投入到对从清朝末期到民国时期杭州中等教育发展史的重新梳理中，再一次投入到对由周天初延伸到20世纪早期杭州中等艺术教育名师群像的生平考证中，试图更加详细地了解相关的背景，更加准确地把握时代的轮廓。研究历史，需要置身于时代背景下、当时环境中以及历史长河中，通过尽可能多的史料的掌握、对比、辨别，才有可能接近历史真实。期望这篇梳理考证文字能对陈芝敏女士编撰的书稿正文起到有益的辅助阅读作用。

最后还要感谢人世间的缘分。这个世界真的很小，机缘巧合竟然会将周天初、陈芝敏、杜波和我串联在了一起。陈芝敏女士是周天初前辈的外孙女，之前与我不曾相识，巧的是她的儿媳杜波是我在杭高教书时的爱徒，聪慧伶俐，能书会画，既主持全校才艺大赛又主编班刊《芳菲》，十足的文艺范。当年杜波所在的文科班，无论是歌咏比赛还是运动会竞赛都令人刮目相看。一曲《让世界充满爱》，以其圣洁的祈祷改变了比谁铿锵有力的校园歌咏比赛惯例；毕业前最后一场运动会，全班以遥遥领先的成绩创造了空前绝后的文科班在校运会上年级总分夺冠的奇迹。杜波自杭高毕业后，考入上海财经大学，后赴美留学深造，学成回国，在法律服务领域颇有造诣，现供职于上海迪士尼乐园。半年前，她替婆婆来函相询周天初在杭高的史事，就这样老天爷将校友、亲属两种缘分联成了一个圈。这人世间的缘分也是促使我在忙碌的工作之余又一次投入历史考证的动力之一。不算作序，权作晚辈校友与前辈校友一次穿越时空的相晤致敬吧。

高　宁

于 2016 年 4 月 8 日动笔、4 月 23 日世界读书日完成

序二：今天想要读懂外公

我的外公周天初

外公在我们孙辈眼中一直是个慈祥的老人。20 世纪 50 年代杭州师范学校他的学生都称其为周老夫子，其实那时他才五六十岁。我们小时候熟悉的外公，瘦瘦高高挺拔的身子，瘦削的脸庞，高挺的鼻梁上架着一副眼镜，看书时再加一副(带两副眼镜的特征有很多人记得)，长长的下巴翘着，留着山羊胡子。郁达夫曾调侃我外公："未出庭前三五步，下颌先到酒杯前。"他时常穿着的是对襟竖领的衬衣，冬天灰色的棉袍长到膝盖下。我孩童时的记忆中，外公经常外出，不是去上课、开会就是去参观，或者是画展、写生、会友。在家的时候总是在伏案看书、写字，还在旧报纸上练字。干干净净的书桌上，一旦铺开毡垫，打开砚盖，就是他写字作画的时候了，我们就会悄悄地退到楼梯口，蹑手蹑脚摸下楼去。父母不在杭州工作，是外公外婆陪着我和弟弟妹妹长大的。我十五六岁的时候，正是学校停课胡闹阶段，外公的身体不断出现不良状况，晚上胆囊痛得直不起腰，我们几个小孩用毛竹躺椅抬着他去医院挂盐水。家里除了外婆，只有我们几个孩子，时时还有陌生人上门，对他设计筹建、刘开渠雕塑的杭州淞沪战役纪念塔问题进行逼问和调查，病榻上的老人苦不堪言。外公只要病情稍缓，依然坚持起床写写字看看书，拄着拐棍腰板也是笔挺的。直到1969 年，我十七岁去黑龙江离开他们，他还给我写诗鼓励我在边疆好好工作，没有想到这竟然是我与外公的永别。

西子湖畔的周天初

我原来觉得自己很了解外公，但直到我也过了花甲，确定要给他出书的时候，才发现对他的了解太少了。

外公去世 45 年后的现在，在失去他的大多同辈朋友，失去 13 箱蚁害书画，失去他的学生和朋友的联系方法的时候，我以微薄之力在网上搜索，去图书馆查阅，找他的学生和他当年的忘年之交进行采访，复印翻拍他送出或被拍卖的作品。……然后我查阅、浏览、“翻译”（草书或繁体）外公早年用纯熟的毛笔书法写下的诗词；看他的画作以及画上的题词，从中了解他的人生历程；听他的学生讲述他教学、生活中的点点滴滴。这才开始慢慢进入了他的思想、情感、艺术追求、教书育人的世界中去，才略略了解到外公做得最多的是教书育人的（美术）工作，交往最多的是艺术界朋友，同时他在书法、画画、诗词、音乐上都有相当的造诣，艺术让他的精神、情感得以抒发。

1968 年冬，病中的周天初于涌金公园

可是收集过程中发现，经过战争年代逃难搬迁、十年“文革”的多次折腾，资料流失许多，教学工具也未能保留。特别是我外公收藏的 13 箱画作在多年无暇打理后的 1953 年，发现被白蚁统统糟蹋了。如今能够找到熟悉他的人少，找到他遗留的东西更少。

非常感谢浙江省图书馆古籍部，收藏了杭州师范学校于 1947 年为周天初出版的纪念册。更要感谢谭启方、祝其乐、孔祥嘉、张厚植、罗迪光、柯秉铎、唐颖犀、孙多慈、章子琨、吴作求、唐兆祥、庄祖定、包容、汤鸿翥、唐光华、王敬五、邹士润、司琦、孙承志、余礼海、张威、徐曛、张荣清、杜春法、汤钧等 25 位同仁为纪念册发起并解囊出资，校长孔祥嘉亲自作序。纪念册为我外公留下了他中年时期的一些教学成绩、诗剩画作，更珍贵的是留下了周天初在那段艰苦历程中的真实足印和史料。

我和外公的最后合影

从一些画作的题词中，看到我外公对祖国的热爱，对艺术的热爱，对杭州师范学校的热爱，对教师工作的热爱，对大好河山的热爱，对家人的牵挂，对朋友的热心，对学生的尽责。

由于本人水平有限，对历史时代和对艺术家了解得不够，不少信息是凭当事人记忆口述的，所记载的事情难免会有偏颇。我还在努力地搜寻、了解、理解中，在修改完善中，还望读者批评指正，更期待了解周天初生平的朋友提供详实的内容。

陈芝敏

2015 年 10 月 18 日

第一章
生平家世

第一节　周天初生平

周天初像

周天初（1894—1970），浙江奉化人，号耕云，别号天衣居士，奉化诗人石虞先生之哲嗣。出生于耕读世家，其父为清末举人。周天初浙江第四中学毕业①，早年在上海美术专科学校学习，1916年毕业后经刘海粟推荐留校任教②。1918年赴日本留学，入东京美术学校习画，1923年毕业。1922年交付毕业作业提前学成回国③。先后在浙江省公立甲种工业学校（今

① ［日］吉田千鹤子《东京美术学校的外国学生》，韩玉志、李青唐译，香港：天马出版有限公司，2004年12月，第58页。

② “历届毕业生名录·西洋画正科（五年六月毕业）·周耕云　浙江奉化”，见上海美术专科学校《上海美术专科学校二十五周年纪念一览》（教育部立案），第108页。参见“1956年浙江省杭州师范学校教职员工经历情况调查表”。

③ ［日］吉田千鹤子《东京美术学校的外国学生》，韩玉志、李青唐译，香港：天马出版有限公司，2004年12月，第58页。

浙江大学)、浙江省立女子师范学校、浙江省立第一师范学校、浙江省立女子中学、浙江省立第一中学、浙江省立高级蚕丝学校、杭州高级中学等任教,1931 年转入新创办的杭州师范学校任教(抗战时期曾合并为浙江省立临时联合中学、浙江省立临时联合师范学校)。加上留学前和退休后续任教时间,一生教书达 40 年。其间,1924 年曾应沈定一之请在国立杭州艺术专科师范兼教西画 1 年半;1928 年应林凤眠、潘天寿之请在国立杭州艺术专科学校(今中国美院)任教 8 年,主要教授色彩学、透视学;1942 年到 1944 年,在国立英士大学教西洋美术史、艺术解剖学、色彩学、透视学。他先后在国立英士大学、上海美专、上海艺专、上海东方艺术大学执教 14 年①。退休后特聘为杭州美专授书法。周天初初擅西画,继学国画,能以自然为师而独创新风,终身从事美术教育。②

1958 年,周天初因病退休。退休后仍坚持写诗作画,并投身中国美术家协会浙江省分会和杭州市美术工作者协会的建设和筹划中。1968 年春,不幸染上传染性黄疸肝炎,自谓"沉疴宿疾,不堪疲惫"。1969 年 9 月写有《久病》七言四章,全诗达观豁脱,对前景充满希望。1970 年 10 月 27 日逝世,享年 76 岁。生前曾任首届中国美术家协会浙江省分会副主席,杭州市美术工作者协会副主席,浙江省、杭州市政协委员,杭州市人大代表,杭州市民盟三届、四届、五届委员。

周天初是中国近现代艺术教育前辈之一,他毕生以培养美术教育人才为己任,从事美术教育 40 年,专一持恒,从未间断,即使战争时期也不例外。在美术教育事业上硕果累累,学生遍及浙江乃至全国的美术界、教育界。曾获教育部和浙江省教育厅嘉奖。1947 年,在杭州师范学校 16 周年校庆、周天初担任教席 25 周年和执教杭师 16 年之际,为纪念

---

① 参见《1956 年浙江省杭州师范学校教职员工经历情况调查表》。

② 俞剑华《中国美术家人名辞典》,"周天初"条,由姜丹书撰稿。上海:上海人民美术出版社,1981 年 12 月,第 475 页。

其为浙江美术教育所做之杰出贡献，由 25 名同仁共同倡议发起，集资出版《周天初先生担任教席念五周年、执教杭师十六周年纪念册》①。

1922 年，周天初与丰子恺在杭州成立西湖画会。② 1949 年提议并参与策办浙江省第一届美展。1952 年秋冬，周天初发起，与潘天寿、吴茀之等 8 人成立新中国建立后浙江国画山水的第一个组织，名为“国画山水写生组”③。1960 年他配合杭州市文联与徐碧圭等人筹备成立杭州市美术工作者协会。1961 年他配合浙江省文联与朱琦一起筹备成立中国美术家协会浙江省分会。1962 年他与张宗祥、潘天寿、沙孟海等人组织“杭州书画研究社”。

中青年时期，周天初即与郁达夫、林风眠、张宗祥、潘天寿、姜丹书、吴梦非、陈望道、常书鸿、许碧筠、缪祖同、崔东伯、孙志昆、郑晓沧、李季谷、顾西林、朱恒有、邹士润、钱君匋、马一浮等人交厚。社会活动繁多，晚年更是相交满天下。

周天初现存作品不多。他设计筹建了中国第一个抗日战争纪念塔，当时全名为“陆军第八十八师淞沪战役阵亡将士纪念塔”，位于杭州湖滨西湖边。画作有《鹳山图》《鹰和蟹》《兔》《红泥小炉》《自画像浇水图》《日光回忆图》《碧湖红叶图》《白浪岛（碧湖）》《吴家塘水库》《碧湖秋晚》《碧湖秋晚初冬》《河口归渡》《后周堡（松阳）》《蝴蝶》《鸡冠峰（缙云仙都）》《乌

---

① 杭州师范学校编《周天初先生担任教席念五周年、执教杭师十六周年纪念册》，杭州：浙江省立杭州师范学校，1947 年 6 月。

② ［日］吉田千鹤子《东京美术学校的外国学生》，韩玉志、李青唐译，香港：天马出版有限公司，2004 年 12 月，第 58 页。丰子恺 1921 年东渡日本短期考察，学习绘画、音乐和外语，1922 年回国，与周天初留学日本后期时间、地点、回国时间相符。

③ 西湖国际美术家联谊会编《湖上学人——王伯敏》，香港：远东文化艺术交流中心，2013 年 1 月，第 40 页。“周天初与潘天寿……他们筹建了杭州国画创作小组”，见陈芝敏《韶华老人周天初》，收入杭州市政协文史资料委员会编《耆英影事：现代文化名人与杭州》（《杭州文史资料第二十六辑》），杭州：杭州出版社，2005 年 9 月，第 91 页。此处“杭州国画创作小组”与“国画山水写生组”为同一组织，当时是据老人回忆，似有误，现予以更正。

柏》《石笋仙钟》《水车》《仙都倪翁洞》《香橼》《月镜岩》等。浙江图书馆古籍部保存的《纪念册》中有画作和诗稿若干(诗稿中提及画作数十幅已不知去向),另有菊花写生手册及一些晚年诗稿。《山花烂漫》合作画赠送“杭州市文教卫生群英会”,更多的一些画作诗稿已被社会各界所珍藏。

周天初在美术教育岗位上育人无数;同时在组织美术教研,组织美术社团,组织美术会展,在更高更宽广的平台上抒发着自己的美育情怀,奉献着自己的美育才干,丰富着自己的美育人生;在艺术上擅诗文、能书画、喜三弦;性情上为人豪放、爱广交、勤助人,深得同仁尊敬,可以说,周天初以其数十年艺术教坛的耕耘、艺术造诣、结交广泛的艺术圈人脉和务实的社会活动能力,践行着他的美育人生,成为了新中国成立后浙江美术事业发展的核心组织者之一。人称周老夫子。

第二节　周天初的父亲周世棠

周世棠像

周天初的父亲周世棠(1871—1941),谱名贤衷,号和卿,字石虞。浙江宁波奉化长寿乡周村(今属江口镇)人。周家是当地大家族,高、明两系十二房,晚清时出两位举人。周天初少年读书时,家族中外出当官、读书、做工者不在少数。

周世棠自幼聪明好学,少年时代受教于江北溟,后执教吴江泾吴氏丛桂文社,办过私塾、小学堂。1902年中举,为第五名经魁,一时闻名乡间,金匾高挂。[①] 周世棠擅隶书,在四明地带首屈一指。

① 奉化市志编纂委员会编、胡元福主编《奉化市志》,北京:中华书局,1994年1月,第877—878页。

周世棠之师江北溟(1864—1925),名起鲲,号朴民,以字行。浙江奉化人。早年就读于宁波辨志精舍,1883 年入县学,为廪生。25 岁时设立学馆授业,周世棠从其学。戊戌变法后,江北溟钻研新学,摒弃科举致仕思想,认为“使百世之下,聪明杰魁之士沉溺于无用之学而不返,是儒生之耻”。1903 年出任奉化县立龙津学堂(今奉化中学前身)监督[①],革新课程,聘请日籍教师,讲授数理化及英、日语,又开设体操课,实施新式教育。后任宁波中学堂监督、慈溪锦堂学堂堂长、锦堂农业学校监督。著有《北溟诗稿》等。

北溟先生遗照

受江北溟的影响,周世棠对新知与实业的追求终其一生。为周世棠《甬山堂诗集》作后序的袁德盛为周世棠之得意门生,自清光绪戊戌年即 1898 年起师从周世棠,长达 32 年。就在这一年,康有为、梁启超辅佐光绪帝变法,仅百日,即遭慈禧太后政变,戊戌六君子喋血菜市口,新式学堂遭禁,一时谈者讳言学堂,八股废而又复。袁德盛在 1930 年的这篇序文中这样追忆当时周世棠对自己的教导:“世变亟矣,速求实学以应之,勿拘拘于制义为也。”虽然戊戌变法昙花一现,但维新变法思潮已日益深入人心。在经历了义和团、八国联军侵华战争以及签订《辛丑条约》后,慈禧太后启动清末新政,清廷于 1901 年夏颁布《兴学诏》,令各省将书院改设学堂。是年秋,奉化县知事李前泮和锦溪书院董事严翼鋆遵上司之命,将创办于清康熙二十八年(1689 年),历时二百余年的锦溪书院改为学堂,1902 年正月奉化县立龙津学堂由此开办,成为今奉化中学之前身。1903 年又在告成寺原址新建楼房五间,创办凤麓学堂。这两所新式学

① 监督,即校长。

堂一时吸引了不少青年学子。17 岁的蒋介石就在此时入读凤麓学堂结识周淡游[1]，两年后又入读龙津学堂。周世棠指引袁德盛：“汝辈师

《甬山堂诗集》
（周世棠著，1930 年，六卷，线装，浙江图书馆古籍部藏）

---

① 周淡游（1882—1919），原名声德，号日宣，字淡游，以字行，奉化县城东门人。为奉化城内最早剪辫以示反清的人，有“和尚”之诨号。1903 年凤麓学堂创办，其父周道生前往任教，周淡游随父到凤麓学堂，与从溪口前来求学的蒋介石相识，结为盟兄弟。1906 年，周淡游东渡日本，入东京警监学校学习结识陈其美，加入同盟会，追随孙中山。随后蒋介石也留学日本，经周淡游介绍与陈其美相识并加入同盟会。1909 年毕业归国，任凤麓学堂董事、县劝学所长、县警察局董事。1910 年冬，应陈其美召赴沪，参与筹划江浙举义事。光复上海、江浙，攻打制造局，参与二次革命，发动肇和舰起义等，周淡游都是陈其美的参谋和最得力助手。辛亥革命后历任浙江省参议员、沪军都督府军需官、金华县知事，终因劳累过度与肺结核病复发，逝于成都四川省署，时年 37 岁。参见奉化市政协文史委员会编《奉化文史资料第二十三辑 · 奉化建筑探胜》，2012 年 12 月，第 172—173 页。

事一先生而得益有限，何如各受各课而师资无穷。”于是袁德盛也入凤麓学堂肄业，周世棠亦解馆[①]，并在所居住之村创办锦江小学堂（今锦江小学前身?）。

不久，周世棠也来到奉化县城，与锦溪学堂监督江迥、孙表卿、庄崧甫等时常聚会讨论国是，认为要改变时局，必须讲究新学，启迪民智，唤醒人心，培养人才，振兴实业。

江迥像

江迥（1856—1934 后），又名江五民，字后村，号艮园。1888 年中举，授文林郎。为奉化县立龙津学堂发起人及首任监督，奉化县教育委员会首任会长，《光绪奉化县志》协修。著有《艮园文集》12 卷、《艮园诗集》4 卷、《艮园诗后集》4 卷，主纂有镇海柏墅方氏家谱、锦沙江氏家谱、民戊三江骆氏西祠谱、奉化计然村何氏家谱等，曾为周世棠《甬正堂诗集》作序。

当时，江迥等有识之士希望通过兴办学校，开通社会风气。他们以讲究新学、培养新型人才为办学宗旨，将锦溪书院改组为龙津学堂。江迥任首任监督，1903 年江北溟接任监督，以江迥、江北溟、严翼鋆（任经理）、周日年、庄崧甫（任舍监）、刘志瑾（任会计）为干事，以江北溟（任经理）、江成教、江起鹏、中村良一郎（日本人）、荒木彦助（日本人）为教习。开设伦理、国文教育、政法、历史、地理、论理、算术、代数、几何、理科、英文、日文、图画、体操等课目。[②] 一时奉化讲究新学的人物云集龙津学

① 停办私塾。

② 汪林茂主编《浙江辛亥革命史料集 · 第一卷 · 二十世纪初的浙江社会》，杭州：浙江古籍出版社，2014 年 5 月，第 356 页。

堂，在浙东影响很大。1906 年蒋介石入读龙津学堂时的学监为日本东京政法大学毕业的周骏彦①，两人从此结下了不解之缘。

孙表卿油画像

孙表卿（1870—1967），名振麒，奉化长寿乡萧王庙（今萧王庙镇）人。从族侄孙锵（王仙）读书。1881 年考取第 2 名生员，1893 年考取第 14 名举人。1901 年赴开封参加举贡恩科会试，获甲等第 52 名，授从五品的户部主事，在北京供职仅三月，目睹外患迭起，内政腐败，国事日非，辞职南归，执教于县立凤麓学堂、宁波法政学堂、沪江大学等，协修《奉化县志》。辛亥革命奉化光复后，任宁波军政分府参议员，后历任浙江省议员、四明日报社经理、鸿庆轮船公司董事长、奉化孤儿院院长、奉化农工银行总经理、宁波棉业交易所理事、国民政府行政院参议等，并出资开展修路、筑桥、围塘等公益事业，为民国期间宁波德高望重的"甬上四老"（其余三人为蒋经国亲舅毛懋卿、国会议员张申之、宁波同盟会会长赵士林之兄赵芝室）之一，时誉"梓桑造福功多有，兰桂腾芳幅自繇"。1955 年以民革成员身份任浙

① 周骏彦（1872—1940），别字枕琴，奉化北门人。日本警监学校、东京政法大学毕业。早年以学优闻名乡里，以宁波府试正案第一名入泮郡庠附贡生。时科举废弃，1905 年又以优异成绩考取官费资助留日资格，赴日本留学。期间加入中国同盟会，经奉化族人周淡游（日宣）介绍结识陈其美（英士）、孙中山。辛亥革命爆发，他参与策划宁波光复，并应宁波军政府命令接管奉化县。曾在杭州任浙江省立法政学堂教习、商业学校校长。1924 年加入国民党，历任黄埔军校军需部主任、国民革命军第一军军需处长、东征军总指挥部经理处长兼广东潮梅盐运副使、浙江省财政委员会委员，财政部两浙盐运使、浙江省政府委员兼财政厅厅长。1934 年起任国民政府军政部军需署署长，授予中将军衔，主管三军军饷、军粮与被服。钱塘江大桥的兴建也有赖于其出面向上海中外绅商银行借贷始得以动工完成。参见"百度百科·周骏彦"。

江省政协特邀委员、宁波市政协常委。①

据周世棠的堂侄孙周坤和回忆，周世棠是奉化极有名望的三卿之一(周和卿即周世棠、孙表卿、陈泉卿)。周世棠比堂侄周天衢(小名善祥，周坤和之父)仅大5岁，有一次侠胆仗义的堂侄周天衢相助少时蒋介石在前胡村打架受挫，幸亏周世棠赶到解围。蒋介石曾拜周世棠为师，一直对他师礼相待，还曾对人说“有事找三卿”。

随着龙津学堂的兴办，孙表卿、周世棠等人日益感觉到新学知识传播的重要性。为此，周世棠提出了开办书店的建议。周世棠和孙表卿一样是举人出身，但周世棠乃一介书生，无力筹资，而孙表卿因为上代经营商业，祖祀资产较为充裕，也有多种集资渠道。孙表卿接受了周世棠的建议，以祖祀产资金作为股本，与周世棠二人于1903年在宁波日新街开设了新学会社书店②。周世棠任宁波新学会社经理。新学会社旨在买卖新书，传播新知，满足进步知识分子的要求。据现存资料记载，新学会社出版发行兼售卖的第一本书就是1903年7月的《世界十二杰》，全书共83页：“是书为世界大发明家列传，凡政治学、经济学、文学、生理学、史学、伦理学、天文学、物理学、行政学诸大家纤悉具备，有志新学者当耆蔡奉之。”③宁波新学会社一度成为宁波五大书店之一，早期经营的书籍有严复翻译的《赫黎胥天演论》，林纾翻译的《黑奴吁天录》《巴黎茶花女遗事》，以及格致(物理)、数学等方面教材，以后渐

① 人物简介“孙表卿”，见中国人民政治协商会议宁波市暨各县(市)区文史资料委员会合编《宁波文史资料·第十一辑》，1991年9月，第125—126页。

② 孙表卿述、毛翼虎记《新学会社及其他》，见中国人民政治协商会议宁波市暨各县(市)区文史资料委员会合编《宁波文史资料·第十一辑》，1991年9月，第56页。另据记载为“孙表卿与周世棠、孙海环等合创宁波、上海新学会社”，见奉化市志编纂委员会编、胡元福主编《奉化市志》，北京：中华书局，1994年1月，第916页。

③《新学会社书目提要》，第30—31页。朱联保编撰、曹予庭校订《近现代上海出版业印象记》，上海：学林出版社，1993年2月，第403页。

渐侧重于桑园、农艺、畜牧方面的农技书籍。但在成立之初后，周世棠、庄崧甫因书生经商缺乏经验而亏本。

庄崧甫像

庄崧甫（1860—1940），原名莪存，又名景仲，字崧甫、嵩甫，号求我山人，以字行，奉化忠义乡曹村（今属莼村镇）人。1890年入泮中秀才；1901年在家创办农艺学社，设馆授徒。1903年任龙津学堂舍监。1908年在上海加入同盟会。1910年在余杭创办杭北林牧公司。1911年光复上海时协助陈其美筹饷。杭州光复后历任浙江军政府财政司长、财政参议、浙江盐政局长。1912年底辞职，致力于林牧公司。1922年起历任浙江省议会议员、奉化县议会议长兼县水利总局局长、省水利联合会主任理事。1927年与孙表卿等创办奉化孤儿院，任终身院长。1927年起历任浙江省政府委员、国民政府首届立法委员、导淮委员会副委员长等职。后主张导淮入海而未果，辞职后来往于上海、余杭及奉化家乡间，专致力于浙西林木公司、新学会社及奉化地方各项事业。抗日战争爆发后，任浙江省临时参议会参议员。1940年卒于奉化家乡。著有《农政新书》《水利实验谈》《螟虫防治法》《求我山人杂著》等，主纂《峨阳方氏宗谱》（楼隘）、《尚桥李氏宗谱》、《松溪卓氏宗谱》（松岙）、《狮山吕氏家谱》（莼村吕夹岙）等。

庄崧甫在任龙津学堂舍监期间，因在家乡仿办忠义学堂拆毁寺庵木偶引发纠纷，经孙表卿、江北溟等人调停，事态方获疏解。孙表卿让庄崧甫离开龙津学堂到新学会社去避风头，配合周世棠主持新学会社业务。新学会社在几个书生主持下，由于没有经商经验，生意亏本，眼看书店就要倒闭，孙表卿向亲友李镜第筹集资金，得到大力支持。李镜第投入巨额资金，不但保住了宁波新学会社，还把总部迁往上海，李镜第也由此成为新学会社最大的股东。1905 年，上海新学会社开设，继而成立上海新学会社图书发行总社。孙表卿为董事，周世棠任总经理，因当时奉化方面对庄崧甫的空气还是很紧张，孙表卿、李镜第等就叫庄崧甫到上海新学会社任编辑，聘葛亦庭主持宁波新学会社业务。这样，新学会社书店的重心也就由宁波移到了上海。① 新学会社以宁波为发源地，以上海新学会社为总部中心，在光绪末年起次第组织成立北京、广州、汉口、天津、济南、奉天新学会社图书发行分社。上海新学会社总社地址在上海棋盘街（今河南中路）交通路，分社地点：宁波日升（新）街新学会社、北京琉璃厂新学会社、广东双门底新学会社、汉口黄陂街新学会社、天津大胡同新学会社、奉天鼓楼北新学会社、济南后宰门新学会社。

李镜第（1867—1932），名高标，字霞城，号镜第，镇海小港港口人。曾以附贡就读于国子监，毕业后留居京城，出任法部宥恤司主事。戊戌变法失败后，他对清廷失去信心，弃官经商，决意走实业强国、兴学救国之路。他以经营盐业起家，成为宁波盐业巨商，并把家由镇海迁至宁波。1905 年李镜第成为新学会社的大股东。他热心公益，捐资办学，将盐业、印刷业之利润，大部份捐赠给学校、报馆与慈善事业。先后创办益智学堂、灵杰两等学堂、启蒙小学堂、鄞县私立效实中学（今宁波效实中学前身）、宁波公立中等专业学校（今浙江工业大学前身之一）、宁属县立女子师范学校（今宁波二中前身），任效实学会会长长达 20 年。

① “庄崧甫先生与余在上海经营新学会社图书发行所辛苦支持”，见周世棠《甬山堂诗集》，1930 年，第 60 页。周世棠“回沪与庄崧甫共同主持新学会社”，见奉化市志编纂委员会编、胡元福主编《奉化市志》，北京：中华书局，1994 年 1 月，第 878 页。

1910年创办《四明日报》，为大股东，历时17年，成为当时宁波最具影响力的报纸。辛亥革命后，当选为宁波军政分府参议员、六邑公会会长、浙江省议员。

入股新学会社书店后，李镜第认为发行新书，必须拥有一个自己的印刷厂，这样既可以印制新学会社出版的各类书籍，又可以对外加工，也可以为将来创办报馆打好基础。1906年他在宁波江北英领事署西侧创设了宁波钧和印刷公司，这是宁波第一家现代印刷厂，由于工艺先进、质量保证很快赢得客户的信任，生意欣荣。为扩大经营，1910年李镜第在江北外滩购地建房，添置设备，将钧和印刷公司迁至洋船弄（今扬善路），公司高薪聘请专业艺士，选用优质纸张，备有五彩油墨，大小仪器，各号铅字铅板，新式花边铸造，照相铜板代印，五彩石印等，印刷书籍、课本、地图、表册、股票章程及各类发票等，所印物件均与西式无异，所定价格，亦一律从廉，故受到宁波绅商学界的欢迎。

上海新学会社创办后，计划自己出版教科书和各种参考书，主要是从日本文翻译，因此时常和留日学生打交道，特邀留日学生翻译日本进步书籍，印书发行。留日学生多为中国同盟会会员，其后江浙两省的留日学生和同盟会会员就时常在新学会社进出，有时候住宿，有时候借地开秘密会议。同盟会会员应梦卿（兆松）、胡风冈等人时常去新学会社宣传民主革命思想，后庄崧甫也随之加入同盟会。新学会社又与同盟会上海负责人陈其美（陈英士）组织国民公报社出版杂志，由新学会社发行。陈其美、周淡游等人时常到新学会社开会，把新学会社作为革命秘密联络点。在浙江光复前夕，凡光复用的白旗、枪械、传单等都藏在新学会社，由上海秘密运到杭州去。

为做好图书发行，作为上海新学会社总经理的周世棠亲自往日本采购图书，编辑翻译。周世棠作诗曰："读书本不易，新籍浩如烟，购书更不易，海外搜奇编。余亲往日本编译图书"，"归来饷国人，非不勤敷宣，先生规我失，谓我博未专，好书不在多，农学贵精研，书成三百册，一一亲丹铅，国人始知农，实开风光先。”①在上海新学会社出版发行的图书中，周世棠与留日学生孙海环合编的《东洋历史地图》和《二十世纪中外大地图》在中国的地图编辑出版史上占有极为重要的地位。

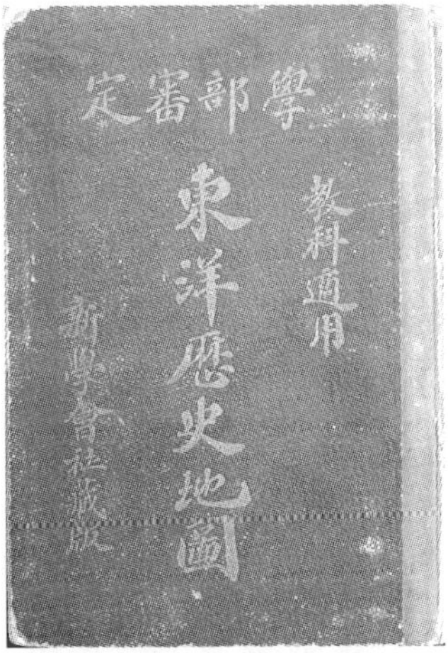

《东洋历史地图》

《二十世纪中外大地图》

孙海环（1876—1929），谱名经瀛，字锦瞻，别号范庐居士，奉化长寿乡萧王庙（今萧王庙镇）人。进士孙锵之长子，孙表卿之侄孙。幼年就读村中私塾，及长，受学内兄江北滇。1896 年入上海中西书院习英文。次年入北京国子学，旋转同文馆习日文。1901 年官费赴日本留学，入成城学校。后考入大阪高等工业学校，攻读采矿冶金专业。1906 年学成归国，先后任奉天（辽宁）矿政局参事、会办、湖北省矿政局专办、农工商部矿务议员等职。1908 年起任四川总督府矿务参议兼劝业道矿务科长、彭县铜矿局局长等职。1916 年自行设计、制造炼铜炉，性能良

① 周世棠《甬山堂诗集》，1930 年，卷六第 60—61 页。

好，遂以“孙炉”命名，并著《孙炉图说》。1919 年离川，侍父于杭州。翌年，应湖北房县五官矿局之聘，任经理。1923 年任浙江省地质调查所所长，主编《浙江地质简报》，主持全省地质资源普查，查勘奉化银山岗铅矿资源。后在省实业厅（后改建设厅）主持矿务。

周世棠、孙海环编辑的《东洋历史地图》和《二十世纪中外大地图》分别于光绪三十一年（1905 年）十一月、光绪三十二年（1906 年）六月由上海新学会社发行。两书均由日本大坂石版合资会社印刷，全图集为彩图，蝴蝶装，图展开为 8 开。《东洋历史地图》凡 64 幅，首图为“古代人种迁徙方向图”，末图为“今世亚细亚诸国略图”。末附东洋大事年表。

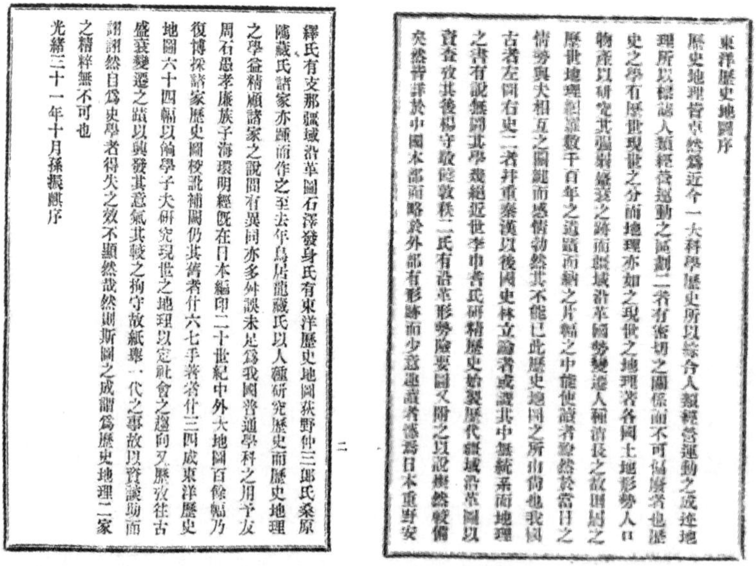
東洋歷史地圖序

歷史地理皆卓然爲近今一大科學歷史所以綜合人類經營運動之成迹地理所以標識人類經營運動之區劃二者有密切之關係而不可偏廢者也歷史之學有歷世現世之分而地理亦如之現世之地理著各國土地形勢人口物產以研究其強弱盛衰之跡而疆域沿革國勢變遷人種消長之故則屬之歷世地理總量數千百年之遺蹟而納之尺幅之中能使讀者瞭然於當日之情勢與夫相互之關繫而感情勃然其不能已此歷史地圖之所由作也我國古者左圖右史二者并重秦漢以後國史林立論者咸謂其中無統系而地理之書有說無圖其學幾絕近世李申耆氏研精歷史始製歷代疆域沿革圖以資考效其後楊守敬饒敦秩二氏有沿革形勢險要圖又附之以說蔚然較備矣然皆詳於中國本部而略於外部有形跡而少意趣讀者憾焉日本重野安繹氏有支那疆域沿革圖石澤發身氏有東洋歷史地圖荻野仲三郎氏桑原隲藏氏諸家亦踵而作之至去年鳥居龍藏氏以人種研究歷史而歷史地理之學益精顧諸家之說間有異同亦多舛誤未足爲我國普通學科之用予友周石愚孝廉族子海環明經既在日本編印二十世紀中外大地圖百餘幅乃復博採諸家歷史圖校訛補闕仍其舊者什六七手著者什三四成東洋歷史地圖六十四幅以餉學子夫研究現世之地理以定社會之趨向又縣攷往古盛衰變遷之蹟以興發其意氣其較之拘守故紙專一代之事故以資談助而詡詡然自爲史學者得失之效不顯然哉然則斯圖之成謂爲歷史地理二家之精粹無不可也

光緒三十一年十月孫振麒序

二

孙振麒作《东洋历史地图序》

《二十世纪中外大地图》在中国的地图编辑史上具有里程碑的地位，作为中国早期出版的大开本洋装地图集，与同时代《大清帝国全图》、邹氏亚新舆地社的《皇朝直省地图》及舆地学会的《中外舆地全图》合称民间刊行四大全国地图集。它们无论在制图理念和方法、地图设色和印刷、装帧等方面都代表了中国近代的制图水平，在一定程度上也是当时学习西方先进的编图和制印技术的成果。《二十世纪中外大地图》有地文图 4 幅、世界全图 1 幅、中国地图部分有“中国”全图 1 幅，另盛京、吉林、黑龙江、直隶、山东、山西、河南、陕西、甘肃、新疆、浙江、福建、江苏、安徽、江西、湖北、湖南、四川、广东、广西、云南、蒙古、西藏 24 个分省地图各 1 幅，余为世界各大洲及主要国家地图 40 幅，全册总计地图 70 幅，印制精美。另在相关图幅中附重要都会等小图(附图)58 幅。封二上还绘有 54 个国家的旗徽。整本地图内容丰富，标注详实，图中可见清代府、散厅、散州、县、商埠、驿站、驿路、电线、古迹等。《二十世纪中外大地图》真实地反映了世界及世界各国和中国在 20 世纪时国家名称、政区、界域等方面的真实情况。如加拿大当时叫坎拿大，新西兰称为新斯兰，丹麦则被称作丹抹等。中国省的划法称呼也与现在不尽相同，省份没有辽宁、河北，而有盛京省和直隶，而省份内的地域划法是百年前的状态，如江苏省划分了徐州府、淮安府、扬州府、海州、通州、太仓州、江宁府、镇江府、常州府、苏州府和松江府，上海当时属于松江府。当时，中国许多地方被列强强占的情况也在图中有所体现，如广州湾属法国，澳门属葡萄牙，香港九龙属英国，胶州湾属德国等；上海当时分成英租界和法租界，上海老城厢有三块，跑马厅还是郊区，黄浦江边有怡和洋行、日本邮船码头等。尤其

光緒三十一年十一月印行
定價銀柒角伍分
編輯者　奉化周世棠
編輯者　奉化孫海環
發行者　張振鏞
銅版影刻者　林慶二郎
石版印刷所　大阪石版合資會社
活版印刷所　活文堂
總發行所　新學會社　新學會社

《东洋历史地图》
(加盖新学会社印章)

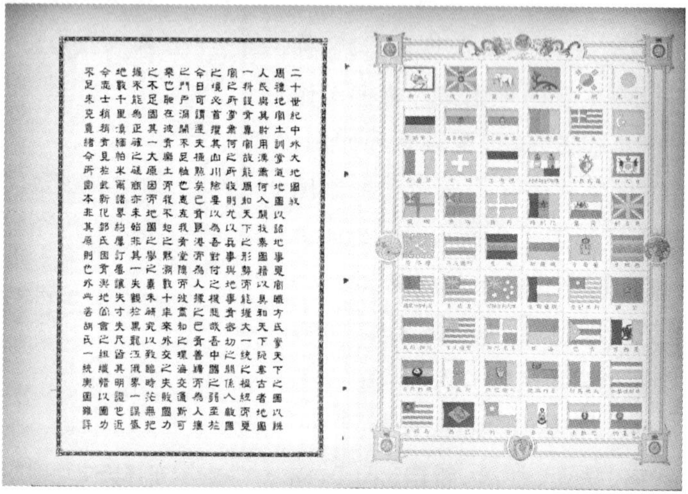

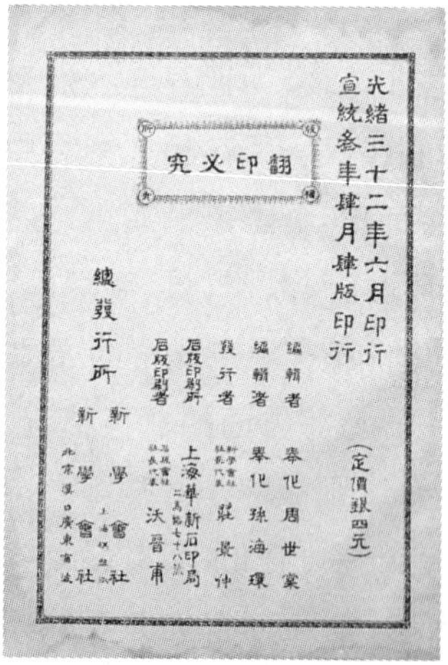

《二十世纪中外大地图》
（宣统三年四月第 4 版）

是当时的中国版图中不包括台湾，是因为中日甲午战争清朝战败，1895 年《马关条约》割让台湾给日本。从此，台湾沦为日本的殖民地达 50 年之久。《二十世纪中外大地图》是 20 世纪初叶中国人出版的经典地图集，它代表了 100 年前中国人对国家和世界的认识，当然也反映了那时中国地图上对周边境域的表述，为我们研究中国近代历史地理变迁提供了不可多得和十分珍贵的历史文献。中华书局曾于 1975 年重新翻印。

由胡朝阳原著，周世棠与江北溟、江起鹏改订的《第一简明历史启蒙》和《第一简明地理启蒙》两种教科书也成为新学传播的重要见证。这两种教科书从清末的 1908 年初版一直修订使用到20世纪20年代中期第50版，为开启民智奠定了基础。胡朝阳与蒋介石、俞镇臣（又名作屏，俞国华之父）三人曾在1903年同时就读于凤麓学堂，当时三人模仿三国时刘、关、张桃园结义，结为金兰。

《第一简明历史启蒙》和《第一简明地理启蒙》

之后，周世棠被清廷选入广东法政学堂学习二年，以广东拣发知县毕业[①]，被派遣至鹤山（今广东高鹤县）清理积案，旋调韶州（今韶关市）出任太平关税务总办兼府中学堂监督。

---

① 参见奉化市志编纂委员会编、胡元福主编《奉化市志》，北京：中华书局，1994年1月，第878页；袁德盛《周石虞先生六十双寿序》，见周世棠《甬山堂诗集》，1930年，卷六第63页。拣发，清代督抚缺少县级官员，从举人中选拔合适人选担任知县或学正等职，报吏部批准。知县是一个县的行政长官。广东法政学堂1905年建立，1912年改称广东公立法政专门学校，1923年8月更名为广东公立法科大学。1924年2月4日，孙中山将国立高等师范、广东法科大学、广东农专合并为国立广东大学。1926年孙中山逝世后，国民政府将广东大学改为中山大学，法科也随之成为中山大学法科，并于1931年发展为法学院。

1911年辛亥革命爆发，周世棠回沪与庄崧甫共同主持新学会社，并参办杭北林牧公司。时林牧公司在余杭造林1.5万亩，种植林木数百万株，并饲养各种禽畜，牛羊数千头、鸡数万只。《甬山堂诗集》中有记载："试观垦牧场，成绩更烂燃。另先生办有杭北林牧公司。"①嗣参加文官考试合格，历任浙江省盐政局兼五属盐务分局局长、广东盐运使署虎门检查厂兼六门缉私总巡委员、河南烟酒公卖局第四局局长、杭州市政府秘书、两淮盐运使署秘书等职，②"然综计生平，从政之日短，而致力社会事业之日长"③。

周世棠"无岁巡视，整年不断"，殚精竭虑、居无定所之辛苦书中有记载可查："起民国五年八月在广东陆丰，六年十一月避地香港，七年八月离香港返奉化"，"起民国七年九月在北京，十一月至河南开封，旋至禹县，八年二月离禹县返奉化游杭州"，"起民国八年六月在北京，七月至安徽大通，十二月至安庆，九年五月至潜山，十一年一月离开"，"起民国十一年二月在北京，四月住安庆，旋返上海。十二年后往来上海杭州间金衢严各处，十三年十月后又住安庆芜湖各处"，"起民国十六年五月寓居杭州，十八年九月由杭州至扬州。"④周世棠"或间先后打理社务，查阅二十五年出版的小学、中学及农学各书，不下五百种"⑤。

新学会社出版之图书目前在浙江图书馆馆藏有166部（未包括地图集），上海图书馆查有51部，国家图书馆查有86部。宣统元年（1909年）三月新学会社出版的《农家百事问答》一书上的"新学会社出版图

① 周世棠《甬山堂诗集》，1930年，第61页。

② 奉化市志编纂委员会编、胡元福主编《奉化市志》，北京：中华书局，1994年1月，第878页。

③ 袁德盛《周石虞先生六十双寿序》，见周世棠《甬山堂诗集》，1930年，卷六第63页。

④ 周世棠《甬山堂诗集》，1930年，卷二第4页、卷三第18页、卷四第29页、卷五第43页、卷六第55页。

⑤ 袁德盛《周石虞先生六十双寿序》，见周世棠《甬山堂诗集》，1930年，卷六第63页。

书”，有 159 部；1913 年 7 月出版的《农业土木教科书》上的刊后书目，比 3 年前发行书目增加新书 143 部。仅此两处书目（目录上的图书大部分在浙江、上海、国家图书馆未有收藏）合计，新学会社在 1913 年 7 月前出版书籍至少有 300 部（本）以上。1934 年出版的《民法新属编释义》刊后发布最新出版物 19 部。

在这些并不完全的新学会社出版发行的书目中，最早一部是 1903 年 7 月《世界十二杰》（著者新学会社，新学会社出版发行），最迟一部是 1946 年 9 月《除虫菊》（著者萧苇，中国农业书局出版、新学会社发行）。上述两本书均由上海图书馆馆藏。由此分析并作保守估计，新学会社图书发行社存在时间至少有 44 年。

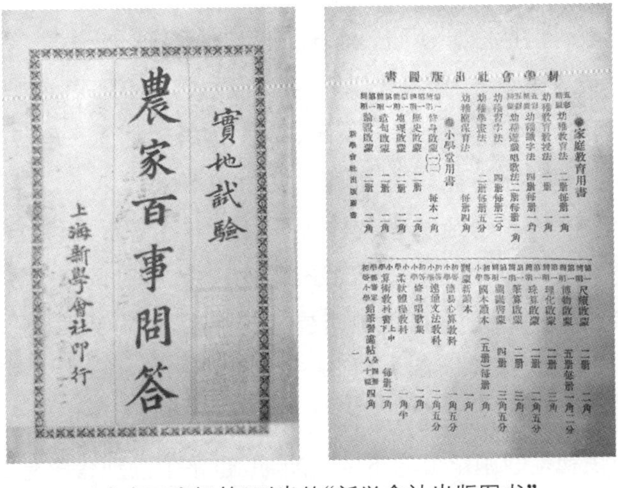

《农家百事问答》刊出的“新学会社出版图书”

从 1909 年出版的《农家百事问答》一书中，可获知如下信息：

1. 新学会社总发行社在上海棋盘街。

2. 1909 年前新学会社发行社有：北京琉璃厂新学会社、广东双门底新学会社、汉口黄陂街新学会社、宁波日升街新学会社（民国二年七月出版的《农业土木教科书》上，可知 1913 年前除上海总社、北京、广州、汉口、宁波新学会社的发行所外，已增加天津大胡同新学会社、奉天鼓楼北新学会社、济南后宰门新学会社）。

3. 印刷所：群益印刷局，上海望平街外围坟山对门。

4. 译辑者：上虞，范扬；校订者：庄景仲（庄崧甫）。

5. 该书刊出的新学会社出版图书目录共 6 页，可知 1909 年 3 月前新学会社已经发行图书达 159 部。

其中：家庭教育用书（幼稚教育）7 部 16 册；小学堂用书 27 部 61 册；女学堂用书 8 部；经学教科书 5 册；中学堂用书 26 部；实业书农学之部 25 部 26 册，医学之部 3 部 5 册，杂著之部 33 部；各种五彩地图 24 部；戏鸿堂法帖 1 部 16 卷（董其昌家藏真本）。

小学教材包括修身、历史、地理、造句、论说、理化、珠算、笔算、博物启蒙教材和速通文法、算术教科等；中学教材包括心理学、生理学、万国史、法制理财、几何学、物理学、算术、平面三角法、球面三角法、测绘学、博物学、动物学、植物学、化学等；而实业书更侧重农学书，包括土壤学、肥料学、气象学、农学经济学、农艺化学、蔬菜栽培新法、畜产蚕桑等。图书广泛涉及哲学、议会史、议院法、警察法令、战时国际公法、宪法古义、国民教育论等。地图则是新学会社的强项，由周世棠、孙海环编辑的《二十世纪中外大地图》于 1908 年再版，1913 年 7 月前已发行四版。①

清末民初是我国承上启下的转折期，也是中国现代思想文化的开端时期，先进的教育模式在西学东渐汲取优良传统的教育思想引导下，由此开启并传承。周世棠与新学会社的同仁们在对小学、中学、农林学等教科书完善上所付出的艰辛，对提高少儿阅读理解能力、口语交际能

---

① 参见 1913 年 7 月版《农业土木教科书》上新学会社图书发行书目注解。

力、写作计算能力、地理历史知识、道德修养、求学实用能力及少童终身发展均有多方面的意义。出版各类农、林、牧、医等图书，翻译出版各种民法、国际公法、议院法、人体解剖、字帖、图表、地图等，对中国近现代新政治经济与新学知识传播，特别是实业知识教育推广起到积极的作用。

周世棠本人著有《甬山堂诗集》6 卷①、《馆吴胜录》5 卷、《春秋陪臣表》1 卷、文集 4 卷，参与光绪《奉化县志》采访，编纂有小学国文 8 册、小学中国历史 2 册、小学中国地理 3 册、《东洋历史地图》和《二十世纪中外大地图》各 1 册。②

周世棠娶奉化城江姓医药世家的二小姐为妻。妻子小其一岁。1929 年 9 月，周世棠花甲前一年已经携夫人"居扬州名胜之区，优游清适，亦足以乐而弥永其年矣"。然吴杲明和学生袁德盛两位均家有藏书楼，邀请他，"竟然被他'不二年'几乎读完"③。

周世棠之妻江氏像

周世棠育有周天初、周国瑞、周天裕两儿一女，另一小女夭折。

周世棠送长子周天初留日学美术，小儿周天裕留日学师范，女儿就读女子师范。子女完成学业后都在学校任教，周天初入职学校教美术，周天裕在浙江省立高级蚕桑职业学校任教，后因国民政府迁往重庆，蒋介石将奉化文化人保护性带

① 著有"《甬山堂诗集》11 卷"，见奉化市志编纂委员会编、胡元福主编《奉化市志》，北京：中华书局，1994 年 1 月，第 878 页。
② 袁德盛《周石虞先生六十双寿序》，见周世棠《甬山堂诗集》，1930 年，卷六第 63 页。
③ 同上。

往重庆时，周天裕为照顾老父周世棠一起去重庆工作，新中国成立后他在浙江大学任教日语；周国瑞自宁属县立女子师范学校毕业后，于1919年起教书至1958年退休，教龄达39年。她曾在宁波邑中新作女校任教，在公立邑庙小学、镇明、大梁街、永宁巷等小学当校长。抗战前，她在杭州湖滨孝女路天长小学附近办了一所私立小学，取名“奉化小学”，任校长，后因战事学生流失停办。

长子周天初

次子周天裕

次子周天裕一家

女儿周国瑞

20世纪30年代后，周世棠在国民政府军政部军需署担任主任秘书，追随同乡、中将署长周骏彦，对抗日战争初期的军需供应付出了一定精力。抗战爆发后，周世棠随军政部军需署迁移陪都重庆，于1941年病故。

第三节 周天初的家庭

1894年12月10日，周天初出生在宁波奉化的一个村子：周村(江沿)。周村风景秀丽，锦鸡山蜿蜒江岸，两公里路即到江口，剡江九曲沿村而过，与剡溪水一脉相承，流经溪口。

周家是村中的大家族，整个村子周姓为主。

周姓族后人代代相传：明代祖上自河南迁入浙江，原本姓刘，为刘伯温后裔。祖上的支脉在朱元璋杀功臣期间，隐居回浙东四明一带，改姓为周，"明周暗刘"，躲过灾难。

到周天初一辈已是周家立谱第七代(式、炳、兆、宗、圣、贤、天、启、科、甲、时、钟)。周天初是周家高房后代，天字辈，名天初，号耕云，别号天衣居士，小名云成("偶题周村")。

父亲周世棠科举中榜，琴棋诗书爱好广泛，注重对子女的教育。他经历了科举私塾教育时代向学堂教育的过渡时期，对子女的教育新旧结合相对开放。教子女学国文，做诗、对联、写字，教女孩子学吹箫、笙。孩子们还小时，亲戚家的大孩子常组织各家的孩儿自娱自乐。表哥弹琵琶，表姐吹箫，周天初弹三弦或月琴……今天在这家门口，明天在那家门口，孩子们古琴、筝、二胡一起上，吹拉弹唱好不热闹。这也是周天初少时最开心的日子。①

① 2000年作者陈芝敏回奉化周村采访，周坤和口述。

周天初自幼喜欢三弦和月琴，周天裕长大后喜欢口琴。妹妹周国瑞则像男孩一样活泼开朗，父亲也送女儿就读女子师范，后在新作女校任教。

周天初曾经拜师浙江宁波慈溪洪佛矢先生，“昔尝学诗于慈溪洪佛矢先生，嗣以咯血中辍”。[①] 周天初赴宁波就读浙江省立第四中学校毕业。

1912 年，周天初 18 岁，奉命与奉化县城(今大桥镇奉南村)大家族俞家女儿俞杏花结婚，妻年方 17 岁。(俞杏花与俞济时为嫡亲堂姐弟)

周天初与夫人俞行华

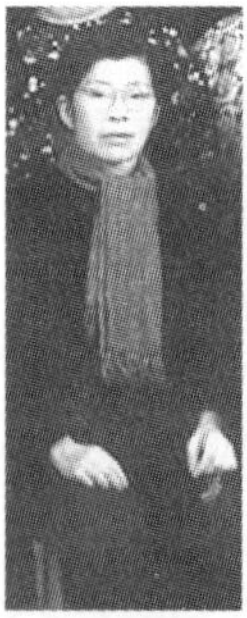

长女周彩菊

儿子周启正

小女周慕梅

周天初与二女周慕贞

① 张厚植《序二》，见杭州师范学校编《周天初先生担任教席念五周年、执教杭师十六周年纪念册》，杭州：浙江省立杭州师范学校，1947 年 6 月，第 3 页。

大女婿詹兆青

儿子周启正、儿媳王月娥

孙子周科发

外孙女朱元芳

小女周慕梅一家（前排左 1 为陈芝敏）

周天初与外孙女王如林、陈芝敏（前排左 1）合影

婚后的周天初因夫人的文化程度与自己距离太大，不满父母的包办选择，曾经透露出想离婚的念头。好在夫人天智聪明，又是放过脚的女人，在娘家男丁习文的机会中，她也潜移默化地接收了一些知识。周天初开始给她补习文化，改俞杏花名为俞行华，还让她跟随妹妹周国瑞去女子师范读书。

1913 年，周天初的长女周彩菊出世。女儿非常可爱，周天初与夫人的感情逐年稳定，相濡以沫半个世纪。

随后周天初赴上海就读上海图画美术院，后更名为上海美术专科学校，于 1916 年毕业，受刘海粟邀请留校任教。

1918 年周天初留学日本，同年二女周慕贞出生。1922 年周天初提前完成毕业制作回国后开始任教。次年儿子周启正出生。1925 年四女周慕梅出生。

周天初生活逐渐稳定下来，他分次逐步把夫人、儿子、女儿、母亲接到杭州团聚，并送子女入读杭州的小学、蚕校。母亲死于杭州送回老家奉化安葬。这是家人团聚生活较长的一段时间，直到 1937 年日本侵略开战前夕，才匆匆安顿家人回奉化老家，自己即随学校逃难转移。抗战期间家人分离，夫人带着孩子艰难度日，为躲避日本人的炸弹、追杀，拖儿带女避难山里，常遇断食之苦，保住了一家少数几口人的性命（夫人妹夫一家不愿远逃避难，被强盗绑票，又遇日本兵上山被活活刺死）。在那段缺医少食的日子里，1928 年出生的女儿周菊媛、1931 年出生的儿子周甘甘、1938 年出生的儿子周旦旦先后在六七年中生病相继死亡。

战后，周天初接家人到杭州。

周村的老房新中国成立初赠送给村里。

1958 年周天初从杭州师范学校退休。

1970 年周天初辞世，而夫人俞行华长寿，到 1988 年 93 岁过世。

在周天初逝世后的漫长岁月里，夫人俞行华守着先生周天初留存的书籍和需归还图书馆藏书《上海博物馆藏画》的遗嘱平淡地生活了17年。在俞行华去世的前两年，她将周天初部分的藏书、字贴、碑拓都赠送给杭州师范学校图书馆。① 1986年，俞行华生病第一次被抢救出院后，她让子女到处打听朱琦先生下落②，将精装版的《上海博物馆藏画》交给朱琦，托付他帮周天初完成归还图书馆藏书的遗愿。

80年代，周天初的书房已经用作夫人俞行华的卧房，画桌、条几已经搬去其他子女的房间。老太太在周天初曾经的书房里搭了床，经常坐在先生曾经坐过的木凳子上读报看书，她的文化来自出生家庭的熏陶和夫家的再培养。她给孩子们留下的是慈祥少话平淡的印象，给邻居们留下的是知书达理、贤惠善良的好印象。

晚年的俞行华

① 图书馆派人叫三轮车拉走，来人说认识周天初，杭州师范学校送来300元奖励。作者陈芝敏2004年曾经在省中医院干部病房13楼16床，听杭州师范学校老校长程融炬谈及周天初在师范教学的工作业绩以及家属送家庭藏书给杭州师范学校图书馆之事。

② 朱琦，中国美术家协会浙江省分会的第一任副秘书长，与周天初一起筹备协会成立。

遵遗嘱归还之书《上海博物馆藏画》①

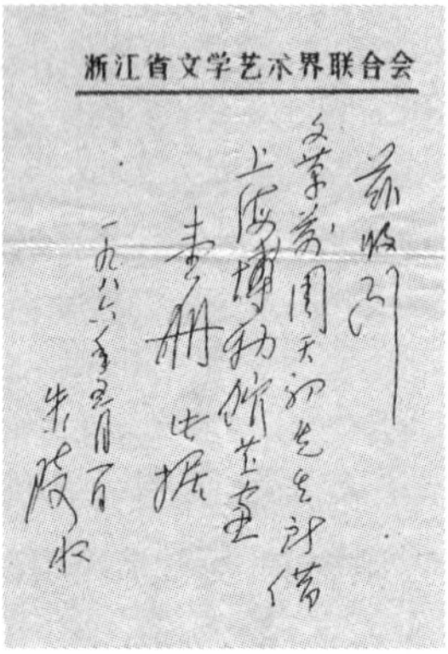

托请朱琦代还所写收条

① 图片来自博宝艺术网。

第二章

求学之路

第一节　沪上求学

周天初自小受父亲亲教，弱冠又“尝学诗于慈溪洪佛矢先生”(洪佛矢亦为陈布雷的先生)，继在浙江省立第四中学校(今浙江省宁波中学)读书毕业，后就读于刘海粟创办的上海图画美术院。上海图画美术院是著名的上海美术专科学校的前身，是中国现代意义上的第一所美术学校。周天初的沪上求学是与上海图画美术院的成立、成长同步的。作为该校重要创办人之一的刘海粟在《上海美专十年回顾》中所述："民国元年的冬天，乌君始光在毗陵与海粟计划创立美术院于海上。其时社会上对于艺术颇菲薄之，一般人开口闭口都是国计民生，所谓雕虫小技，简直不值得齿及。在那时代，要在中国的社会上树立起美术学校的旗帜，实在是件极不容易的事。我们是凭着良心和兴味，抱着‘知其不可为而为之’的态度，振作着坚强不屈的精神做去。所以在元年的十一月，我们就本校的态度树起鲜明的旗帜，创立上海图画美术院。”①

① 刘海粟《上海美专十年回顾》，载《时事新报·学灯》，1922 年 9 月 17 日。

招生广告是在1913年1月27日开始刊登于《申报》。2月中旬连续五日刊登。8月7日又一次刊登。对比几次广告，1月份的广告已经有“附属英文课”，表明上海图画美术院从一开始就具有远大规划，不局限于图画教学。2月份广告注明“（资格）无论已习未习，（纳费）每半年十八元，膳宿加三十元”。① 而在8月份的广告中有“图画美术院函授部招生：本院学科完备，成绩优美，远近学子来者踵接”，“讲义明显，范本精良”。事实并非如此，“美术院创立数年，无时不在颠沛困难中，冷静寂寥，如与世隔，外界的同情和助力渺无所得，有如逆水行舟，艰苦奋力前进。……当此创立时代，每年来学者至多十五六人，少只三四人，可谓冷清之极”。② 周天初就是在这初创之时进入学校，用名周耕云。从该校毕业生名录上看，与他同期就读西洋画正科并毕业的同学仅仅只有五位，三位浙江籍，一位福建籍，一位江苏籍。③

刘海粟说：“当《宣言》在新闻报纸发布后，社会上一般人有嘲笑的、有谩骂的，说图画也有学堂了，岂不可笑。……艺术是与人生没有直接关系的供人玩赏的东西，没有谋富贵的可能，不值得研究。所以一说到提倡美术，就群起反对。……民国初年，一般青年总想发财做官，对政法学校无不趋之若鹜。那几个青年居然会来研究美术，我们不能不佩服他们那坚强的毅力和高尚的志趣。”④周天初和他的同学们跟随着上海图画美术院从最初的单一绘画科到学习西法摄影、铜版还有铅笔画、水彩画、人物肖像画、广告画、油画等的发展过程；跟随学校的发展数度搬迁；也跟随学校从课堂教学到提倡写生的进步。

1916年6月周天初毕业，时年22岁，受刘海粟邀请留校任教，从

---

① 载《申报》，1913年1月27日、2月12日。
② 刘海粟《上海美专十年回顾》，载《时事新报·学灯》，1922年9月17日。
③ 上海美术专科学校《上海美术专科学校二十五周年纪念一览》（教育部立案），第108页。
④ 刘海粟《上海美专十年回顾》，载《时事新报·学灯》，1922年9月17日。

此开始其执教美术的生涯。

此时的上海图画美术院已经对“写生画”有了明确的描述：“图画美术学院暨函授部续招新生……函授部现已改订详章，扩充学额，不限学期，分甲乙两部办理，各科范本系实地写生，其中奥妙难以赘述……”①“入专科者须于开学前三日到院考试”②。可见，写生课程的设置标志着上海图画美术院在教学方法上的创新，它打破了以临摹为主流的传统美术教学，为中国艺术的发展注入了灵感与活力，更为20年代中期围绕模特儿问题展开的那场斗争埋下了伏笔。入学考试也表达了该学院生源渐渐众多的信息。

周天初在上海图画美术院教授西画，担任函授部教员，地点在白云观校区。

1917年上海图画美术院已经明确：“本院自创办迄今已历五载，成效昭著，遐迩咸知。自民国六年始注重人体写生，改订课程，添聘教员，以造就完全美术专家……”③“兹特续招第一学级生四十名，术科师范班三十名……”④两则广告都是上海美专划时代的美术革命，前者揭示了人体模特儿写生的教学特色，这是导致社会风波的先声；后者增设师范，将培养美术师资正式列为学校办学的目标，提高了办学的层次。

周天初在上海图画美术院学习和任教时期，是伴随着学校创立，伴随学校在学科设置、办学规模、师资力量、办学层次、特色追求方面一步步的发展，他自身也在艺术修养、艺术思想上逐步成熟并有了更具开放的追求。

同一时期，周天初也在位于上海北四川路横浜桥的上海殷秀女学

---

①《申报》，1915年7月12日。
②《申报》，1916年2月7日。
③《申报》，1917年1月7日。
④《申报》，1917年8月21日。

上海图画美术院旧址

兼教图画。[1]

刘海粟的上海美专办学理念给周天初带来极大的影响。如首次实行男女同校、首次在课堂教学中引入女子人体模特。(举办学生成绩展示会上几幅人体习作素描在社会上引发轩然大波，直至惊动军阀孙传芳，视此举为大逆不道，密令封闭上海美专，并通辑刘海粟。刘与之不懈抗争达十年，最终获胜，维护了艺术、艺术家的尊严。)学校的这些观念和精神成为周天初形成艺术教学理念的坚实基础，并影响其一生。

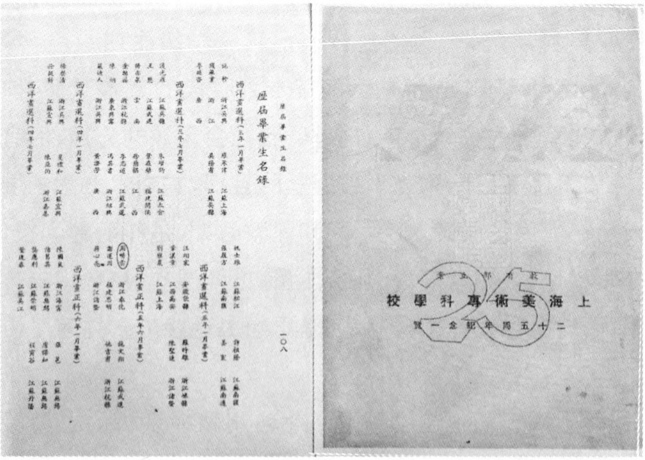

歷屆畢業生名錄

西洋畫選科(三年一月畢業)

西洋畫選科(三年七月畢業)

西洋畫選科(四年一月畢業)

西洋畫選科(四年七月畢業)

西洋畫選科(五年一月畢業)

西洋畫正科(五年六月畢業)

西洋畫正科(六年一月畢業)

一〇八

上海美術專科學校

二十五周年紀念一覽

《上海美术专科学校二十五年纪念一览》历届毕业生名录，西洋画正科，周耕云(周天初)，民国五年六月毕业。

[1] 参见《1956 年浙江省杭州师范学校教职员工经历情况调查表》。

第二节　东瀛求学

周天初的求学期，已处于中国废止科举向外学习现代学校制度的开放时期，政府派遣出国的教育制度调查员所带回并传播的信息对年轻人很有吸引力，周天初也和国内的许多学生一样，看到明治维新以后，日本积极吸收西欧的文化，快速地向现代化发展。已经在上海图画美术院任教的周天初，自觉知识结构中尤其是对西洋画了解不够全面，去西洋画盛行的日本东京美术学校留学的愿望日强。在父亲周世棠的支持下，1918 年周天初携弟弟周天佑一起东渡，自己如愿考入东京美术专门学校（今东京艺术大学），弟弟考入东京高等师范学校。

战前中国留日的学生总数共达 5 万，在《中国人留日留学史》的年度各学校毕业中国人数一览表上，记录了中国每年的毕业生人数。①

查阅周天初自日本东京美术专门学校毕业的 1923 年，中国在陆海军校、高级中学、艺术学校等留学生人数为 413 人，而艺术学校包括东京美术专门学校毕业的才 2 人（一般青年对政法军校趋之若鹜）。从 1901 年起到 1937 年中日开战前，中国留日毕业人员共达 11967 人，艺术学校留学毕业生为 69 人，其中东京美术专门学校毕业为 45 人（入学 103 人）。②

东京美术专门学校是当时中国美术学生留学最看重的学校，该校

---

① 《中国人留日留学史》中，对留日学生情况，作者也分析了毕业人数减少的原因，如不可避免有学费困难、不满日本侵略等因素，导致留学生大批回国。转引自[日]吉田千鹤子《东京美术学校的外国学生》，韩玉志、李青唐译，香港：天马出版有限公司，2004 年 12 月，第 36—38 页。

② [日]吉田千鹤子《东京美术学校的外国学生》，韩玉志、李青唐译，香港：天马出版有限公司，2004 年 12 月，第 36—37、86 页。

有留法教师作指导(直接留学法国费用太高)。所以大多数申请者报该校西洋画科(油画科),但该校毕业很难。据学校的统计:图画师范(平均合格率 20%),建筑冶金(25%),西洋画(32%),图案(41%),漆工(50%),日本画(54%),雕刻(57%),金工(71%)。申请东京美术专门学校入学也不易,中国留学生申请大多集中在西洋画科,“但申请者157 人只有 62 人得到入学机会”。

周天初与有幸被东京美术专门学校接受的中国留学生一样,学习非常刻苦勤奋,“这可以从他们的毕业创作自画像看出。他们不时处处想表达出本国的传统和民族性、区域性”,日本作者吉田千鹤子如是描述,“他们(中国学生)虽然受了长达 5 年的西欧画法和世界观的熏陶,但当毕业创作这一显示留学成就的关键时刻,他们仍旧想把自己的全部人格表达出来”。周天初的毕业创作不光画了自画像,还画了家乡杭州的西湖。同时,他是提前半年完成毕业创作,于 1922 年回国。[①] 弟弟自东京高师毕业回国。也因为兄弟俩留学负担过重,周天初更为刻苦。[②]

从东京美术专门学校记载资料查阅,周天初入学时的 1918 年,西洋画科开始采取“教室”制度,即:一、二年级时由长原孝太郎及小林万吾来教石膏与人体素描,到了三、四年级则由学生自由地选择冈田、藤岛或和田教室习画,周天初选择了藤岛教室。毕业时由黑田清辉指导。[③]

在东京美术专门学校毕业的中国留学生大多回国后在美术或美术教育上起到了启蒙和发展作用。如李叔同、江新、白鹤龄、汪洋、方明

---

① [日]吉田千鹤子《东京美术学校的外国学生》,韩玉志、李青唐译,香港:天马出版有限公司,2004 年 12 月,第 36—37、86 页。

② 据《1956 年浙江省杭州师范学校教职员工经历情况调查表》备注栏:“1922 年 8 月—1923 年,因经济困难,利用东京美专毕业制作期间,即提前回国就业。”

③ [日]吉田千鹤子《东京美术学校的外国学生》,韩玉志、李青唐译,香港:天马出版有限公司,2004 年 12 月,第 58 页。

远、陈抱一、陈之佛、王道源、汪亚尘、严智开、许太谷、许幸之等，他们也培养了更多的中国美术人才。其中也包括 1922 年抱着振兴中国美术的心愿回国的周天初。

毕业作品：油画自画像、西湖

表 1　1912 至 1927 年上海美专留学生任职人员明细

留学生	教授课程	毕业院校
陈抱一	1914 年，西洋画	日本川端画学校、东京美术学校
[illegible]	1914 年，西洋画	日本川端画学校
周天初	1916 年，西洋画	日本东京美术学校
江新	1917 年，石膏模型、人体写生	日本东京美术学校、法国巴黎国立高等美术学校
汪亚尘	1918 年 9 月-1927 年，西洋画	日本东京美术学校
刘质平	1920 年 7 月，音乐学	日本东京音乐学校
周勤豪	1921 年，西洋画	日本东京美术学校
李毅士	1921 年 3 月-1927 年，西洋画	英国格拉斯哥大学暨美术专门学校
俞寄凡	1921 年，西洋画	日本川端画学校、东京高等师范学校
关良	1923 年，西洋画	日本川端画学校、东京太平洋美术学校
滕固	1924 年，美术史、艺术论	日本东洋大学
朱大梵	1924 年 2 月-1942 年，诗词学	日本弘文学院
[illegible]	1926 年 5 月-1927 年，西洋画	法国巴黎美术专门学校
李恩科	1926 年 9 月，西声乐、西器乐及外国文	美国米西干大学、哥伦比亚大学、纽约音乐学校
[illegible]	1927 年 9 月，色彩学、透视学、用器画及图案画	日本东京高等师范学校
丰子恺	1927 年 2 月，艺术论、艺术教育及音乐常识	日本川端画学校
张善孖	1927 年，国画	日本明治大学、京都市立美术工艺学校

留学生画家是中国近现代知识分子中的特殊类型，他们是中国近现代美术教育的重要角色，也是继传教士之后传播西洋艺术的另一重要群体。对传教士画家来说，介绍"圣母"要远比介绍"拉斐尔"重要，但对留学生画家而言，情况刚

29

1912 至 1927 年上海美专留学生任职人员明细表①

① 李喆《早期上海美术专科学校研究（1912～1927）》，东华大学硕士论文，2013 年，第 29 页。

第三章

毕生侍教，桃李满园

第一节　施教历程

周天初像

20 世纪初叶中国知识分子的进步思潮，多以“国强始于少年强、少年强始于教育强”为本。而蔡元培在中国首倡“美育”劝导国人，他将对于美育的译介和呼吁，上升到对国家危亡、文化没落进行挽救的高度。这一思想对接受过西学教育，又对传统美学有一定理解的周天初无疑有极大的影响。周天初的成长即得益于这一时代背景，他也成为美育践行者之一。周天初认为美感教育包含着美术普及，而美术普及一定要从小抓起，尤以美术师资培养为重。他施教于大学、师范、中学的美术课堂，但以师范为主，且为终身职业，数十年持之以恒、坚守信念，即使战争状态下也随学校奔波从未言弃。

周天初自日本回国后来到杭州，1922 年 8 月，最先入职的是浙江公立工业专门学校和浙江省立女子师范学校。

浙江公立工业专门学校校景①

浙江公立工业专门学校位于杭州蒲场巷(今大学路)场官弄报国寺(原铜元局旧址)，三面环河，占地约100亩。初创于1910年，初名浙江中等工业学堂，历经浙江公立中等工业学校、浙江省立甲种工业学校之校名更替，1920年更名为浙江公立工业专门学校。艺术家常书鸿、陈

① 《浙江公立工业专门学校同学录》，1925年10月印。

之佛，实业家都锦生等在此校就读并留校任教，著名剧作家、电影艺术家夏衍于1920年在此毕业。

许炳堃像

许炳堃（1878—1965），号缄甫，德清人。1903年赴日留学，1907年自东京高等工业学校机织科结业，1908年回国。1909年参加殿试列一等，任内阁中书。是年夏奉调回浙，办理教育和实业。在浙江官立两级师范学堂任教物理期间，与许寿裳、周树人（鲁迅）、张宗祥等发起轰动全省的教师风潮“木瓜之役”。1910年11月，浙江中等工业学堂成立，他受聘出任监督（即校长）。从浙江中等工业学堂到浙江国立工业专门学校，他担任了14年校长，直到1924年因病请辞。其间曾任浙江省第一届省议员、浙江省教育会会长。受实业救国思潮的影响，许炳堃成为浙江现代工业教育的推动者。他讲求实用，始终强调“学以致用”、“手脑并用”。他处事严谨，对教师的聘用非常讲究，光是学问好还不行，教学上也须得法。他既选留自己学校培养的对校风传承有优势的人，也吸纳了很多有声望的学问家。该校对于怀有实业救国理想的学生有非常大的吸引力，培养了一批工程技术人员和实业家。从该校毕业出来的学生动手能力特别强，杭州最早的几家铁工厂的创办，丝绸机器的改造，上海、嘉兴等地绢纺厂的兴起，特别是对丝织工艺的改进，都有他们的智慧和贡献。[1]

周天初就职浙江公立工业专门学校后，担任纹工场主任兼教员。该校开设的机械科里包含与艺术有关的课程包括几何图、铅笔画、机械

① 袁宣萍《从浙江甲种工业学校看我国近代染织教育》，载《丝绸》，2009年第5期；谢鲁渤《浙江大学前传——烛照的光焰》，杭州：浙江人民出版社，2011年9月，第28—31页。

制图；而开设的染织科所包含的与艺术有关的课程更多。周天初所教课程为图画、染织、图案等。①

陈建功像

常书鸿像

周天初在这所学校任教至 1924 年 12 月，曾与陈建功同事，并与常书鸿既为师生又为同事。陈建功（1893—1971），浙江绍兴人，1913 年自浙江省立两级师范学校优级部公共科二届毕业，赴日留学，1919 年回国入浙江省立甲种工业学校（1920 年更名浙江公立工业专门学校）任教，旋二度赴日留学，1923 年回国再入此校任教一年。后为著名数学家。常书鸿（1904—1994），生于浙江杭县，此时也就读于该校，为周天初学生。常书鸿自幼喜欢艺术，而其父是个信奉实业救国的人，执拗地将他送到工业学校读书，选择了与绘画相关的染织专业。常书鸿于 1923 年毕业，留校任教。周天初自 1924 年 12 月离校后，1925 年常书鸿接任浙江公立工业专门学校美术教员。之后常书鸿去法国里昂、巴

① 参见《1956 年浙江省杭州师范学校教职员工经历情况调查表》；《浙江省甲种工业学校各门专科毕业成绩单》，浙江大学档案馆。[日]吉田千鹤子《东京美术学校的外国学生》，韩玉志、李青唐译，香港：天马出版有限公司，2004 年 12 月，第 58 页。

黎深造，留学期间即取得了卓越成就。为著名画家、敦煌艺术研究家。

1922 年，周天初与浙江省立第一师范学校毕业生、艺术大师李叔同的弟子丰子恺等人组织杭州的美术爱好者及青年学生成立了“西湖画会”，以丰子恺为主持人，主要骨干就包括来自浙江公立工业专门学校的常书鸿、都锦生。

浙江公立工业专门学校与今天浙江大学的关系缘于 1927 年的大学区制改革。1927 年 4 月，南京国民政府成立。蔡元培再度出山，实行了为时两年的大学区制改革。以法国大学区制为模仿对象，以中华民国大学院为全国最高学术教育行政机构。10 月，大学院正式在南京建立，蔡元培为大学院院长。国民政府训令浙江、江苏先期试行大学区制，成立国立中山大学兼理全省教育事宜，各中学校均受其管辖。任命蒋梦麟（1886—1964）为国立第三中山大学校长（浙江），张乃燕（1894—1958）为国立第四中山大学校长（江苏）。1927 年 7 月 15 日，国立第三中山大学在杭州蒲场巷求是书院原校址成立，浙江公立工业专门学校和浙江公立农业专门学校改组为第三中山大学工学院和劳农学院，并筹建文理学院。1928 年 4 月 1 日，改名为浙江大学，1928 年 7 月 1 日起，冠以“国立”二字，称国立浙江大学，下设文理、工、农三个学院。

从 1922 年起，周天初还同时在位于杭州横河桥的浙江省立女子师范学校任教。

浙江省立女子师范学校的前身为杭州女学堂。1904 年，邵章、陈叔通、郑在常等杭州教育界同仁禀请浙江巡抚聂缉槼立案开办女校，5 月 2 日，杭州女学堂在积善坊巷正式成立，这是杭州历史上第一所由中国人创办的女子学校，也是杭州妇女真正获得上学读书权利的开始。初聘顾文郁为校长，招募 5 名女教员（其中 1 名为日籍教师），招生 45 名，分编 3 级，皆为寻常小学程度。中国著名女教育家、社会活动家吴贻芳为其首批学生。1906 年增设保姆传习所，为浙江近代女子师范教育之始。1907 年，学校更名杭州女子师范学堂，成为浙江近代女子师范教育先锋。1912 年，学校改为浙江省立女子师范学校，1913 年自金刚寺巷迁址横河桥大河下，1923 年改为浙江省立女子中学校，成为今浙江省杭州第十四中学的前身。

同时任教于浙江省立第一师范学校与浙江省立女子师范学校的中国工艺美术教育先驱姜丹书在《浙江五十余年艺术教育史料》中这样回忆周天初与省立女子师范及之后的省立女中："民国十年左右，添请了周天初（名耕云，奉化人，留日美术学院毕业）同教西画。……民国十年以后，也与第一师范一样，有表演话剧的新风气，所以我们几个能画西画的教师曾集体合作过大幅的舞台布景；并且亦常开成绩展览会，开通社会欣赏美术的风气。……民国十四年，曾开一班三年制的高中师范艺术科，其主要教师为周天初、沈兹九（均西画）、蔡叔慎（国画）、金咨甫（音乐）、周子叙（手工）等。"

1923 年 2 月，周天初又受邀赴浙江省立第一师范学校分任图画课务。

浙江省立第一师范学校是五四时期浙江新文化运动的中心，被蔡元培誉为"浙江最负盛名的学校"。新文化运动风云人物和中共创始人之一的陈望道曾有过这样的回忆：五四时期在全国范围内，"高等学校以北大最活跃，在中等学校，则要算是湖南第一师范和杭州第一师范了"。浙江省立第一师范学校的前身为浙江官立两级师范学堂，于 1907 年春开始筹办，冬举行入学考试。1908 年春，七幢二层楼校舍落成于省城贡院旧址（今浙江省杭州高级中学贡院校区），建筑格式与日本东京高等师范相同。校园三面环水，总面积达 136 亩，为当时浙江规模最大的新式学堂。5 月 14 日，浙江官立两级师范学堂正式开学。所谓两级是指优级与初级两级，相当于今之高等师范与中等师范。民国成立后，根据教育部"学堂一律改称学校"的规定，于 1912 年 4 月更名为“浙江省立两级师范学校”。1913 年 7 月，根据教育部《师范教育令》，浙江两级师范优级部停办，初级部在贡院原址改称浙江省立第一师范学校。

浙江省立第一师范学校校舍

浙江省立第一师范学校曾在近代浙江的舞台上风云一时，是在 1927 年国立第三中山大学（浙江大学）组建前浙江省规模和影响力最大的学校。邵章、沈钧儒、徐定超、经亨颐、鲁迅、许寿裳、朱希祖、张宗祥、钱家治、冯祖荀、沈尹默、姜丹书、李叔同、夏丏尊、刘大白、陈望道、李次九、胡公冕、姜琦、马叙伦、俞平伯、朱自清、叶圣陶、刘延陵、许宝驹、王祺、黄人望、何炳松……或同时、或相继到此执教。莘莘学子中，有以中国共青团最早的两位中央书记俞秀松、施存统以及谢文锦、宣中华、叶天底等中共早期骨干为代表的先驱志士；有以沈肃文、邵瑞彭、蒋伯诚、张衡等为代表的社会活动家与政界人物；有以何绍韩、金古霞等为代表的实业家；有以教育家杨贤江、李宗武、傅彬然、朱文叔、叶作舟，科普作家贾祖璋，艺术家吴梦非、刘质平、潘天寿、丰子恺，文学家王平陵、曹聚仁、冯雪峰、潘漠华、汪静之、魏金枝、柔石，经济学家周伯棣等为代表的文化名流；有以数学家陈建功、鱼类学家陈兼善、中医学家陈无咎等为代表的科技精英，等等。①

姜丹书在《浙江第一师范回忆录》中的"第一师范的艺技空气与和尚种子"一节中述：

第一师范的艺术教师，统而计之，不过五人，李叔同、金咨甫、金玉相、周天初及我，我的任期最长，贯彻始终，而且前后出头，所教的是图画工艺，叔同自民元秋起至民七夏止，所教的也是图画音乐。叔同入山后，咨甫继其职，后来添一个玉相分任图画，再后来又添一个天初分任图画。

李叔同像

姜丹书像

第一师范艺术空气之浓厚，大家都知道的，这个风气之所以造成，自以叔同为首功，我不过追随其旁，其他诸友能继其绪而不坠，一般成绩，大概皆能超出乎寻常，几个天才学生的成绩，真能加入几等，如今日已相当成名者，图画方面，如丰子恺、潘天寿，工艺方面，如何明斋、王隐秋，音乐方面，如刘质平、袁一洪等（高师图工科

① 高宁《一所学校与一个时代——曾经璀璨的浙江教育之光》，载《教育信息报·教师周刊》，2008 年 5 月 10 日。

的专门人材不计),皆成了专家。他们的所以成功,原是由于出校以后的努力居多;然而第一师范总是一个入道之门。[1]

周天初入校任教一个学期后的 1923 年 8 月,根据北京政府教育部颁布《学校系统改革案》和浙江省教育厅《施行新学制省立各校改组办法》,浙江实行中、师合校的综合中学新学制,浙江第一师范与浙江省立第一中学校合并,组建为一校两部的新"浙江省立第一中学校"。旧的浙江省立第一中学校的前身是创办于 1899 年的养正书塾,位于大方伯(在今解放路浙江大学附属第二医院内),为清末杭州知府林启于 1897 年至 1899 年间同期创办的三所新式学堂之一,另外两所是求是书院和蚕学馆。养正书塾为浙江最早的官立普通中学,历经杭州府中学堂、浙江官立第一中学堂之校名变更,1912 年改称浙江省立第一中学校。1923 年中、师合校,浙江省立第一中学校校名不变,主体校址迁至贡

浙江省立第一中学校校门(大方伯校址)

① 姜丹书《浙江第一师范回忆录》,载《越风》第 2 卷第 1 期,1937 年 1 月。

1923 年 8 月后的浙江省立第一中学校本部校门(贡院校址)

院原浙江第一师范校舍。两校合并后，师范变校为科，浙江第一师范作为一所学校成为了历史。新“浙江省立第一中学校”的本部在贡院浙江第一师范原址，办高中普通科(文、理)和师范科，分部在大方伯省立一中旧址，专办初中。

据周天初在《1956 浙江省杭州师范学校教职员工经历情况调查表》中自述：1922 年 8 月—1925 年 7 月在浙江省立女子师范学校任美术学科主任兼图画教员；1923 年 2 月—1925 年 7 月在浙江省立第一师范学校担任学科主任兼教员；1925 年 8 月—1929 年 7 月在浙江省立女子中学(自述：即前女师)担任学科主任兼教员；1927 年 8 月—1928 年 1 月在浙江省立第一中学(自述：即前一师)担任学科主任兼教员；1928 年 8 月—1929 年 7 月在浙江省立高级蚕业学校兼职图画教员；1929 年 8 月—1934 年 2 月在浙江省立杭州高级中学(自述：即前一中、女中合并)担任学科主任，教图画。

从这份履历可以看出，周天初最初在杭州同时任教于浙江公立工业专门学校和浙江省立女子师范学校，后又同时任教于浙江省立女子师范学校(其后改称浙江省立女子中学)与浙江省立第一师范学校(其后改称浙江省立第一中学)。现与相关学校校名、校址演变史相对照,周天初对于校名变化的记忆并不确切,应是年代已久之故。对于常人曾经工作学习场所而言,对位置记忆的准确性远甚于对年代、校名变化的记忆,记述时也往往会以印象最强烈的校名或后来的校名涵盖整个时段,而不会刻意追求精确,这也就使后人在研究时有了考证的必要。如果将其所述校名与所在校址相对照,则可勘正周天初对于校名及年代的记忆之误。

周天初在浙江省立女子师范学校任美术学科主任兼图画教员的时间应当是 1922 年至 1923 年,因为 1923 年秋季综合中学改制使浙江省立女子师范学校改为浙江省立女子中学校。而浙江省立女子中学校也并未存在至 1929 年,而是于 1927 年就并入了浙江省立第一中学校,成为其第二部即女生部。当时的国立第三中山大学为求男女受教育机会均等,在浙江省立中学校推行男女同校。于是浙江省立第一中学校成为全省规模最大、拥有多个校区的中学。不过,当时只是名义上同校,实际上男女学生仍分处两部校区,并未同班就读。设于贡院的省立一中第一部专招男生,设于横河桥及西大街(1946 年底改名为武林路)的省立一中第二部专招女生,两部各设高中、初中及师范、附小。这种状况直至 1929 年浙江省立高级中学的成立方有改观。周天初将 1925 年至 1929 年记作在浙江省立女子中学任教,应与此有关。因此,周天初在横河桥任教的学校校名应当是 1922 年至 1923 年夏为浙江省立女子师范学校,1923 年秋至 1927 年夏为浙江省立女子中学校,1927 年夏至 1929 年夏为浙江省立第一中学校第二部,期间 1928 年校名去“校”字。

同样,因为 1923 年秋季综合中学改制,位于贡院校址的浙江省立第一师范学校也改为兼办高中普通科(文、理)和师范科的综合中学“浙江省立第一中学校”,周天初在贡院校址任教的履历应是 1923 年上半

浙江省立女子中学校横河桥校区

浙江省立第一中学第一部（贡院校址）校舍

年为浙江省立第一师范学校，1923 年秋至 1925 年夏以及 1927 年秋至 1928 年春为浙江省立第一中学校。

也就是说，1923 年秋至 1925 年夏，周天初同时任教于浙江省立第一中学校本部（贡院校址）和浙江省立女子中学校横河桥校区，而且两校均有师范科，周天初主要供职于师范科，这应是 30 年后周天初将这一时段的供职单位误记为浙江第一师范和女子师范的原因。1927 年

浙江省立第一中学第二部分部(西大街)校门

秋至 1928 年春,周天初同时任教于浙江省立第一中学校第一部(贡院校址)和第二部(横河桥、西大街两个校区)。周天初在横河桥校区的授课一直未有间断,而在贡院校址的授课则在 1925 年秋至 1927 年夏、1928 年春至 1929 年夏有两度短期中断。

周天初于 1928 年秋至 1929 年夏一度兼职任教图画的浙江省立高级蚕业学校,确切的校名为"浙江省立高级蚕桑科中学"。其前身为浙江蚕学馆,是近代中国第一所纺织学校,现浙江理工大学的前身。它创办于 1897 年,位于杭州西湖金沙港怡亲王祠和关帝庙旧址(今曲院风荷内),占地 30 亩。这里走出了中国最早的官派赴日留学生——嵇侃和汪有龄,后来成为著名的《申报》总编的史量才是蚕学馆第 4 期毕业生。后历经浙江官立中等蚕桑学堂、浙江公立蚕桑学校、浙江省立甲种蚕业学校、浙江省立蚕桑科职业学校等校名的变更,1928 年改称浙江省立高级蚕桑科中学。1929 年秋,学校从西湖金沙港迁至杭州笕桥,周天初不再兼职。

从 1929 年秋季学期起的 5 年间,周天初主要供职于由浙江省立第

浙江蚕业学校校门

一中学校高中部改组而来的浙江省立高级中学以及后来更名的浙江省立杭州高级中学。随着中国高等教育的发展，加强高中教育势在必行。为使高中和大学更好地衔接，1929 年 5 月 17 日，浙江省政府决定，将省立一中、二中的高中部和省立高级商科中学合并，以原省立一中贡院校舍为校址，组成浙江省立高级中学，作为高中教育的样板，设文、理、师范、商四科，由浙江大学校长蒋梦麟兼任校长，日常事务由校务主任林晓主持。这样，才真正实现了高中男女同班。1930 年 6 月，蒋梦麟升任教育部部长，由林晓继任校长。1931 年 6 月，叶溯中继任校长。1933 年 8 月，学校改名为浙江省立杭州高级中学（简称杭高），由项定荣任校长。这一时期，杭高发展成为闻名全国的江浙四大名中之一，其他三所为上海中学、苏州中学、扬州中学。周天初在浙江省立高级中学以及后来改称的杭高工作直至 1934 年，担任学科主任，任教图画。

这一时期，周天初经常奔波于上海与杭州之间兼课，风尘仆仆不以为苦。他在 1956 年自述履历中这样写道：1923 年 2 月—1923 年 7 月在位于上海西门的私立上海艺术专科师范兼课；1924 年 2 月—1925 年

浙江省立高级中学校门

7月在位于杭州城隍山的私立杭州艺术专科师范兼课；1925年7月—1926年7月在位于上海拉斐路的私立上海东方艺术大学兼课。他还特地在备注中说明，因年久，对学校“名称、地址、服务年月，一时记不清楚，待查”。在这三所学校，周天初均担任讲师，教授西画。

私立上海艺术专科师范学校开办于1919年秋，由李叔同的高足吴梦非、刘质平、丰子恺创办，位于上海小西门外黄家阙路，以培养中小学艺术师资为宗旨，为中国第一所规模较大且正规的艺术专科师范学校。吴梦非任校长，刘质平任教务主任。分普通师范、高等师范两科，前者招收初中一二年级学生，入学后音乐、图画及手工三者兼学，培养小学艺术师资；后者招收初中或师范毕业生，入学后，分图画音乐及图画手工二组，培养中学及普通师范的艺术师资，学制均为二年。1923年7月，改名为上海艺术师范学校。沈秉廉、邱望湘、陈啸空、钱君匋即于当年考入该校成为同班同学，1925年毕业，成为学校更名后的首届学生。1925年6月，上海艺术师范学校与设在蒲柏路（今太仓路）的东方艺术专门学校合并成立私立上海艺术大学，校址设于虹口体育会路（今东体育会路）。这应当就是周天初自述中“位于拉斐路的私立上海东方艺术大学”。该校设有艺术教育、音乐、西洋画、中国画等系。先后担任教师的有丰子恺、倪贻德、陈抱一、潘天寿、诸乐三、姜丹书、刘质平、李鸿梁、陈望道、田汉、冯乃超、张资平等。1928 年 1 月停办。

而“私立杭州艺术专科师范”就是位于杭州城隍山元宝心阮公祠内的私立浙江艺术专门学校，简称浙江艺专。1923 年 8 月 22 日择定阮公祠为校址进行维修办学，1927 年以经费困难而停办。校长沈定一（1883—1928），字剑侯，号玄庐，浙江萧山人。被孙中山称为浙江最有天赋的人。早年参加过辛亥革命，曾当选浙江省议会会长。五四运动前后，创办《星期评论》周刊，宣传新思想，大力支持浙江第一师范的“一师风潮”。1920 年参与组建中国共产党上海发起组，为中共早期党员。1924 年出席中国国民党一大，当选候补中央执行委员，组建国民党浙江省临时党部。后为西山会议派骨干成员，主张清党反共。1927 年 4 月后历任国民党中央农民运动委员会委员、国民党浙江省党部改组委员兼秘书长、省党部特派员、省清党委员会主任委员、省反省院院长等职。1928 年辞职返衙前，热衷于农村自治活动，8 月 28 日遇刺身亡。沈定一于 1926 年 12 月辞去浙江艺专校长之职，后继者为包畏如（1901—1965）。教师有陈抱一、赵岐山、陈望斗、郦公乘、姜丹书、周天初等。1926 年 7 月，沈秉廉出任浙江艺专教务主任，带动上海艺术师范学校的同学加入该校，邱望湘、陈啸空任教音乐，钱君匋于次年春任教图案课一学期。在钱君匋的倡议下，四位青年教师成立“春蜂乐会”，以反对封建礼教、倡导男女平等、恋爱自由为宗旨，从事抒情歌曲创作，出版《摘花》《金梦》等艺术歌曲集，是为中国近现代音乐史上最早出现的一个新音乐创作团体。画家余任天、俞乃大曾于 1926 年就读于该校。

当时杭州同时期先后有过两所私立艺校，后人往往将这两所学校混为一谈，甚至还跟后来的国立杭州艺术专科学校相混淆。在这所浙江艺专之前，曾有一所浙江最早的美术学校——私立浙江美术专门学校，位于杭州运司河下(今劳动路)，1922 年 2 月 8 日成立(一说 1921 年)，共办三年，先后招生六期，因战乱停办。校长林求仁(1892—1980)，名得仁。台州黄岩名画家。早年毕业于上海美术专科学校。擅国画长于花卉，画梅成癖，有"梅痴"雅号，西画善作风景人物。他创办此校，聘请姜丹书、方干民、潘天寿等任教。浙江第一师范学生领袖宣中华之妻吴先清、曾被潘天寿誉为"二十年后，必当万人敌"的书画家郑祖纬、中华艺术教育社发起者之一傅伯良曾就读于该校。余任天曾求学于这两所私立艺校，先入学的是该校，时间为 1924 年春，入浙江艺专则在 1926 年。据姜丹书的回忆，他自己曾在这两所学校均兼课讲学过。那么周天初是否也同样如此呢？观其履历自述，周天初在浙江艺专兼课时间为 1924 年 2 月至 1925 年 7 月，地址在杭州城隍山，证明人为钱君匋。而钱君匋在该校任教仅 1927 年上半年，与周天初自述在该校任教时间并无交集，并非同期在校校友，当然证明人不是同期校友也并非不可理解。周天初记忆的这段时间是否有误暂且无法确定，但其曾经兼课讲学的学校是私立浙江艺专而非私立浙江美专则是确定无疑。

自 1928 年 8 月起，周天初同时在国立艺术院及后来改名的国立杭州艺术专科学校兼职，担任讲师。①

有鉴于大学院院长蔡元培认为"国立艺术学校，仅于民国七年在北京设立一校"，"应在长江流域再设一所国立艺术大学"的选择，杭州的国立艺术院得以筹建。林风眠辞去北平艺专校长南下杭州时发表了

---

① 参见《1956 年浙江省杭州师范学校教职员工经历情况调查表》；《国立杭州艺术专科学校职员一览表(廿三年三月)》卷，第 139 页，浙江档案馆(L056)；姜丹书《浙江五十余年艺术教育史料》，见《姜丹书艺术教育杂著》，杭州：浙江教育出版社，1991 年 10 月，第 160 页。

国立艺术院校景

《致全国艺术界书》，呼吁“全国艺术界的同志，现在是我们自己团结起来，一致向艺术运动的方面努力的时候了！”他提出的努力的方向即“介绍西洋艺术，整理中国艺术，调和中西艺术，创造时代艺术”。1928 年 3 月，国立艺术院开学，林风眠受聘为院长，林文铮为教务长。院名经大学院批准，并由蔡元培手书院名，凿刻在罗苑的门额上。“清醇之兴趣，高尚之精神”成为该校之魂。1929 年 10 月，国立艺术院改名为国立杭州艺术专科学校，简称国立杭州艺专。周天初因为具有留学经历，又有近十年美术专业的教学经验，受到林风眠和潘天寿的邀请，从学校初创开始，在此任教 8 年，教授色彩学、透视学。

目前保存有 1934 年周天初在国立杭州艺专编写的《色彩之常识》教材，其中包含：以“吾人之生活与色彩之关系”作为本论，“由光到色，色带，物体色，色彩之三要素，色彩之分类记号，色彩之感觉，补色，光线之原色及物体色之原色，混色，色彩之对比，色彩与感情，色彩之应用，色料，色彩材料”共十四章，余论中有“虹，天空之青色与海之青色，色彩与照相的关系，整色照相，天然色照相，三色版印刷，直射日光与色彩，黄昏时候之色彩，月下色彩，灯下色彩，湿润色，由纤维与织法而起之色

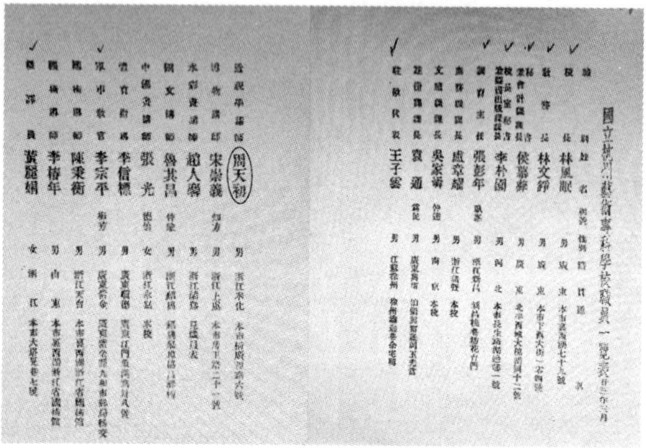

《国立艺专学校职员一览表》部分名录

彩之光泽及浓淡，漂白物之含有青味，肥皂泡之色及水面之油色，无意义的色彩之使用，流行色”。80 年前周天初编写的这些早期教材与当今美术专业的《色彩学》教科书自然无法相比，但是周天初等艺术教坛先驱为中国美术教材打下了最原始的基础。

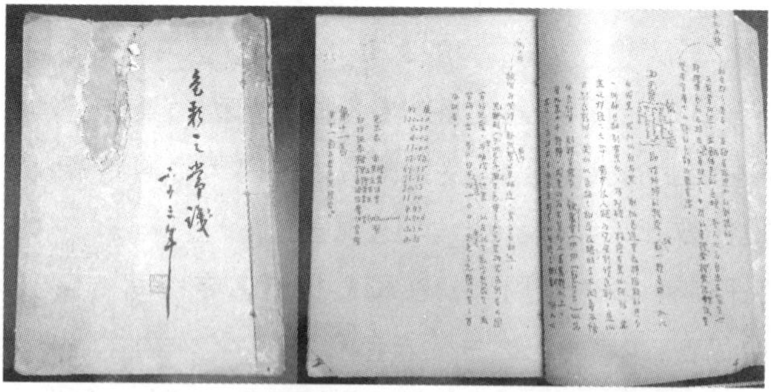

周天初自编的《色彩学》讲义（国立艺专授课时期）

周天初在国立杭州艺专授课至 1936 年 7 月。1937 年全面抗战爆发后，国立杭州艺专内迁诸暨、江西贵溪、湖南长沙、沅陵。1938 年 3 月奉令与国立北平艺专合并，改名为国立艺术专科学校，简称国立艺专，后历经辗转迁徙，至抗战结束后回迁杭州原址，恢复国立杭州艺术专科学校。1950 年 11 月改称中央美术学院华东分院，1958 年改称浙江美术学院，1993 年改为中国美术学院。其间，周天初曾有过两次再度牵手该校的机缘。

一次是在 1943 年。时任国立艺专校长的陈之佛曾与周天初共同求学于日本东京美术专门学校。陈之佛（1896—1962），又名陈绍本、陈杰，号雪翁，浙江余姚人，中国工笔花鸟画大师。1915 年毕业于浙江省立甲种工业学校染织科机织专业，留校教图案课，编写中国首本图案讲义。1918 年赴日本东京美术专门学校工艺图案科官费生，1923 年回国，从事工艺美术教育，先后任教于上海东方艺专、广州市立美术专科学校、上海美术专科学校、中央大学。抗战期间，杭州艺专、北平艺专内迁合并为国立艺术专科学校。1942 年陈之佛出任国立艺专校长，1943 年陈之佛邀请周天初去重庆沙坪坝任教。周天初此时正随浙江省临时联合师范学校（简称联师）在浙南丽水等地任教。他不忍离开战乱动荡中的联师远赴重庆而婉拒了陈之佛的邀请，并留诗为证：

心胸怀汤火，岁月滞风烟。
正朔未能伸，杞怀实忧天。
所恃有长城，吾且策吾鞭。
百丈鹅溪绢，高踪追米颠。
挥毫雁荡中，发墨黄山颠。
山灵如见日，期我待明年。①

---

① 杭州师范学校编《周天初先生担任教席念五周年、执教杭师十六周年纪念册》，杭州：浙江省立杭州师范学校，1947 年 6 月，第 14 页。

另一次是在 1953 年。此时早已改称中央美术学院华东分院的这所美术高校向杭州师范学校提出商调周天初，时任杭师校长的吴容以对方要拿出一名与周天初同等水平者对调为由，未同意对周天初的商调。① 就这样，周天初的后半生艺术教育生涯全部奉献给了杭州师范学校（简称杭师）。

浙江省立杭州师范学校校景

浙江省立杭州师范学校，诞生于 1931 年 6 月 23 日。1931 年 4 月，浙江省教育厅决定恢复师范独立办学体制，以解决初等教育师资欠缺之急需。6 月 23 日，经浙江省政府委员会会议通过筹办浙江省立杭州师范学校，以孔庙为校址。9 月 14 日，浙江省立杭州师范学校在横河桥租屋开学，设县师师资训练班、普通师范科和幼稚师范科。浙江省立高级中学则自当年秋季起停招师范科新生，原有师范科二、三年级学生在贡院校址继续学习至毕业。1935 年 7 月，杭师迁入南山路新校址，建有专门的美术、劳作、音乐教室。后历经抗日战争时期浙江省立临时联合中学（简称联中）师范部、浙江省立临时联合师范学校（简称联师）之变更迁徙，战后回迁杭州恢复杭师校名。自 1931 年杭师初创，周天初即怀着重振艺术师范教育的信念，积极投身到学校艺术场所建设的设计之中，并逐步将工作重心从杭高移向杭师，最终于 1934 年 2 月终止了在杭高的任教，倾力投入杭师，任教美术、工艺、图画，并历任学校图书馆主任、教研组长，直到 1958 年退休。

① 据富阳中学陆增裕老师回忆。

1937年“八一三事变”，日军进攻上海，杭州城内人心惶惶。杭师幸于事先有所准备，将除房产及笨重器件物品之外的书籍以及较贵重仪器转移到后方，并于第二学期奉令暂停开学，幼师科、特别师范科毕业生转入他校或普师科。11月5日，日军在全公亭登陆，11月9日松江沦陷，杭州师范学校、浙江省立民众教育实验学校师范科于13、14日携手开始转移。两校同仁煞费苦心，寻得帆船数艘，装载仪器、书籍及教师学生行李。杭州师范学校指定建德为集合地点，教师则带领学生结队步行。周天初与学生一起长途跋涉，于16日到达目的地。19日，学校暂借严州中学校舍开课。12月24日杭州沦陷，日军大有南下之势，学校被迫再度停课，宣告解散，教职员工停薪留职，听候召集。学校在丽水城设立办事处，处理学生转学就读事宜。

1938年8月，浙江省教育厅根据战时需要，命令已经撤退到浙南的省立杭高、杭初、杭女中、杭师、民众教育实验学校与湖州中学、嘉兴中学七校合并，在浙江丽水碧湖成立浙江省立临时联合中学（简称联中），分设初中、高中、师范三部，张印通任主任委员，师范部负责人徐旭东。因徐旭东身在西北，唐兆祥兼任，地址则设在碧湖三峰。所聘教师皆由原杭州师范、民众实验、嘉兴中学、湖州中学旧人，周天初仍就职于此校。学生多为杭州师范、民众实验学校以及各校转入师范生。1939年7月，浙江省教育厅又将高中、初中、师范分而立之，成立联高、联初、联师三校。1939年8月浙江省临时联合师范学校（简称联师）正式成立，聘校长徐旭东，校舍沿用旧址，教师皆原班人马。①

此时的丽水局势还是非常紧张，周天初在1940年4月9日《题白

① 参见邓晴南《只为馨香重　求者满山隅：音乐教育家顾西林生平与教学研究》，北京：中国社会科学出版社，2011年12月。

丽水碧湖

丽水碧湖联合中学校舍

云深处图寄王文翰》诗图的前言中写道："庚辰春假赴八婺，应浙江教育文化委员会之约评判战时文化展览品。归途经丽水，适值寇机来袭，警报频传，急趋避于白云山，因便访文翰兄，得叙乡情。嘱画补壁，仓卒无以应命。"当时环境之险恶，学校师生坚持之艰难，可见一斑。

周天初在《怀归引四首并题梦游黄山图》中述："余自服务师范学校[①]以来，蝉联二十有一载，夙夜孜孜未敢或懈。于今始有倦意。盖以二十九年[②]冬镇海报警仓惶出门，家室遥隔。三十年[③]四月十七日，宁波失守，十九日吾邑沉伦复未能拯家室于狂澜中心，焦灼不可言喻，迩日颇思乞假一年暂归梓里，以慰骨肉。余暇拟作雁荡黄海之游，藉资休养。惟念国难当头，未便率尔请假轻离厥职。日写梦游。"[④]周天初对家庭的牵挂与无奈之心情跃然纸上，但终因念及国难、学校、学生而未请假离职。周天初和联师的教师，在极其艰苦的环境中，在祠堂庙宇里上课、住宿，而后新建多处泥墙茅屋、瓦房为校舍，坚持着维系一份责任。

1942 年 5 月，日军发动浙赣战役，出兵四万以浙江富阳、萧山、上虞为基点，沿着浙赣铁路西犯，丽水危在旦夕。至 1944 年夏，日军再犯丽水碧湖，学校已两度迁往景宁桃源，在桃源另设分校，等待日军退去才返回碧湖。周天初此段时间的诗文是对当时艰难办学状况的真实写照，反映了他对侵略者的痛恨、对学生安危的担忧。

其一：

二十九年一月二十三日，萧山失守，宁绍接境大有唇亡之虞。余恐路断，急于月梢离家赴碧湖。道经永康，访孙宾甫先生。宾甫索画，写此寄意。

---

① 此处所述"师范学校"囊括了省立女子师范，浙江第一师范，省立女中师范科，省立一中师范科，省立高中师范科，杭师及联中师范部，联师，而非仅指一校。

② 1940 年。

③ 1941 年。

④ 杭州师范学校编《周天初先生担任教席念五周年、执教杭师十六周年纪念册》，杭州：浙江省立杭州师范学校，1947 年 6 月，第 13 页。写作时间约为 1941 至 1942 年间。

薄海深仇不易销，东风凄紧浙江潮。
惊心故国传烽火，未许闲情滞壩桥。

——《驴背图》

其二：

庚辰春假赴八婺，应浙江教育文化委员会之约评判战时文化展览品。归途经丽水，适值寇机来袭，警报频传，急趋避于白云山，因便访文翰兄，得叙乡情。嘱画补壁，仓卒无以应命。返校后，成《白云深处》图以寄之，并系以小诗四阕。

一声警报人空巷，云外机声顶上闻。
急向丽阳城外走，白云深处忽逢君。

忧时漫唱白云歌！薄海深仇未息戈。
两浙交通凭策画，车尘更比白云多。

白云山①上白云居，漠漠无心任卷舒。
为问当年虎门客②，白云苍狗意何如？

君家移向白云住，知与白云时往还。
岭上白云分不得，我来偷画白云山。

——《题白云深处图寄王文翰》（二十九年四月十日）

---

① 君方任浙江公路局局长，白云山乃总办公处。——周天初原注。
② 北伐军兴，君任虎门要塞司令，故云。——周天初原注。

除担任联师教师外，周天初还担任国立英士大学的艺术课程。

抗日战争第二年，沿海不少城市沦陷，著名高校合并、西迁。为顾及战地青年求学，培养专门人才，1938 年 11 月筹备“省立浙江战时大学”，1939 年 2 月，抗日的烽火燃遍了大半个中国，战时大学正式开办。5 月为纪念辛亥革命先烈陈英士为国殉难，改名为浙江省立英士大学。抗战期间，校址一再搬迁，1942 年 5 月，校址搬迁云和。周天初于同年 8 月受聘。同年 12 月浙江省立英士大学改为国立。

国立英士大学

1943 年 6 月 2 日，教育部指令东南联大文、理、商三学院并入暨南大学，法学院与艺术专修科并入英士大学。姜丹书回忆：此时艺术科的教师有潘天寿、王隐秋、俞剑华、陈士文、周天初、施世珍、叶元珪、郑仁山等，此科虽在艰难困苦之中，然在艺术教育的阵容看来，倒也可观。[①]

---

① 姜丹书《浙江五十余年艺术教育史料》，见《姜丹书艺术教育杂著》，杭州：浙江教育出版社，1991 年 10 月，166 页。

周天初在国立英士大学最艰苦的 1942 年 8 月开始赴任，到 1944 年 12 月结束，担任副教授，任教西洋美术史、色彩学、透视学、艺术解剖学课程。

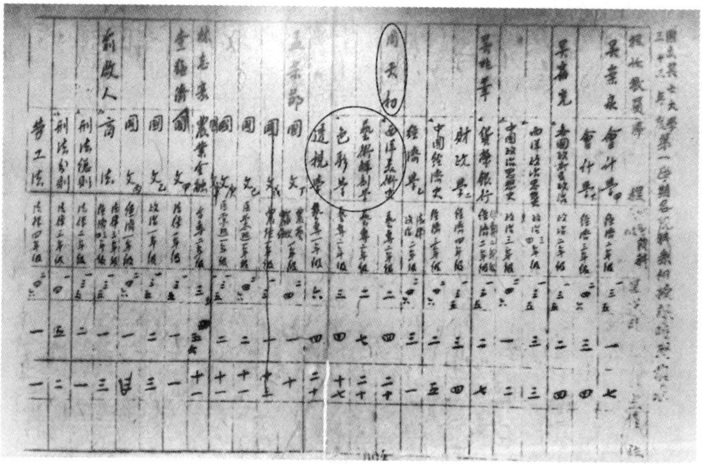

国立英士大学三十二年度第一学期各院科系组教授课时间总表①

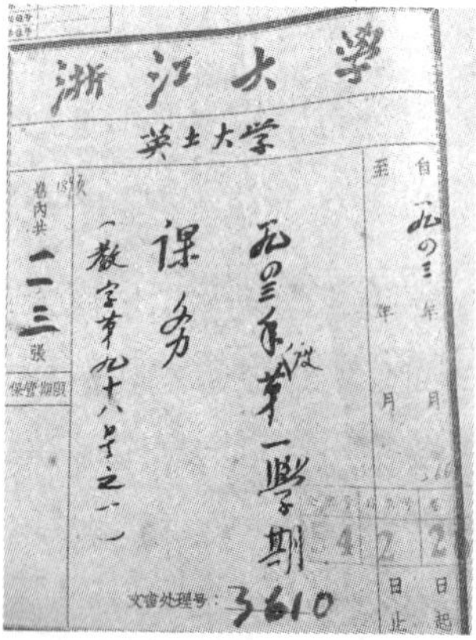
浙江大學
英士大學
課务
卅三年度第一學期
（教字第九十八号之一）
文書处理号：3610

國立英士大學藝術專修科工藝美術組一年級准開學程一覽
三十二年度第一學期

學程名稱	學分	每週時數 講演	每週時數 實習	修習年限	擔任教師	附註
文	3	3		一學年	羅君惕	
文	3	4		〃 〃	[illegible]	
本圖案	3		6	一學期	柴扉	
陶瓷工藝	3		6	一學年	王隱秋	
素描	3		6	〃 〃	陳士文	(與繪畫組合班)
用器畫	1		2	〃 〃	葉元珪	
透視學	2	2		一學期	周天初	
藝術概論	2	2		一學年	謝海燕	

① 见浙江档案馆(E222 1054 - 002 - 266 - 16)。

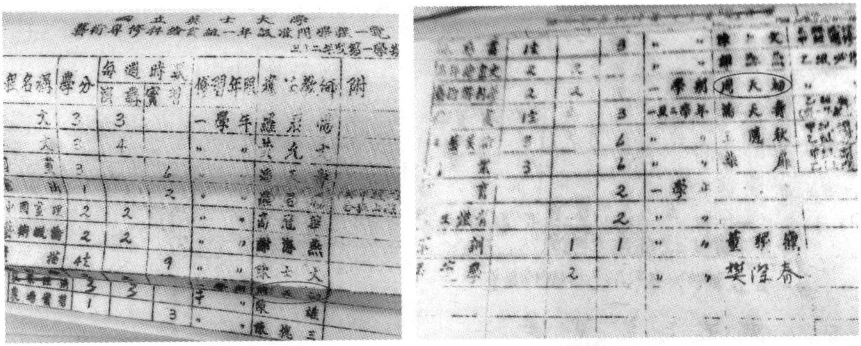

国立英士大学三十二年度第一学期课务[1]

周天初女儿回忆父亲曾经说过，因为联师与英士大学校舍距离较远，每次都要翻山越岭才能够到英士大学去授课，路上艰辛自知，回到联师后还要自己生炉子做饭吃。

山区路途的艰辛却给了他近距离接近大自然的素材，在他的《红岩白漈图》写道："余设教省立师范[2]已二十二年矣……兼任国立英士大学教授。暇日揽胜、观瀑、作画、吟诗，流连终日乐而忘归，于余之一生亦可谓并四美而具二难矣。腊尽冒雪返桃源有感而作，寄题于此。"所以，避难丽水碧湖的艰难困苦岁月，也是周天初艺术作品的高产期。他总是笔不离手速写不停，潜心细致地体验大自然的美丽与神奇，发现并赞叹那些别人看来极其平常的草木山水，以发自肺腑的虔诚心地和艺术家的情感作诗作画。[3]

抗战八年，时局动荡，从杭师到联中再到联师，时而逃亡、时而解散、时而合并、校舍建建搬搬，满目疮痍。流离颠沛多年的周天初，就是

① 见浙江档案馆(E222　1054-002-266-16)。

② 此处所述"师范学校"同样囊括了省立女子师范，浙江第一师范，省立女中师范科，省立一中师范科，省立高中师范科，杭师及联中师范部，联师，而非仅指一校。

③ 参见"附录四　周天初主要经历年表"的部分作品列表。

周天初亲自所拓的李阳冰“倪翁洞”三字拓本，碑在缙云仙都

在那段时期落下严重的胃病。然学校不可一日无师，中等师范教育乃是培养小、幼教师的基地，缺此基础教育无法下手，何以强国。周天初与杭师的教师们坚持下来了，学生们坚持下来了。而国立英士大学创办于危难之际，筚路蓝缕，备尝艰辛。学校经费匮乏，教职员工薪水不足，校长邓传楷把祖传布庄的卖布所得全部贴光。校长择才施教，诸教授尽学相授，使莘莘学子，皆有奋勉之心，困而学之，学风为之不变，校誉日隆，蜚声国内外。

周天初一生坚守在美术教育岗位上，四十年如一日，鞠躬尽瘁，人皆尊称周老夫子。

浙江省立杭州师范学校全体教职员
暨普通师范第廿三届、简易师范第九届毕业同学留影（1947 年 6 月）

第二节　校史评价，同仁评说

1943 年 4 月，艺术老师周天初在师范学校连续服务 15 年以上，受到浙江省教育厅表彰；1945 年 11 月，周天初又因在师范学校连续服务 20 年以上，受到教育部表彰。这里的“在师范学校连续服务”的学校包括浙江省立女子师范学校及其后的省立女中师范科、浙江省立第一师范学校及其后的省立一中师范科、浙江省立高级中学师范科、浙江省立杭州师范学校（含联师）。1956 年，杭州市中等学校首次评一级教师，全杭州市共 7 名，杭师占一半以上，周天初、顾西林、唐兆祥、袁恒初获一级教师称号。①

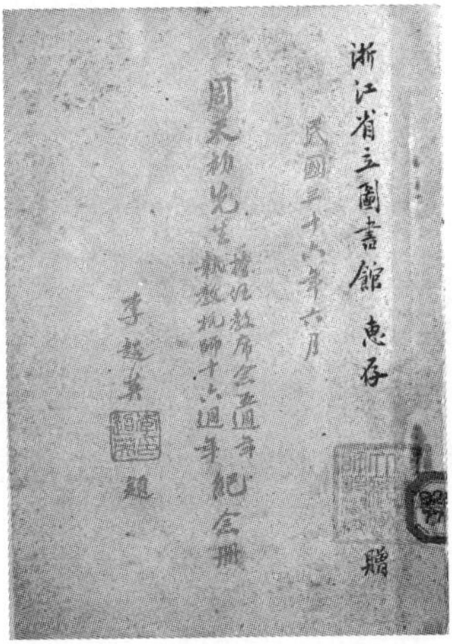

《周天初先生担任教席念五周年、执教杭师十六周年纪念册》②

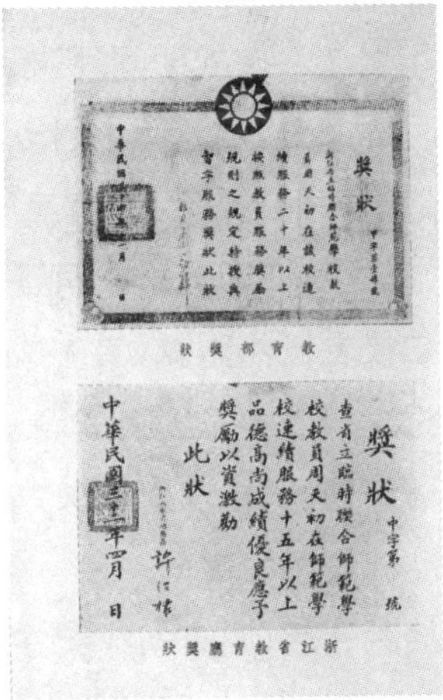

周天初所获教育部奖状、浙江省教育厅奖状

---

① 曹布拉《杭州师范大学艺术教育史文献汇编・卷三　艺术教育年表（1908—2012）》，杭州：浙江文艺出版社，2012 年 10 月，第 41 页。

② 由时任浙江省教育厅厅长李超英题签。纪念册开本尺寸为 18.3×12.5 厘米。

1947年6月，杭师专为“周天初担任教席念五周年、执教杭师十六周年”出纪念册，现存于浙江图书馆古籍馆。发起人为：谭启方、唐颖犀、孔祥嘉、罗迪光、张厚植、祝其乐、孙多慈、章子琨、吴作求、唐兆祥、庄祖定、包容、汤鸿翥、唐光华、王敬五、柯秉铎、邹士润、司琦、孙承志、余礼海、张威、徐嚝、张荣清、杜春法、汤钧等25位同仁，校长孔祥嘉亲自作序：“……先生教学，谆谆善诱，数十年如一日。……任教期间，先后获得部厅颁发服务奖状，此不独为先生之荣誉，亦且为学校之荣誉也。”

孔祥嘉校长在纪念册的缘起中有述：“本校创立，十有六年，毕业校友，遍及东南。学校往昔之光荣，固足自豪；而未来之发展，更无限量！天初先生于民国十一年起即执教浙江省立女子师范学校，后虽校名数易，迄今二十五年，向未间断。就改称杭州师范学校后，亦赓续执教十六年之久。抗战期间，随校转徙，跋履关山，老而益壮，至堪敬佩！本年六月念三日，欣逢本校十六周年校庆。校友同学，感念其春雨化人；同仁友好，仰慕其道德词章，爰特恳请先生将诗书画付梓，为学校庆，亦为先生寿。而先生一再谦辞，刻已整理稿件，决定于校庆日出版，希我同仁校友慨然赠款，集腋成裘，共襄盛举！”

此纪念册收集了周老的题画诗剩共43题70首，画8幅。杭州师范学校历任校长、校友对周天初先生为美术教育事业做出的贡献以及他的人品都给予极高的评价。

抗战胜利后，周天初继续在杭师任教，担任学校图书馆主任、班主任、教研组长兼教员，教授美术、工艺和图画，直到1958年退休。[①] 退休后，多校争聘，确因身体原因，他谢绝了外地各校之请，却经不起杭州市文化局、文联领导的说服，碍于情面也难以推辞，故被杭州艺术专科

① 参见《1956年浙江省杭州师范学校教职员工经历情况调查表》。

学校特聘，教书法课，至 1961 年。①

书画家董也山回忆周天初教书法情景——周先生眼光高，通晓书法书理书史，讲解各种主要历史名碑，并了解了学生们各自不同的秉性和笔性后，逐个为大家选定了各自的范本。他对我说："琴棋书画都要会一点，还有诗文，不要光是画画。"周天初先生是与潘天寿同辈过往甚密的有名望的书画家，人格高尚，为人热诚幽默，书艺风骨潇洒遒劲，古雅奇秀。教学示范生动形象，边讲解边书写给我们看，把笔法形象地演释给我们看，具体明了深入浅出，这样的教学方式使深邃玄奥的理论变为易晓易学可操作的实在，为初学青年学子所欢迎。这形象化示范运笔的教法对于我日后的书法学习帮助极大，同时，为我以后的书画教学所效，我亦常常应用这种一边讲述理论一边示范笔墨的教学法，效果良好。

第三节　为人师表，德艺双馨

高格调、高操行、基本功、博览、勤写生是周天初老师对美术科学生的要求，也深深地铭刻在他的学生心里。

周天初像

一、重视美术教育设施及师范教材、教具

1931 年浙江省教育厅提案通过将杭府孔庙拨为校址，恢复师范独立建校传统，创办浙江省立杭州师范学校，聘请章太炎侄儿章颐年

① 参见"附录二回忆篇之十一：杭州艺专同学座谈会""附录二回忆篇之十二：采访西泠印社裱画师钱立新先生"。

当校长，学校设一年制县师师资科，三年制普通师范科及三年制幼稚师范科。章颐年归国立志办学救国，倡导民主治学，重视艺术教育。但由于县师师资科、幼稚师范科都是首创，教师们只得讨论研究暂定课程表。有关艺术教育课程计划都是周天初、顾西林等教师研究的。1933年，教育厅厅长陈布雷从金库卷押款中提出 5.4 万元解决学校校舍问题，但因选址受阻。

1934 年 3 月，浙江省政府 673 次会议通过提案追加 9.35 万用于学校建设，并划南山路一段为新校区。

据周天初学生咸信先生《毕生致力美术教育的周天初先生》①一文称："1934 年，杭州师范建造新校舍时，先生与该校音乐教师顾西林坚决主张美术、音乐两科一定要有专用教室，在校长徐旭东的支持下，几经交涉，方得厅方同意。翌年，杭师新校舍落成，教学大楼中采光良好的美术教室，就是先生设计的。这样的美术教室，当时除国立艺专外，全省是独一无二的。"

1935 年 7 月学校迁入南山路新校区。1934 年 7 月章颐年校长因病辞职。接任的徐旭东校长对教学科研十分重视，当年校内实行各科教学研究会制，设有 7 个会议组，组织教师进行教学改革与研究，每学期至少开 3 次例会，主席由各科推选，讨论教学目标如何实现，教学大纲如何实施，教学时间如何分配，教学方法如何运用等问题，以求增进教学效能，提高学生对学科的兴趣。艺术学科会议组由周天初、顾西林负责。

教材和教具的缺乏，是摆在艺术科教师面前的最大难题，"师范学

① 咸信《毕生致力美术教育的周天初先生》，见政协杭州市委员会文史资料委员会编《师魂初编》(《杭州文史资料》第 12 辑)，杭州：浙江人民出版社，1989 年 7 月，第 162—167 页。

校美术课没有一本现成的完美的课本，先生便自编教材，或编写补充教材”。“1936 年，为了解决社会需求美术、体育教师，杭州师范开办了特别师范科，先生对其中的艺术师范科化了很多心血，精心制订了从计划到每一年级的具体教材，对小学生应该教什么，一个合格的小学美术教师应该掌握哪些基本知识。怎样通过短期学习立竿见影，先生都考虑得非常周到。因此，这个艺术师范科办得很出色，培养出一批合格的美术课教师。因抗日战起，这个艺术师范科只办了二期就停办了。”

周天初重视教具的制作和应用。“美术课要教得好，要画得好，还要涉及透视学，非空口说得明，为此先生很重视教具的制作和应用。大的小的方的圆的各种木制模型，石膏像、铁皮房子等等，在杭师美术课中，几乎应有尽有，这些教具好多都是先生亲自设计、亲自动手制作的。他常常教导学生：小学生知识有限，理解能力差，必须加强直观教学，否则就很难达到教学的目的和要求。他谆谆告诫学生，小学经费有限，如果没有现成的教具，应该自己动手去做，从现在起，就要学会这个本领。先生每堂课都有备课。还纪录课堂效果。”

1937 年 11 月，日本侵略军逼近杭州，杭师西迁丽水碧湖村，为不影响美术教学质量，学校已经带去了部分教学设备，但周天初他自己出钱雇人把美术课必需的美术示范教具随西迁师生队伍挑往丽水碧湖。①

二、教育方法和教育艺术

杭州有着优秀的艺术教学传统，早在 20 世纪初叶的浙江两级师范、浙江第一师范姜丹书、李叔同等艺术前辈言传身教，其精神力量和艺术魅力影响全省。周天初作为杭州艺术教育的后继者，将这一传统

---

① 孙椿泉《中国美术教育的先驱、浙江美协创始人之一》，见杭州市民盟委员会编《寻访身边的榜样》，2013 年 1 月，第 22 页。

发扬光大。

据姜丹书对浙江女中中学校的回忆:"民国十年左右,添请了周天初(名耕云,奉化人,留日美术学校毕业)同教西画。后来又添请了周子叙教手工,金咨甫教音乐(此二人是两级师范图画手工专修科毕业生)。民国十年以后,也与第一师范一样,有表演话剧的新风气,所以我们几个能画西画的教师曾集体合作过大幅的舞台布景;并且亦常开成绩展览会,开通社会欣赏美术的风气","民国十四年,曾开一班三年制的高中师范艺术科,其主要教师为周天初、沈兹九(均西画)、蔡叔慎(国画)、金咨甫(音乐)、周子叙(手工)等"。①

据咸信回忆:周天初先生认为一个人从小就应该培养他爱美的情趣,而我国小学美术教师很少,坚持师范美术教学为培养小学师资服务、为小学美术教学服务。通过师范教育,培养出更多的合格美术教师。因此,他在美术课上教画小学教具,手工工作图等。这种师范为培养小学美术师资服务为主的思想,在当时是与一般师范美术教学思想不同。周天初坚持教授绘画的形式为铅笔淡彩。这是水彩画的一系,在美国、苏联和欧洲其他地区广泛流传,与我国国画传统亦有联系,有其独具的艺术特点。先生认为这是一种最适切于幼、小教学的实用美术技术。同时,他提倡写实主义。30 年代杭州美术界风靡西方的形式主义,而先生坚持写实主义,讲透视法(并为此制作了一套写生对象)。在这种教学思想指导下,学生对美术学习,学得了较扎实的功夫。

周天初之所以选择并终身服务于美术教育,是希望通过美术师资的充足去形成学生、群众艺术普及的社会环境,服务于社会,并在广泛普及的群众艺术基础上培养并产生出艺术大家。

---

① 姜丹书于此年秋季到上海美专任教。姜丹书《浙江五十余年艺术教育史料》,见《姜丹书艺术教育杂著》,杭州,浙江教育出版社,1991 年 10 月,第 158—159 页。

先生的得意门生，曾任杭州幼儿师范学校校长多年的余礼海说："周先生的美术教学思想是我衷心赞同的，也是在我四十五年的教学实践中，验证正确，全力以赴的。"

周天初平易近人，上课都是在谈话中进行，边教边提问，启发学生独立思考。他有说有笑，很有风趣，学生都很喜欢上他的课。但课堂要求很严，画得不好，老实不客气地请你重画。当学生在绘画时，他总是一个一个地去看，站在背后默不作声地看着你画，到时候就指出这幅画好在何处，错在哪里，隔了一会儿他再来看，如果发现错的地方仍没有改正，他就亲自动手替你修改，改好了，他总是哈哈大笑说："你看怎么样？"周天初受到学生的普遍爱戴，有好多学生，离开先生已有好几十年了，然而谈起先生，倍感亲切。

周天初的学生，杭州师范大学劳诚烈教授说："周天初老师在教书法时，有他特别的因人施教的理论和方法。他认为每个学生都是独特的、有个体差异的，他不急于给学生下结论定方向，而先与学生聊天、观察，发现每个同学的特长、气质、气魄、性格、爱好、能力，然后区别告知每个学生，适合于学哪一种字体的风格。我们同学或有学隶书，或有学楷，或有学行，也有学草书的，但都会有周老师的悉心指导。总之他是要学生利用自己的长项，在学习书法的过程中更好地掌握、发挥、进步然后取得自信。周天初老师就是这样因人施教，因才施教，来保证同学们的学习兴趣和教学质量。"

三、身高为师，身正为范

周天初对学生的教育与关心是时时处处在教学中体现的。1942年5月10日，他在给杭师艺术师范科同学上花卉课，在所画花卉图上题词，并以自己的学画体会对学生讲解绘画中创新和继承的关系：我从写生开始学画，心里是很开心的。但当时不能领会"手之曼舞墨之纶音”中的深邃之意，直到读到苏东坡的诗歌：见画论形似，见与儿童伍。绘画不能只是看像不像，那是儿童般的见识。应该学习五代南唐画家徐熙，他并不因前已有祖师爷黄筌而被束缚，却以大自然为师，开创水墨花鸟画不钩轮廓的无骨画法，独树一旗与黄筌风格大不相同，成为两派风格之一。周天初告诫学生：渊源固可嘉，因袭非所取。在继承的同时，不要因袭，要取大自然之美，提高自己的绘画境界。①

题画花卉示艺术师范科真美级诸同学（三十一年五月十日）

趋新多险阻，返古亦趑趄。
谁能酌其中，脱然出囹圄。
绘事虽小道，造诣亦良苦。
黄荃善双钩，允称无双谱；
徐熙没其骨，卓然一帜树。
厥初师造化，于焉成鼻祖。
矫矫徐崇嗣，桀犷克绳武。
匹敌黄居寀，各自立门户。
渊源固可嘉，因袭非所取。
我昔初写生，喜气溢眉宇，
十指逞我能，不知手之舞，
一味尚形似，见与儿童伍。
自读东坡书，恍闻雷门鼓。
我今写此花，此花应解语。

① 杭州师范学校编《周天初先生担任教席念五周年、执教杭师十六周年纪念册》，杭州：浙江省立杭州师范学校，1947 年 6 月，第 9 页。

在培养学生的能力方面，他十分强调基本功——简笔画。据学生回忆，周天初上课拿起粉笔就刷刷简单几笔，“垂钓的渔翁”已活灵活现地呈现在黑板上，人物个性情态尽显。学生们的思绪随着他的讲述、笔触而跳跃。

周天初在学校避难丽水三峰时期，留有为普师秋一甲班学生上课时所做的教材配上练习的初步画法图《南瓜之三面观》，可以看到周天初授课之认真。他在画上有详细注解：

第一步：用浓淡墨钩勒轮廓，务求正确。

第二步：用淡墨水渲染明暗概念的，也可不必十分精详。

第三步：着色，能一次绘就者最妙，否则再加渲染数次。

南瓜之三面观（作画教材，1937 年 9 月 23 日）

学生余礼海[①]对周天初有过这样的追忆：

---

① 姜丹书回忆说：“在劳作科工艺课上有两名特殊的优秀学生，一名许金寿（仙居人），一名余礼海（绍兴人），他们的成绩，我都特记 100 分（我一生任教，极少记此满分）。”姜丹书《浙江五十余年艺术教育史料》，见《姜丹书艺术教育杂著》，杭州，浙江教育出版社，1991 年 10 月，第 165—166 页。

“本人充竿中学、师范美术、劳作教学四十五年……对本人一生事业、为人具有决定影响的是恩师周天初和姜丹书。作为一个中学、师范良好的美术、劳作师资，必须具备美术与工科两方面的知识……我是在杭师得周师的启蒙教诲及以后自己的苦练，才能在专业教学中得以应付自如。这是周师对我事业有所成就的哺育恩情，我是永世不忘的……我得益于他的，更多的是在课外，他的操行示范，影响于我……周师府上有非常丰富的国外美术藏书，有些当时省立图书馆亦所未见。我常趋府似饥似渴地阅览，周师亦不厌我相扰，频频指导，或他自弹三弦。平居宁静，澹泊为怀，这种品德，在我精神上有深刻的感染。”①此段回忆中，周天初性格之豪爽，为人之随和，和学生关系之融洽，可见一斑。

周天初一生从教、绘画。先后在浙江公立工业专门学校、省立女子师范、浙江第一师范、省立女子中学、省立第一中学、省立高级中学、省立杭高、杭师以及上海美专、国立艺专、英士大学、杭州艺专、上海艺专、上海东方艺术大学等多校施教近 40 年，从未言弃，以授业解惑教书育人为己任，终身坚守美术教育的岗位，过着清苦的黑板粉笔生活，培养了无数的美术人才。如今，美术界、教育界许多知名人士，渊源所自，直接或间接受其教者难计其数，成为省市中小学校美术教师者不计其数、成为美术大家的不乏其人，还有的任校长乃至大学教授、校长。如潘云鹤、俞乃大、常书鸿、余礼海、许金寿、杜培荣、寿崇德、陆增裕、劳诚烈、柯秉铎、沈同德、董也山等。吴梦骥、咸信、桑送青也是他无数学生中仅有记载的名字。

周天初对好学的年轻人都会悉心栽培呵护有加，他不会因为一些

① 咸信《毕生致力美术教育的周天初先生》，见政协杭州市委员会文史资料委员会编《师魂初编》(《杭州文史资料》第 12 辑)，杭州：浙江人民出版社，1989 年 7 月，第 166 页。

校外的书画爱好者登门求教而轻视拒绝。其中当时自学的闵学林、陈威遐就曾经是他家的常客。

四、惜别杭州师范学校

周天初对师范教育感情深厚，他在几所师范学校从青年走到老年，这些校园里有他敬重的前辈，先辈遗风，山高水长；有他传承的付出，探究凝炼，兢兢业业。在他任职的数十年里，社会动荡，学校分分合合、南迁北移，更名易址，历经沧桑，但他始终不离不弃，以校为家，以学校浓厚的艺术氛围为傲。

1958 年 8 月 21 日，周天初因积劳成疾，经常胃出血而不得不退休，周天初在学校为他和蔡泽安老师退休送行会上做七言三章。

其中一章曰：

多谢诸公赐锦笺，心铭还乞故人情。
养疴日久成疏懒，时或清狂学米颠。

二章曰：

记得来时二十六，湖山容我做勾留。
去年六十二初度，桃李盈盈春满头。
平居宁静不趋炎，逝水也曾细浪添。
解放而今入蔗境，老来才觉宿根甜。

此时的周天初抑制不住惜别的感慨写道："余在杭州执教女师一师及杭高师范科结束后转入杭州师范蝉联遂达三十七年之久，余与杭师感情既深，一旦躬践盛会，惟恐情不自禁，乃馈此短章，以伸谢忱！"

故第三章中有曰：

此夕难忘四美兼，何如寂坐挹雳恬。
年时策杖来相访，聆取箴言莫我嫌。

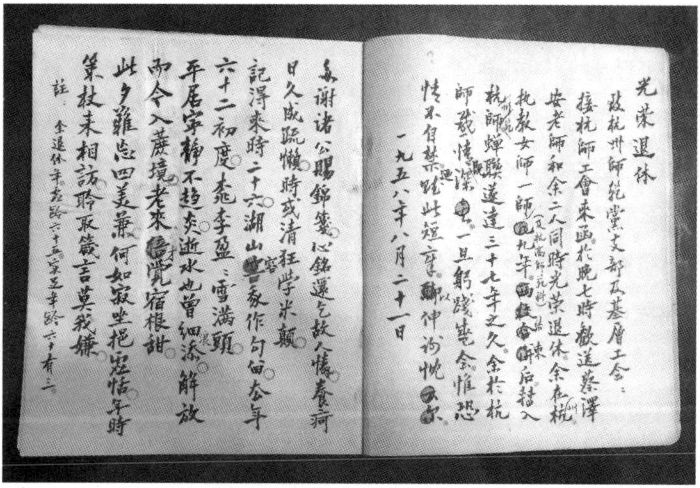

周天初退休七言三章手稿①

姜丹书曾经将浙江省立两级师范学校——浙江省立第一师范学校的艺术教育看作是浙江近现代整个艺术教育的发端，而其成长时期是国立艺术专科学校时代，到了浙江美术学院（今中国美术学院）时期则是辉煌的时代。就三者关系，姜丹书说："古人对于学术和教育的源流，有'先河而后海'（《礼记·学记篇》）的说法，今就浙江省的艺术教育发展情况看来，两级师范时代，譬如是个溪涧；国立艺专时代，譬如是个

① 手稿有注"余退休年龄六十五，实足年龄六十有三"。

江河；到了现在的浙江美术学院，可以说是近乎海口了吧。”[①]

在浙江艺术发展的长河中，周天初加入过溪涧流水（浙江第一师范），也淌入江河推波助澜（国立艺专），但他始终坚守师范教育岗位，愿意以一舟之力让溪水溢出形成支流，让更多的艺术教师去培养千千万万的学子。

① 姜丹书《浙江五十余年艺术教育史料》，见《姜丹书艺术教育杂著》，杭州，浙江教育出版社，1991 年 10 月，第 168 页。

第四章

设计筹建淞沪战役纪念塔

第一节　杭州淞沪战役纪念塔背景

> 一些老杭州也许还记得，在现在湖滨六公园，长生路的对面临湖处，抗战后曾建有一座八十八师淞沪战役阵亡将士纪念塔、塔顶站着一个军官的雕像，拿着望远镜，手指东北方，下一士兵，持枪作冲锋状，塔顶四角饰有炸弹，以示在枪林弹雨中对日浴血抗战。此塔是八十八师师长俞济时委托先生设计筹建的。雕像出自名家刘开渠之手，具体工程则由顾季平担任。[①]

抗战史上有两次淞沪战役：一是 1932 年的“一・二八淞沪抗战”，一是 1937 年的“八・一三淞沪会战”。中国国民革命军八十八师两次参战，在 1932 年的“一・二八淞沪抗战”中，浴血奋战重创日军，部队损

① 咸信《毕生致力美术教育的周天初先生》，见政协杭州市委员会文史资料委员会编《师魂初编》(《杭州文史资料》第 12 辑)，杭州：浙江人民出版社，1989 年 7 月，第 164 页。

失最惨重；在 1937 年的“八·一三淞沪会战”中，八十八师更是功勋卓著，著名的“八百壮士”就出自这个师。而杭州的淞沪战役纪念塔则是为 1932 年的“一·二八淞沪抗战”中的阵亡将士所建。

1931 年 7 月，蒋介石将俞济时任师长的警卫第二师改为八十八师，调归张治中军长的第五军属下，驻防杭州集训，分驻杭州和上虞县五夫镇，担负拱卫杭州和杭州湾沿岸的防务。“九·一八事变”发生后，八十八师一群青年军官面见师长俞济时，当面请战：“要与日本鬼子拼个死活！”

1932 年 1 月 28 日午夜，驻上海的日本海军陆战队以三个日本和尚被工人义勇军打死打伤为借口，向驻防上海的第十九路军闸北防区发动突袭，对我阵地狂轰滥炸。蔡廷锴、陈铭枢率十九路军奋起反击，震惊中外的“一·二八事变”爆发！

事变第二天，俞济时接到命令：第八十八师于 2 月 5 日前移师苏州、昆山一线。同时行动的还有驻防南京的第八十七师。

2 月 1 日，时年 29 岁的师长俞济时向蒋介石发去《陷电》请战：“沪案严重，十九路军应战颇获胜利，唯恐不能持久，可否将本师调沪增援，乞示。”显然他是担心部队调去苏州，贻误了战机。两天后，蒋介石回《东电》作复：“贵师行动，一听何部长命令，如运沪作战，务希奋勇自强，以保荣誉。”

淞沪战事一天比一天紧张，第十九路军眼看独力难支，蒋介石终于打消了通过国联（联合国前身）调停战端的念头。2 月 14 日，军政部部长何应钦命令第五军军长张治中率八十七、八十八两个师和中央军校教导队，火速驰援上海战场。

2 月 20 日，日军在上海市北的江湾庙行镇，发动天上、地上和黄浦江上立体攻击的庙行战役。一时间炮弹如雨纷纷落入八十八师阵地，俞济时指挥部队血战两昼夜，终于使日军不支而退。

22日,日军植田谦吉中将又率第九师团倾巢来犯。第五军军长张治中亲到八十八师前沿指挥,八十八师实施正面反攻,八十七师侧面包抄敌之侧背,十九路军第六十一师从敌后出击。这一天,各部队同仇敌忾,从白天厮杀到晚上,一举击毙击伤日军三千余人,终于取得庙行大捷,使日本侵略军遭到自甲午战争以来从未有过的惨败。

日军眼见上海屡攻不陷,又重新组建派遣军,由前陆军大臣白川义则亲任司令官,汹汹来犯。2月27日起,日军总兵力增至9万人,而当时,我方主力第十九路军和第五军合起来仅4.13万人。

3月1日,中国守军腹背受敌,第十九路军被迫退守嘉定、太仓一线,第五军则撤至常熟县东南。3月3日,日军占领真如、南翔后双方暂时停战。

"一·二八"淞沪抗战中,中国军队在人民支援下浴血奋战,连续击败日军进攻,使敌三易主将,数次增兵,死伤逾万,受到沉重打击。由于上海的战事让长江航运中断,列强位于华中的利益受损,于是逼迫日本政府谈判。中日在英、美、法、意各国调停之下于3月24日在上海谈判,5月5日签署了屈辱的《淞沪停战协定》。日军返回战前防区(上海公共租界北区、东区及其越界筑路地带),国军暂留现驻地(沪宁铁路上的安亭镇至长江边的浒浦一线),交战区划为非武装地区。"一·二八淞沪抗战"正式宣告结束。据《沪难与日本》各国评论,及沪变发生,日本民族国家之真相,更赤裸裸的暴露于世界之前。如美报则谓其为"野蛮之表现","凶横残暴如日军所表现者,实无前例可见";英报则谓其为"黩武主义之自杀","日本军阀不独骄横,且亦盲行";德报则谓"日本行动,俨如以火投诸火药之上";法报则谓"日本今将受一教训"……①

在这场战斗中,八十八师师长俞济时负重伤,被日军的弹片击穿肚

① 中国国民党浙江省党部编《反日宣传小丛书·沪难与日本》,1932年3月。

肠，送到上海租界德国人开办的宝隆医院（后改名同济医院）接受治疗。住院期间，他强撑病体，详细登记了八十八师所有阵亡军官和士兵的名单。此次战役八十八师阵亡将士 1091 名（一说 1200），伤 1698 人。

对八十八师与日寇浴血奋战，蒋介石曾致电慰。俞济时养伤归队后，重返抗战前线。全面抗战爆发后，俞 1937 年升任七十四军第一任军长，是七十四军主要创立人之一，参加过“八·一三”淞沪抗战、南京保卫战、陇海路东段战役、德安战役、万家岭战役、南昌会战及浙东沿海抗战等。这是后话。

第二节 杭州淞沪战役纪念塔的筹建

阵亡弟兄魂归西湖是俞济时的愿望。

青山有幸埋忠骨，西湖历来揽英雄归魂：岳飞，于谦，张苍水；秋瑾年轻轻的就与友人徐自华订立“埋骨西泠之约”；再如徐锡麟、陶成章、章太炎等辛亥英雄也都埋骨西子。八十八师既然由杭州慷慨赴死，那么阵亡的弟兄们还是魂归西湖最为安宁。

战后第二年，即 1933 年元旦，国民政府在南京中央军官学校礼堂隆重表彰“一·二八淞沪抗战”的有功之臣。蒋光鼐、蔡廷锴、张治中、戴戟、俞济时等参战将领均被授予青天白日勋章。

授勋后的俞济时内心更放不下八十八师的阵亡弟兄。八十八师在这场战役中损失最惨重，其中光是排长以上各级军官，就阵亡 66 名、受伤 146 名；阵亡士兵高达 1054 名。这一年，俞济时改任浙江省保安处长兼浙江省戒严副司令。他希望将八十八师忠骨葬于西湖的想法，得到了时任浙江省政府主席鲁涤平的赞同，同意划出杭州西郊松木场一块地，建八十八师淞沪战役阵亡烈士陵园，地名牌标为西溪路 75 号。

现在的西溪路松木场段，当年是杭徽公路的起点，这条公路起于松木场船码头，经过留下、闲林埠、老余杭直通安徽。当时的松木场，田块与池沼交错，是一片空旷宁静之地，烈士陵园安放在此，甚为安宁。

周天初的夫人是俞济时的堂姐，他们既是老乡又是亲戚，往来甚密。周天初时任国立杭州艺术专科学校国画系讲师，所以俞济时为建造纪念塔的事找周天初商量也是自然而然的事。有报道说，是周天初建议俞济时建纪念塔，他对俞济时说："眼下全国抗日救亡的浪潮一浪高过一浪，何不在西湖边勒碑纪念阵亡将士，以策动继续抗战？"俞济时抚掌称好。[①] 但据周天初的学生咸信说：当蒋介石委派俞济时建立淞沪战役八十八师阵亡将士纪念塔的事后，俞济时找周天初设计并组织筹建。

该碑的筹建时间应该是 1933 年底或 1934 年春，因为奠基于 1934 年秋季，建成揭幕时间为 1935 年的 2 月 22 日。[②] 刘开渠曾述"一九三四年底或一九三五年春，艺专一位色彩学教员周天初找我为'一·二八'淞沪抗日牺牲的八十八师将士做纪念碑"。刘开渠记忆的时间应该有误。[③]

杭州高级中学教师咸信 1988 年的回忆录中写道：抗战前我在杭州师范学校求学时，天初先生是我的美术教师，解放初我有一次到先生（周天初）那里，看到书桌旁放着一个大镜框，里面是一幅八十八师阵亡将士纪念碑的画。先生指着说："为了这，我受了批评。"接着周老告诉

---

① 周文毅《西湖边的抗战纪念碑》，载《杭州日报》，2012 年 8 月 12 日。

② "浙江省主席黄绍竑的揭幕致词"，见《浙江省政府公报》2293 期，浙江档案馆（旧资政府 394）。

③ 刘开渠《雕塑艺术生活漫忆》，见《刘开渠美术论文集》，济南：山东美术出版社，1984 年 8 月，第 287 页。关于应称为"纪念塔"还是"纪念碑"，参见彭飞、孙学军《刘开渠雕塑成名作〈一·二八淞沪抗日阵亡将士纪念碑〉研究》，载《美育学刊》，2013 年第 5 期。本书中依照周天初本人的叙述即"陆军第八十八师淞沪战役阵亡将士纪念塔"，称为"纪念塔"。

我，他的夫人是俞济时的堂姐，俞济时常常来周老家里，很熟。有一次俞济时找到周老，说委员长(蒋介石)要在湖滨建一座八十八师阵亡将士纪念碑，限期完成，请周老办一办。周老说自己是学绘画的，画一张还行，至于建一座碑可不会，俞济时一听，脸一沉说："那么你是要看我杀头了。这样吧，你好好想一想，碑该有多高，上面怎么样的雕像，总之是要表示抗日，要有气派，委员长要亲自来看的。你不会，你可以去找工程师、找雕塑家，这方面的人你比我熟，这件事你一定要帮我这个忙!"就这样周天初承担起该碑的设计任务。

对建造陆军第八十八师淞沪战役阵亡将士纪念塔一事，周天初的叙述较为可信，他曾认为这是自己所抱有诸希望中最成功实现的一个：

> 第三个希望是最成功的希望，就是指湖滨六公园陆军第八十八师淞沪战役阵亡将士纪念塔而言，一·二八之后，该师师长俞济时氏被任为浙江保安司令，欲造纪念塔以追悼忠魂，俞氏与本人有亲谊关系，即以纪念塔设计图相委，经过半载推敲，也曾登报征求，结果仍由我构成图样而寄托无限希望，这种希望，我却从未宣布，现在将过去的事实略加说明，以庆区区希望之成功。
>
> 俞氏之意，纪念塔莫好于面临湖山，余告以图意所在，不得不向东面，塔顶二武装同志，一为军官模样，向东指挥，一为士兵模样，枪杆向东北，这是象征着雪国耻收回东北的意义，基地四隅角，各栽柏树(原定计划栽以龙柏，今所栽者为刺柏)，共计八株，取义八百春秋之意，希望全国武装起来，随着八十八师英勇抗敌的精神，来保全我们四面八方的锦绣江山，平肩的四颗大炸弹，乃是俞氏自己附将上去，谓今后国防上必需注重空军，全部建筑的工程，

> 却是老友顾季平君所计划的,铜像原想请江小鹣学长铸造(即湖滨陈英士铜像铸造)。是年我在国立杭州艺专兼课,因教务主任林文铮的介绍,就请刘开渠君造像监制,周围的浮雕还是刘君设计开凿的。①

1934年前后,周天初和刘开渠均在国立艺专任教,刘开渠从巴黎留学回国不久,这位年轻而富有才华的雕塑家,正陷于无处发挥其专长实现其理想的困境,他向郁达夫表明了自己的困惑。周天初接受设计筹建淞沪战役阵亡将士纪念碑的任务后,遂邀请刘开渠为纪念碑塑像,又邀请顾季平建造此碑。② 碑上题词系于右任先生所书。该碑的军官模型是以当时杭州笕桥航空学校的大队长方英之为模特,周天初设计前亲自给方英之拍摄。③ 由于周天初先生找的都是各方面的专家,所以碑建成后确实很有气势,此碑也成为刘开渠的成名作。

但周天初认为自己的设计是有遗憾的:"塔身的轮廓,是四方锥体的平截,所附贴的大理石却是直立而未与并行,我于立体的设计缺乏经验,一时失检,铸成不统一的错误,金石的作品,没法修改,这是无法弥补的缺憾。"④

---

① 周天初《希望》,载《浙江第一次全省美展纪念特刊》,1949年10月。

② 顾季平即浙江省教育厅的技正,解放后他先后在浙江美术学院和北京美术学院教建筑美术。杭州师范当年周天初美术教室的建造也正是由顾季平主持的,所以周天初知道他深谙建筑美术,故委托于他。

③ 据刘国治回忆。

④ 周天初《希望》,载《浙江第一次全省美展纪念特刊》,1949年10月。

原碑照片（俞济时儿子提供）

重建的淞沪战役国军第八十八师阵亡将士纪念碑①

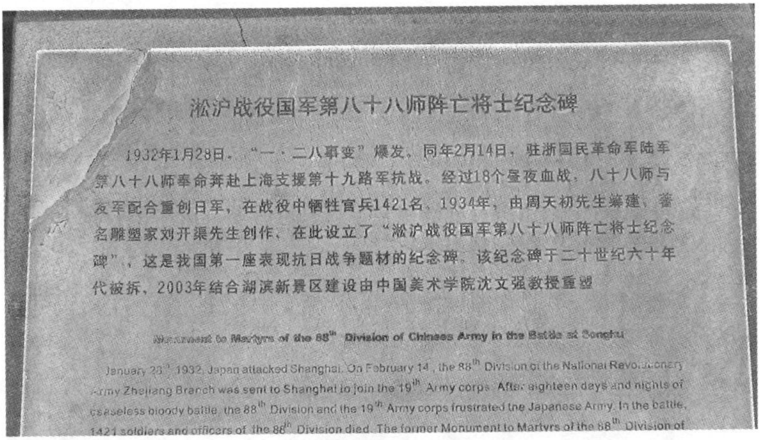

重建的淞沪战役国军第八十八师阵亡将士纪念碑碑文

---

① 图片来自浙江在线。

杭州上年纪的人都记得，当年的淞沪战役阵亡将士纪念碑，由顶部人物、碑身和碑座四块石浮雕三部分组成。顶部雕塑了两名军人青铜立像。立像中的军官，挺立远望，左手持望远镜，右手指向东北方向，身旁的士兵手握枪杆，身略前倾，作出击状。在高高的纪念碑上，四角各塑立了一个垂直向下的青铜炸弹（航空炸弹）造型，既完整了纪念碑的构成，更真实记录了日军炮弹轰炸的罪行，表现了八十八师抗日将士同仇敌忾、众志成城、视死如归、保家卫国的英勇气概和不屈的精神气概。基座上四块浮雕，正面的浮雕名《纪念》：以三位优美的女性为代表，她们手持花圈，向为国牺牲的将士致深切的哀悼。左面的浮雕名《抵抗》：表现士兵们齐心协力、沉着应战的情状。右面的浮雕名《冲锋》：以一指挥的士官为中心命令战士前进。后面的浮雕名《继续杀敌》：受伤的士官仍手指敌方，指挥义无反顾的士兵杀敌。战争场面逼真、人物形象生动。碑上于右任先生的题词恢弘大气，“陆军第八十八师淞沪战役阵亡将士纪念塔”。

原纪念碑局部浮雕图①

① 图片来自浙江在线。

据《西湖边的抗战纪念碑》一文述："纪念塔基座面朝西湖的一面，镌刻着蒋介石亲撰长达 720 余字的碑文：'民国廿一年一·二八上海战役，我将士忠勇奋发，坚苦支持三十余日，其间肝脑涂地，舍身成仁，良不可胜数，英风壮烈，民族精神，实为焕焉……西湖之滨，湖山秀美，甲于全国，昔为勾践卧薪尝胆兴越之地，岳武穆坟亦在焉，忠义有托，尤克互为彪炳，安诸将士之灵于此，信为所得，足以长垂不朽……"①

第三节　建碑后续

这座反映中国抗日英烈的第一座纪念碑地址为：杭州"学士路直出为第四码头，第三码头与第四码头之间为第三公园。长生路直出稍靠南行为第五码头，沿湖建有淞沪战役国军第八十八师阵亡将士纪念塔"。1935 年 2 月 22 日，我国首座表现抗战题材的纪念建筑，正式在杭州湖滨三公园落成安放。

纪念塔揭幕那天，杭州城里万人空巷，人们竞相聚集到湖滨三公园和学士路口，祭奠抗战烈士。纪念塔周围，花圈挽幛摆叠成山。新任国民政府浙江省政府主席黄绍竑和俞济时及一干高级军官均戎装出席落成仪式。部队严整列队，枪刺闪闪发亮。湖边，一门山炮朝西湖湖面伸出炮口，随着一声口令，礼炮声响彻湖山，天地为之动容。

由俞济时作战况、壮烈牺牲情况报告后，浙江省主席黄绍竑为纪念碑揭幕致词："今天是陆军第八十八师淞沪战役纪念碑揭幕典礼。刚才听到俞处长报告当时壮烈的牺牲，使我们武装同志与非武装的同志一致感到非常钦佩，觉得无限光荣，我们中国几十年来受尽外患的侵凌，从来没有见过比一·二八淞沪战役更伟大的民族自卫的表示，就是

---

① 周文毅《西湖边的抗战纪念碑》，载《杭州日报》，2012 年 8 月 12 日。

看到也就是这一次，尤其是这一次八十八师在庙行一战的壮烈的战斗与伟大的牺牲，这是值得我们永远纪念的，现在纪念塔已落成，不过纪念塔眼睛看得见的可贵的乃是看不见的先烈精神和热血，他们永远是那样伟大，鲜红，永远在人间辉煌沸腾，启示我们未死者，要踏上他的英勇伟大的血路，为振兴国家，复兴民族，完成他的未竟的事业，过去我们推翻满清，建立民国，完成革命都可以说是黄花岗七十二殉难烈士的功勋，假使没有黄花岗七十二烈士的牺牲，就不会有武昌起义，没有武昌起义革命就不能成功，所以我们今天参加八十八师淞沪战役阵亡将士纪念塔的揭幕典礼，就要把八十八师的阵亡将士视同黄花岗七十二烈士，具有一样的价值，今天来参加典礼的同志都是对于地方国家负有重大责任的，希望各位以后都能一本过去先烈的伟大牺牲精神，向本身职务上各种事业努力去，将来国家民族的复兴那就一定可以期待的了，同时也可以使八十八师阵亡将士欣慰于地下了。”①

当黄绍竑宣读祭文时，湖滨哭声一片。

然而，两年后的 1937 年 12 月 24 日，日军入侵杭州，西湖沦陷敌手长达 8 年。战前，这座纪念塔连同湖滨沿湖一带的陈英士等雕塑，都被拆卸藏入西湖水中，抗战胜利后淞沪战役阵亡将士纪念塔才得以重见天日。由政府重新组织人从西湖里打捞起纪念塔的各个部分，仔细洗尽淤泥，重新安放在原址。②

该纪念塔遭遇第二次被拆，是在 1964 年底。在“社会主义革命新高潮”中，为破旧立新，西湖沿线突击拆墓，西湖边一些名人墓葬被拆除。12 月初的一个晚上，“西湖文化大扫除”扫到了湖滨一带，三公园

① “浙江省主席黄绍竑的揭幕致词”，见《浙江省政府公报》2293 期，浙江档案馆（旧资政府 394）。

② 姚毓璆、郑棋生《杭州西湖园林》，见《民国时期杭州》（《〈杭州历史丛编〉之六》），杭州：浙江人民出版社，1992 年 8 月，第 618 页。

的淞沪战役阵亡将士纪念塔，连同一公园的北伐战争纪念碑、陈英士雕塑等，几天之内被悉数拆毁。据 1965 年 3 月 6 日杭州市园林管理局上报《简报》称共分 5 批拆迁坟墓 654 座。

与纪念塔呼应的纪念牌坊，是 1946 年为嘉勉抗战英烈忠魂，在西溪路八十八师淞沪战役烈士陵园门前增立一座纪念牌坊。① 该牌坊为民国时期流行的中西合璧风格，三门两重檐，水泥浇筑，眉额题书“浩气长存”四字，门柱镌刻两幅楹联，其中一幅是俞济时亲作：“墓门凄碧带十年汗马念前功；华表接青霄一角湖山归战骨。”1958 年“大跃进”期间，杭州铁路分局在松木场一带建造铁路新村，陵园被拆除。

淞沪战役烈士陵园门前纪念牌坊

“文革”结束后，一些人大代表、政协委员数次提出建议和提案，要求恢复八十八师淞沪战役阵亡将士纪念碑和牌坊。在中华民族的抗战史上，这支部队不应该被遗忘。

① 据杭州师范学校陈日唐回忆，是周天初先生在一次会议上提出的建议，并画了草图。

直到2003年结合湖滨新景区建设该纪念碑得以重塑。但新的纪念碑只保留了顶部的人物、炮弹和中间基座，原碑基座四面的浮雕、台阶以及题词都没有得到恢复，新纪念碑比原碑矮了好几米。是由中国美术学院沈文强教授重塑。作者再见沈文强教授夫妇时，他的妻子希望周天初后辈以原设计者家属的身份向有关部门提出要求，能否以原型重塑，她说沈教授也能够塑造出气势之碑的。[①] 谈到在重塑纪念碑揭幕当天，杭州市民围观者对新碑造型诸多微词让他们感到一些难堪。

2005年8月，在纪念抗战胜利60周年时，市园文局应台湾俞济时先生儿子来信之请，重新修缮纪念牌坊，并根据其提供俞济时生前所著《八十虚度追忆》一书中记录的一·二八淞沪抗战第八十八师1091位（杭州市政府重建碑文称为1120位，另有一说为1421位）阵亡将士名录，增建一堵刻有烈士英名的黑色大理石纪念墙。

淞沪战役阵亡将士纪念碑的拆拆建建是看得见的，但一度对周天初、刘开渠的心理冲击，却是看不见的。

富阳中学陆增裕老师曾是周天初新中国成立初杭州师范学校的学生，他记得1952年，在知识分子的自我教育和自我改造运动中，周天初和其他老师一样必须过关。那年周天初58岁，他和广大知识分子一样具有爱国热情，想要了解新社会，克服旧社会的烙印，但周天初真的不知道自己要改造什么。在这场运动到了要他们交代反动思想的最后限期，周天初犯愁得无所适从。

> 记得有一天放学前，周老夫子问我有空否，叫我到他家里去一趟。我见到的是焦虑万分的他，对我说明天就是交代自己反动思

① 沈文强教授的妻子曾经是周天初的学生。

想的最后限期了，可到现在还想不出自己有什么反动的思想，他要我帮他好好想想。还说，余礼海同学已经帮他想过了，也想不出啊！我也实在想不出，一个对教学兢兢业业、对学生淳淳教诲的老师有什么反动的地方。周老师看我帮不上忙，挥挥手道："走吧！走吧！还是我自己想。"

可我刚走出房门时，周老师又补充说："晚上再帮我想想，想出来，明天早自修告诉我，还来得及！"看来，周老夫子真是急的有病乱投医了。不知道那天晚上，他是怎么熬过来的。

第二天，我和周先生在教室门口碰到了。"

"好了，好了，我总算想出我的反动了——湖滨六公园那座淞沪战役纪念碑是我设计的，那是纪念国民党阵亡将士的。我检讨了过关了。"

那天，看到周老夫子如释重负的样子，却让我觉得很不忍心。[①]

"文革"期间，关于设计筹建国民党纪念碑的大字报、外调人员的屡屡上门，让病榻上的周天初苦不堪言，一家人也整天惶惶然提心吊胆。记得有一天，邻居跑到周天初家里报信，说周天初在杭州人民大会堂外墙看贴着批判他的大字报，他拄着拐棍回家的路上走不动了，就坐在将军路的路边上，家人赶了过去把他搀扶回家。

历史风烟飘逝八十三年了，杭州纪念一·二八淞沪抗战的两座地标，一东一西，至今屹立，一如城市的气场，时时彰显着浩然正气。杭州淞沪战役纪念碑是我国第一座表现抗日战争题材的纪念碑，从该纪念碑的方向选择、人物形象、炮弹的含义上看得出，设计者周天初对淞沪

① 陈芝敏 2012 年采访原富阳中学校长陆增裕先生记录。

战役有全面的理解和独到的创意，而雕塑大家刘开渠的才华在塑造人物中得以充分展现，才能将烈士们的形象表现得栩栩如生。该碑在抗日战争的爱国教育中具有历史价值。①

① 刘开渠曾述："战争爆发时，我正在法国。……现在介绍我为抗日牺牲的将士塑像，使我有了建造大型纪念碑的机会，可以实现我在雕塑艺术上的理想了，我当然很高兴地接受了。……尤为奇怪的是在像座上四角，倒装四颗炸弹，不知是为了炸自己，还是炸敌人。"虽然刘开渠 1984 年写此文时尚不明白此碑炸弹的含义，但是刘开渠的雕塑才能将烈士们的形象表现得栩栩如生。刘开渠《雕塑艺术生活漫忆》，见《刘开渠美术论文集》，济南：山东美术出版社，1984 年 8 月，第 287—288 页。周天初对"炸弹"之意，曾有说明："平肩的四颗大炸弹，乃是俞氏自己附将上去，谓今后国防上必需注重空军"，周天初《希望》，载《浙江第一次全省美展纪念特刊》，1949 年 10 月。

第五章

笔墨寄情，诗画会友

第一节　周天初与郁达夫

周天初喜欢诗词，“昔尝学诗于慈溪洪佛矢先生”。张厚植评价周天初有曰：“乱后重聚，喜可知已。检君旧稿，如《题红岩白漈图》等篇，藏神秀于典雅，溢古艳于豪翰，辞婉气和，一唱三叹，雅有风人深致，益以见君得山水之助者多也。”[①]而郁达夫博览群书，文思敏捷出口成章，浪漫多情。两位嗜好饮酒、作诗之人相见如故，这也是周天初与郁达夫的缘分。

周天初性格豪爽，为人随和，在美术教学上很有一套办法，又和学生关系融洽，所以深受学生的爱戴。1923 年秋季，王映霞以较高的分数考进周天初任教的浙江省立女子师范学校，她的求知欲很强，又聪明好学，长得端庄美丽，绘画成绩名列班上二、三名，颇受周天初先生喜欢，好学的王映霞也喜欢这位学识渊博的图画老师。4 年后王映霞却

---

① 张厚植《序》，见杭州师范学校编《周天初先生担任教席念五周年、执教杭师十六周年纪念册》，杭州：浙江省立杭州师范学校，1947 年 6 月，第 1 页。

周天初像

郁达夫像

成了郁达夫的第二位夫人。桑逢康在写《郁达夫与王映霞》一文中曾说：周天初“据说是介绍人之一”①。情况并非如此，王映霞是1926年从省立女子师范学校毕业后到温州十中附属幼儿园工作，因思乡回杭州途经上海，在孙百刚夫妇家借住，1927年1月才认识了到孙百刚家访客的郁达夫，之后被郁达夫穷追。只是正巧郁达夫的朋友周天初是王映霞的美术老师，被误传周天初是介绍人之一。② 郁达夫视周天初为兄长，对他十分敬重，周天初也佩服郁达夫的博学多才，他们又都嗜好饮酒作诗，郁达夫每到杭州，他们常相约到清河坊的王润兴、羊汤饭店（今改为“西乐园”）、官巷口的奎元馆、盐桥边的聚丰园小酌，常常“酒逢知己千杯少”喝得大醉。

周天初脸形瘦长，架着眼镜（看书时常带两副眼镜），长长的下巴，翘着山羊胡子，瘦高的个子，挺着腰板。有一次，郁达夫趁着酒兴，改动了苏小妹对苏东坡的诗，来调侃周天初说：

① 桑逢康《仙侣怨偶——郁达夫与王映霞》，北京：中国青年出版社，1994年12月，第152页。

② 王映霞《王映霞自传》，合肥：黄山书社，2008年3月，第29—33页。

未出庭前三五步，下颌先到酒杯前。

郁达夫那时正与王映霞苦恋，又加上咯血，消瘦得很，颧骨比先前更突出了，因此周天初也用了这个故事里苏东坡诗略改数字，回敬了郁达夫：

昨夜一滴相思泪，至今流不过颧骨。[①]

1927 年 6 月 5 日，郁达夫和王映霞定婚，在聚丰园举行定婚宴，特邀请周天初参加，郁、王频频向周敬酒，那餐酒席从下午 7 点上菜一直吃到夜里 12 点。后来郁达夫写道："大家痛饮了一场，都喝得大醉。"周天初更是醉得不能回家，他在推杯换盏之间却未忘记提议："当今文坛巨子……新婚之乐，岂能无诗乎！并单要你和映霞两人恋爱情事的！"郁达夫思索片刻，当即赋诗，留下了好诗一首、佳话一段：

走马重来浙水滨，歌舞西湖最有名。
由来春光夸三月，风流还许到红裙。
诗酒纵难追白也，毕竟倾城是美人。
相思倘化夫妻石，便算桃园洞里春。
知否梦回能化碟，富春江上欲相寻。[②]

郁达夫的才气为周天初所欣赏，周天初的性情也深深地吸引着郁

① 刘锦琪《郁达夫与周天初》，载《浙江日报》，1986 年 8 月 30 日。刘锦琪是周天初学生。
② 桑逢康《仙侣怨偶——郁达夫与王映霞》，北京：中国青年出版社，1994 年 12 月，第 153 页。

郁达夫与王映霞

达夫，在郁达夫 1933 年前后发表的许多篇日记中，有多处记着和周天初交往或同饮同乐的往事。

现摘录几则：①

五日，星期日，旧历五月初六，先雨后晴。

早晨起来，见天空里落下了雨点，心里很觉得焦急。……

午饭后，天放晴了……

六点钟上聚丰园去，七点前后，客齐集了，只有蒋某不来，男女共到了四十余人。陪大家痛饮了一场，周天初——映霞的国画先生——和孙太太——我俩的介绍人——都喝的大醉，到十二点前才安排调妥。②

① 桑逢康《仙侣怨偶——郁达夫与王映霞》，北京：中国青年出版社，1994 年 12 月，第 153 页。

② 浙江文艺出版社编《郁达夫日记集》，杭州：浙江文艺出版社，1986 年 10 月，第 159 页。时为 1927 年。

七日，星期二，阴，晨雨。

今天已与天初约定，一早就上他那里去，因为他要为我们照相。很想和映霞及他，上六和塔去，不晓得去得成否。……①

十一月十日（十月十三），星期四，阴，微雨。

……

中午去看周天初，同他喝了酒，吃了饭，回来小睡，睡至三时起床。②

1936年郁达夫到福建后，曾在给友人写的一封信中，录了过去在杭州时所作之诗，来表达对杭州和杭州朋友的思念：

十月秋阳水拍天，湖山虽好未容颠。
但凭极贱杭州酒，烂醉西泠岳墓前。

第二节　周天初与潘天寿

据潘天寿纪念馆卢炘馆长介绍，周天初与潘天寿曾是浙江第一师范的同学，他们的老师叫江舟，他俩关系非常好。周天初当年从上海美专赴日留学前，曾邀潘天寿同行，但后来不知何因未能同行。③ 此处历

---

① 浙江文艺出版社编《郁达夫日记集》，杭州：浙江文艺出版社，1986年10月，第160页。时为1927年。

② 同上书，第300页。时为1932年。

③ 此内容因为在2005年的《耆英影事：现代文化名人与杭州》已刊，这里不删以作对照更正。陈芝敏《韶华老人周天初》，见杭州市政协文史资料委员会编《耆英影事：现代文化名人与杭州》（《杭州文史资料第二十六辑》），杭州：杭州出版社，2005年9月，第91页。

史的来源一直是由口述获得。

在这次收集资料时，获得周天初给姜丹书书信手稿一封。落款周天初自称为“弟”。姜丹书比周天初大九岁，是浙江第一师范的早期前辈教师，潘天寿和丰子恺都对姜丹书称自己为“生”。且姜丹书在《浙江第一师范回忆录》《浙江五十余年艺术教育史料》中均称周受聘于浙江第一师范，而未称其为学生。故姜周的师生关系不确，潘天寿与周天初为同学应无可能。据《东京美术学校的外国学生》记载，周天初有浙江第四中学毕业之记录，则周天初在上海美专就学前的几年应该就读于浙江省立第四中学(现在的浙江省宁波中学)。

仔细查对潘天寿年表和周天初履历，考实分析。查 1915 年潘天寿 19 岁，考入浙江省立第一师范学校，赴杭州读书；周天初 1916 年毕业于上海美专，应刘海粟邀请留校任教。此处两人应该没有交集。1922 年周天初回国后陆续在浙江第一师范等多校任教，也在上海多所艺术学校任教，潘天寿 1923 年在上海艺专任教，也曾就读浙江第一师范，此时两人有所交集。

二位挚友时有往来，卢馆长还介绍他曾收集到一幅解放前潘天寿

周天初在潘天寿家中写生水仙(1966 年)

画的《端午清供图》上有周天初画的梅花。现周天初家中还留有他在潘天寿家中的水仙花写生。

1928年，林风眠受到学界泰斗、创办人蔡元培的赏识与提携，被聘任为中国第一所高等艺术学府——国立艺术学院首任院长，他主张“兼容并包、学术自由”的教育思想，不拘一格广纳人才。当年，潘天寿受聘为该校国画主任。同时周天初受林风眠、潘天寿邀请也到该校任教，教授色彩学和透视学。

周天初在潘天寿家写生水仙，插图由潘天寿外孙朱仁民配

1935年春，杭州书画界志同道合者在唐云、姜丹书、潘天寿的发起下，组织“莼社”（又名“蓴社”，同义），是为影响较大的杭州书画团体，有成员二十余人，每月雅集1次，竞作书画。社名为姜丹书所取，一则以莼（蓴）为西湖名菜，二则取“吴道子中年行笔如莼菜条”之义。周天初、周子序、来楚生、高野侯、丁辅之、陈叔通、陈汉第、潘臣青等名家前辈同为其中一员。

1952年秋冬，周天初发起，与潘天寿一起成立了浙江山水画的最早组织，名称为“国画山水写生组”。第一批成员8人，有周天初、潘天寿、吴茀之、汪勖予、潘韵、童鹤宵、王伯敏、虞开锡；第二年，小组扩大，增加了孙慕唐、诸乐三、周启人和赖一匡。周天初买了韶华巷52号的房子后，活动的地点也就落在周天初家里。周的画室一度成为他们聚会的地方，或讨论学习绘画史，或互相评画，或外出写生……邓端和、余任天、俞乃大、柳村也不时来参加。据王伯敏回忆，小组活动地址，开始时借用童鹤宵的住房，地点在中山路259号，童很热情，招待也很周到，使小组得以顺利开展工作，在那里召开多次学习会，每次开会，大家把写生稿贴起来观摩。有一次，潘天寿贴出了他的《之江山水》，近景墨竹，中景江水，远景青山，他说："墨竹是老套，江水是写生，远山是传统。"于是大家讨论，最后潘天寿又说："墨竹老套要创新，江山写生要发展，远山传统，不妨借鉴。"大家鼓掌，认为潘天寿说的在理。

王伯敏回忆说：

> 小组成员，自觉遵守，似乎比在单位学习更认真，画史学习，每次请潘先生主讲，由我作些补充，凡小组约定时间外出写生，潘天寿与汪勖予两位总是早到。有一次，大家在玉皇山南高峰写生，潘韵画了一副长卷，那个时候，外出写生徒步，又有一次，大家从南山路步行到九溪，早上七点出发，晚上回家，已是家家灯火了，路上有说有笑，连疲劳都忘。记得另有一次，去西溪农舍写生，回路时，天要下雨，大家走路加速，潘韵体胖，走不快，他要求大家慢走，他气吁吁地说"富阳江边有块白石头，元代黄子久坐在那里写生，大雨倾盆，他也不走，坐在那里看雨景，全身湿透，所以这块白石岩，就被当地人称作'雨淋石'"。于是，潘韵又说："笑话，大家怕什么，无非我们再创造一块新的'雨淋石'。"
>
> 这个小组，自自在在，那时我是小组中年纪最轻的，潘天寿先生，大家都叫他老先生，其实他只有五十几岁。①

创作小组周天初任组长，年纪最小的王伯敏任副组长。王伯敏当年从温州师范调入中央美术学院华东分院(国立艺专)任教，居住在栖霞岭1号艺专宿舍，由于他是黄宾虹的徒弟，由其推荐而来，正值年富

① 西湖国际美术家联谊会编《湖上学人——王伯敏》，香港：远东文化艺术交流中心，2013年1月，第40页。此时王伯敏28岁，潘天寿55岁，周天初58岁。

力强。小组活动频繁。有时也会去潘天寿、余任天家，活动之余他们常有小聚餐。包晨初回忆说，当初他是杭报的美编，有一次到韶华巷周天初家采访这个小组的情况，还吃到潘天寿带去的卤味。

这个小组的活动得到黄宾虹的赞扬，曾经表示想一起去写生的愿望。

山水画小组，在周天初、潘韵、周启人等积极的建议并筹备下，决定举行一次画展，经过一番努力，终于在 1954 年 4 月 26 日展出，这是新中国成立后浙江省首届专题展览。当时浙江日报的美术编辑是邓泳涛，据他调查，这种山水专题展览，在全国属首次，江苏举行过南京山水画展出，是在 1954 年 2 月，虽比浙江早两个月，但他们规模小，称作“内部观摩”。其他北京、上海、广州各地都没有响动。

周天初与潘天寿经常一起参加文联组织的活动，一起组织美协活动，一起写生，一起为吴昌硕扫墓。柳村记得 1959 年的一天，潘天寿和周天初在文联组织的参观活动后，绕道去看望在三墩中学当校长的他。喜出望外的柳村因时过中午没有饭菜，赶去三墩镇上买来点心和水果，三人边吃边聊很是开心。下午二老乘船回杭。

据西泠印社裱画师钱立新回忆：“我认识周天初先生，也认识潘天寿、沙孟海、吴茀之、潘韵、诸乐三等等老画家。当时我还年轻，在西泠印社做裱画工作，因为湖滨有我们的书画社，所以见到他们的时候更多，主要是画和裱之间的业务联系，他们有字画来裱。我们书画社隔一段时间要换一批画，他们会来看看画，欣赏并评论、交流也谈天。吴昌硕是杭州西泠印社首任社长，集“诗、书、画、印”为一身的老前辈，他的墓地在余杭县塘栖附近超山，在报慈寺西面的宋梅亭边，我知道潘天寿、周天初他们一帮人经常去那里扫墓或赏梅写生，特别是清明节不会忘。我有一次也跟去过，那次有潘天寿、周天初、吴茀之、潘韵、诸乐三等人。山上有个茶室，他们在那里喝茶，聊天。茶室里的人看到他们热情的很，显然是老熟人了。这个茶室里挂的字画多有他们送的。还有一次在一个体育老师手中，发现有一幅潘、周等人合作的端午节画。我帮忙请陆俨少、沙孟海题了词。可惜被他卖了。”①

杭州师范学校的陈日唐老师，曾经在超山的茶室里看到墙上挂有周天初画的几幅国画，还有周天初与美院日籍教授合作的画。

周天初超山写生手稿

西泠印社篆刻家吴振华日前回忆：60 年代，美协的办公室在西泠印社杜公馆，周天初先生经常来。他很勤奋总背个画夹，与潘天寿和余任天最有话谈，因为他们几个文才好，谈艺论诗，一坐半天。我听到过他们对诗，也听到他们谈论怎么样突破古代宋、元、清代的山水风格的话题。周天初很朴素，抽的烟不好，动不动胃痛，那时候，张宗祥、潘天寿、周天初、余任天他们，除了住在西泠印社的日子，平时都是跑班（走路），走到中山公园坐 7 路车。

---

① 见“附录二回忆篇之十二：采访西泠印社裱画师钱立新先生”。

第三节　筹建美术家协会、书画研究会

周天初一生处在一个重叠型的处境中，一方面是教学研究和教书，一方面是艺术创作和写生，还有一方面是社会活动和美术组织。他一生忙忙碌碌，倥偬奔波。周天初重视美术团体的组织工作，并热心美术教研创作。举办浙江省美术展一直是周天初的心愿，他从北伐完成时第一次提议到 1944 年再次提议，直到 1949 年得到主持浙江省教育的李季谷支持，在社教科的主办下，邀国立艺专汪日章校长、潘天寿、孙福熙、李鸿梁、俞乃大共策，在杭州民众教育馆举办了浙江省第一届美展，周天初在《浙江第一次全省美展纪念特刊》上发表《希望》和《读罗两峰所作丁敬身先生像》两篇文章。综观周天初 50 年代后的经历，可见他为浙江美术事业的发展做了大量的、力所能及的组织工作。从 1952 年国画山水写生小组到杭州书画研究社，从全市性的美术展览到美术家协会的成立，无一没有他付出的心血、时间和健康。周天初性格随和、作风谦虚，不恋位，当他把工作从无到有、从小到大开展起来后，会主动让贤。说周天初是美术工作的社会活动家，是浙江美术组织的奠基石应该不为过。周天初在世人生不以争名争利却以友谊和付出助人为先，他自己得到更多的是人格提升和精神上的满足。

一、组织成立杭州市中等学校美术教研大组

周天初对美术界的活动积极热心、亲力亲为。据画家柳村回忆，50 年代初，周天初就组织成立了杭州市中等学校美术教研大组①，周天初任组长，俞乃大任副组长，每月进行 2 次活动，1 次业务学习、写生，1 次

① 对 2005 年杭州市政协文史资料委员会《耆英影事：现代文化名人与杭州》书中《韶华老人周天初》文中第 86 页“杭州市中学生美术教研大组”作出更正。

教学研究。每次活动不下 20 人，有沈一平、余之青、赖一匡、蒋承诰等等，活动地点也多在杭州师范的美术教室，有时也到周老家中，也有外出写生。有时需要模特儿，在一时找不到模特时，周天初和俞乃大就亲自给大家当模特。画家柳村还保留着当初给两位老师画的头像。

周天初在组织活动中自兼模特(柳村写生，1953 年)

柳村在周天初组织的活动中写俞乃大像(1953 年)

老画家周天初(俞乃大 1951 年写于杭州)

二、成立新中国成立后浙江第一个山水画组织“国画山水写生组”

1952 年秋冬，周天初发起，并与潘天寿一起成立的第一个浙江山水画的组织为“国画山水写生组”①，几次转移终落户到周天初韶华巷 52 号的画室，这间画室一度成为他们聚会的地方。小组成员学画史、品诗评画、写生、组织画展非常活跃。

1955 年“肃反运动”开始，成员各自回单位参加运动，松散了之。20 世纪 70 年代，浙江山水画始起，到“文革”停止后，杭州市文联、美术家协会恢复，浙江山水画的组织和活动开始蓬蓬勃勃发展起来。新中

① 2005 年《韶华老人周天初》文中称为“国画创作小组”——此为前辈回忆口传名称，现更正。

国成立后浙江山水画发展的再一次高潮是于 1982 年 12 月 1 日成立的“浙江山水画研究会”，与 1952 年“国画山水写生组”间隔整整 30 个年头。后来的“浙江山水画研究会”举办研讨会，外出交流，开展会，连续活动了 5 年，对浙江山水画的发展也起了很大的推动作用。

80 年代以后，浙江尤其杭州，书画团体多至数十个，知名山水画家不计其数。浙江山水画蓬勃兴起，后起优秀的山水画家如雨后春笋，的确可以告慰先人于九泉。

三、成立省、市美术家协会和国画创作研究室

在退休以后的日子里，周天初又卷入了轰轰烈烈的文化活动热潮中。

浙江省、杭州市文学艺术家联合会（简称文联）是政府领导下的专业性人民团体和文艺界的联合组织，是党和政府联系文艺工作者的桥梁和纽带，是文艺工作者联系社会、服务社会的桥梁和纽带。浙江省文联成立于 1954 年，杭州市文联成立于 1958 年 12 月，“文革”前首任市文联主席是孙晓泉。20 世纪 50 年代后几年，文联贯彻“双百”方针，在团结文艺工作者繁荣文艺创作、开展文化活动等方面做了大量工作。

省、市文联经常组织艺术家们参观写生，到新安江、富阳鹳山、雁荡山等地，留下的诗作手稿有《雁荡山纪游》《参观新安江水电站》《附马一浮先生诗一首并口占二则》①：自力者强，助人者昌，依他人者弱，侵人者亡。安不忘危，有备无患，老当益壮，即是多欣。

留下画作《鹳山图》：

鹳山山影水中浮，夏木阴阴曲径幽。

---

① 三篇手稿见本书文前插图。

为问富春图卷①里，一峰曾画此山不。
遍地黄金庆夏收，远看绿野晚禾稠。
丰年锣鼓连天响，喜满春江第一楼②。
粼粼库水碧如油，南岸荒郊变绿洲。
它日亭山③通水电，春江花月胜扬州。
蓦地乌云帆半收，东风吹送急行舟。
半江晴日半江雨，满载新禾向上游。

鹳山图（1959 年 7 月）

（一）中国美术家协会浙江省分会和国画创作研究室

由于社会活动、学校工作、教研工作繁忙，周天初自觉力不从心了，早在 1955 年就向浙江省文联呼吁，能否派人来领导浙江美术团体工作，成立中国美术家协会浙江省分会。当时浙江省文联对美术界比较重视，1956 年朱琦从部队转业，组织就委派他担任浙江省文联办公室

① 《富春山居图》系元代四大家之一黄公望的名作，一峰道人乃其别号也。
② 春江第一楼，鹳山南首面江大厦也，檐下原有“春江第一楼”丈方大字，后于 1966 年“文化大革命”初期“破旧立新”阶段中卸去。
③ 亭山，即定山。据说是富阳县治的案山，由来已久，见《谢灵运诗集》。

负责人，同时主管浙江省美术工作。朱琦热爱美术，对工作认真负责，在文联领导的支持下，朱琦和周天初一起具体筹划组建省美协的工作。朱琦回忆说：周天初在美术界享有很高的威信，具有相当的号召力，他画界朋友很多，也有他曾经的学生，在他的推荐协助下，1958 年浙江省成立了 24 人组成的筹备小组，此后动员全省的美术工作者，经过组织发动、编写章程到大会选举理事，1961 年 7 月省美协正式成立，第一届就发展到 332 人，浙江省各市县都有名额。潘天寿任主席，周天初、倪贻德、黎冰鸿、姜丹书、张宗祥、邓白、肖传玟、马凤棠、张漾兮、史岩共 10 位副主席，倪贻德兼秘书长，朱琦为第一任副秘书长。

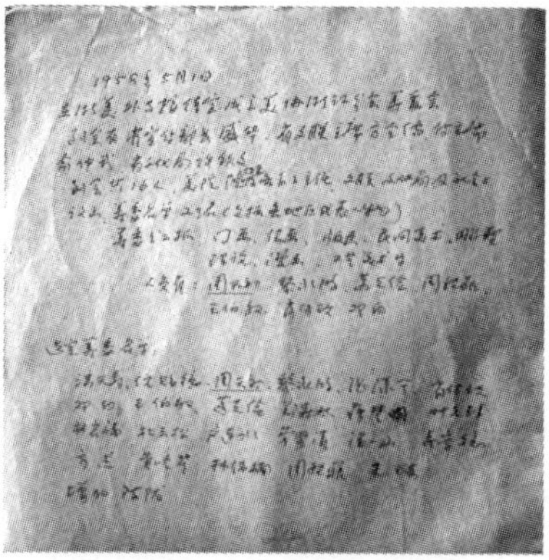

原始筹备会议手写记录稿照
（浙江省美术协会筹备会，朱琦补记）

成立筹委会会议纪要[①]

1958 年 5 月 1 日

在浙美外事接待室成立美协浙江分会筹委会

到会有：省宣传部长盛华、省文联主席方令儒、副主席俞仲武、省文化局许钦文

到会共 16 人，美院院领导及各系系主任、文联、文化局及社会人。人员有：周天初、黎冰鸿、葛克俭、周轻鼎、王伯敏、肖传玟、邓白。

---

① 朱琦补记。

议出筹委名单23名(包括各地区代表人物)

筹委分工抓:国画、绘画、版画、民间美术、雕塑、理论、漫画、工艺美术等。

选定筹委名单:

潘天寿、倪贻德、周天初、黎冰鸿、张漾兮、肖传玖、邓白、王伯敏、葛克俭、郑寿林、蒋梦明、叶元珪、林宏福、杜云松、卢连水、劳坚清、汤一山、寿崇德、方杰、黄吟笙、林佛楠、周轻鼎、朱琦

增加:陈陇

也就是从1958年5月1日这一天起,中国美术家协会浙江省分会筹委会在杭州正式成立。筹委会整整工作了3年,中国美术家协会浙江省分会于1961年7月才正式成立。

在筹委会潘天寿、周天初、朱琦等人的建议下,省文联决定先建立国画创作研究室,聘任社会上高水平的国画家为成员(余任天、邓瑞和、张天奇),国画创作研究室的地点就设在南山路韶华巷59号。中国美术家协会浙江省分会筹委会代为管理国画创作研究室。据担任过杭州日报美术编辑的包辰初先生回忆,筹委会初期的一些讨论会,常常在韶华巷52号周天初家的画室里开。不久中国美术家协会浙江省分会筹委会和国画创作研究室一起将办公地点迁往西泠印社附近的杜月笙公馆。国画创作研究室实际成为了浙江画院的前身。

下面是中国美术家协会浙江省分会成立后的第一份工作计划①:

一、展览工作

(1) 纪念鲁迅诞辰80周年木刻展览会

---

① 工作计划由朱琦提供。

展出日期：9月25日——10月10日

(2) 儿童读物美术展览会

展出日期：10月22日——11月10日

(3) 高妙兰作品展览会

展出日期：11月5日——11月12日

(4) 任伯年作品展览会

展出日期：11月20日——12月10日

(5) 水彩画、油画展览会

展出日期：1962年1月1日——1月15日

二、组织创作

在最近半年内，根据具体情况，拟组织部分美术工作者前往本省各地（有必要也可以去其他省）参观、访问、写生等活动，从事创作。

三、学术讨论

(1) 如何发扬木刻的特色、特点及其传统的战斗性

日期：10月7日（星期六）

(2) 儿童读物美术作品展览座谈会

日期：1月28日（星期六）

(3) 中国传统的人物画创作有哪些特色、优点？如何吸收传统的精华使我们的作品风格多样化？

日期：11月25日（星期六）

(4) 关于油画的表现方法及风格多样化的探讨

日期：待定

(5) 雕塑、雕刻艺术的特点、功能，及如何提高创作水平等问题的探讨

日期：待定

(6) 书法、篆刻和国画关系问题的探讨

日期：待定

四、安排学习

提高会员的政治及文艺思想水平：

(1) 各地会员应积极参加当地文教部门组织的政治学习和文艺学习。

(2) 会员应积极学习马克思列宁主义理论及毛泽东著作，协会对在杭美术工作者将适当地举行一些小型的学习心得座谈会。

(3) 协会负责同志在适当时间将分头到各地?会进行接触，以便听取各地会员对协会工作的意见和要求，同时与会员们交流有关文艺演出和创作上的一些问题。

(4) 约请中国美术家协会领导同志及各地著名艺术家、美术工作者来杭州作一些学术性的专题报告。

1961 年 10 月 10 日

(二) 杭州市文联活动及市美术工作者协会的成立

从 1958 年开始，全国城乡掀起了群众性的诗画创作热潮。当时，无论走到哪里，扑面而来的总是满墙的画、诗，令人目不暇接。还有赛诗会场面更是热闹非凡。杭州市文联成立后设在市文化局内，几年中专职干部并不多，编制始为 4 人，后精简为 3 人，第一届文联专职干部有徐璧圭、徐星平、魏明孝、夏惠敏、吴光烈等人。所以会员中的骨干往往成为业余的工作人员。而当时杭州市文联下有几个小组：戏剧、文学、美术、音乐组、合作组。[①] 在美术组活动中，老一辈画家都积极参

① 参见杭州党史网《杭州市文联的成立和发展》，http：//www. hangzhouds. com/wxzl/dsztyj/shzygmyjssq/201008/t20100830_112013. html。

与，而周天初则是付出最多的一位。①

据徐碧圭介绍，文联开辟了《诗画廊》，第一期在湖滨中苏友好画廊刊出。其中有作家及本市诗歌、漫画作者创作的二十多首诗、十多幅画。以后，每逢元旦、“三八”、“五一”、“六一”、“七一”、国庆等节日，《诗画廊》不定期地连续刊出，深受市民欢迎。杭州市文联还举办市美术展览会。第一届是为广泛开展本市的美术创作活动及向国庆 10 周年献礼举办的，于 1959 年 9 月 10 日下午起，在中苏友谊馆展览大厅正式开幕。展出的作品分专业和业余两大部分，包括有国画、油画、版画、剪纸、木刻、水彩、雕塑等各种形式。其中有潘天寿、张宗祥等画家的新作及工厂、学校等各条战线上的业余美术爱好者的创作作品。1959 年 9 月 18 日，《杭州日报》的 550 期《初阳》，刊登了部分美术作品，并发表了评论文章，题为《百花争妍——记杭州市第一届美术展览会》。

杭州市专门设立美术书画陈列展览场所，在解放路、湖滨路拐弯处的房屋，在当时被认为是最好的一段建筑物，闹中取静。经过商量，命名为“杭州书画社”，并请郭沫若书写了匾额。书画社于 1959 年国庆 10 周年前夕开张，同时举行了新中国成立 10 周年书画展览。展出潘天寿、吴茀之、诸乐三、张宗祥、沙孟海、余任天等名家作品。1960 年 4 月 1 日起，市文联又举办了潘天寿、吴茀之、诸乐三、颜坤伯、余任天、阮性三、邓端和等 7 人国画展。

由于市文联各项活动的蓬勃开展，原来市文联下设戏剧、文学、音乐和美术 4 个会员组的组织形式，已经不能适应形势了。于是筹建协会摆上了议事日程。

1960 年 4 月 24 日，成立杭州市作者协会、杭州市美术工作者协会、杭州市戏剧工作者协会、杭州市音乐工作者协会。成立大会在胜利

---

① 据文联专职干部徐璧圭介绍。

剧院召开，潘天寿、盖叫天、顾西林、黎冰鸿、沈虎根、李德吾、周天初以及市文联会员与文艺界代表共二百余人出席。杭州市副市长陈礼节、宣传部副部长郭仲选、文化局局长孙晓泉、市文联主席参会。大会选举：

市美术工作者协会：主席黎冰鸿，副主席周天初、吴健锋、顾生岳；

市作者协会：主席沈虎根，副主席李德吾；

市戏剧工作者协会：主席盖叫天，副主席景正平、鲍毓春、周传瑛；

市音乐工作者协会：主席赵中岳，副主席钱韵玲、戎丹心；

并选出协会理事五十多人。

杭州市美协成立后，选择韶华巷59号作为活动场所。潘天寿书写了“杭州市美协创作工作室”的牌挂在门口。据当时负责市作协和美协的徐璧圭回忆，市美协在黎冰鸿主席、周天初第一副主席等人的组织下，成绩斐然。由于美协有了活动地点和活动经费，更有热心的组织者，美术协会有计划地开展了不少有影响、有成效的工作，如与北京画院举办交流笔会、与苏州画院举办交流笔会、到杭州市少年宫为美术爱好者表演画技等，更多的是举办画展。那时也是画家们的高产期。画家们相互竞争，相互学习，联袂崛起。浙派画家的技艺在杭州有了飞速地发展。

周天初的家住在韶华巷52号，离市美协办公地点59号近在咫尺。徐璧圭说：我们有事总是找他，他也是把协会的工作放在心上，放弃了自己的很多事情，主动承担了协会的公益性工作。市美协对当年提倡培养业余美术爱好者做了大量的工作。周天初经常给他们上辅导课，组织他们的学习、观摩、创作、修改画作等活动，并组织评审和展览。此后，专业和业余画家携手并进，各种形式百花齐放，全市性的美术展览不断，每年这样的画展要组织十多次。

1960年10月1日，国庆11周年时举办了杭州市第二届美术展，展出专业和业余作者的国画、版画、油画、剪纸等作品。此后，1961年7

月，杭州市第三届美术展览；1963 年，4 个美展——元旦国画展，省、市美协联展，9 月“杭州市连环画展览会”，11 月“十人国画展”。如此频繁地接连举办美术展览，是杭州市美协的辉煌期也是杭州市文联史上创记录的时期。

1964 年元旦，市美协举办以业余作者为主的漫画展，展出作品一百多幅。同年国庆节，市美协在湖滨书画社举办了一个展览会，是以毛主席的 37 首诗意和词意创作的国画、书法、篆刻展览。这个展览会只开了 3 天，因为对画意有批评质疑之声。市美协的工作到 1966 年以后逐步中落、停止，到 70 年代末至 80 年代初开始恢复。

杭州市美术工作者协会培养了不少绘画爱好者，而周天初常常无偿为大家上课，学员们也都敬重德艺双馨的周天初。徐璧圭回忆说，周天初晚上也经常来协会工作，那时物资比较缺乏，他付出过多，身体不好，人很瘦，先生的内衣也有补丁，她曾问周天初需不需要补助，他总是谢绝，但徐还是会提供一些粮食帮助，因为那时候不太吃得饱。徐璧圭说：“我很怀念周老，很敬重他的为人，他给我留下的印象就是敬业、清贫和助人为乐。”

当时，周天初已年近 70 岁。

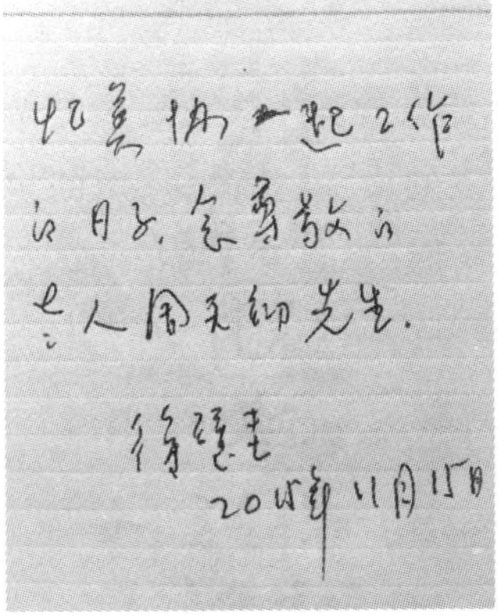

徐碧圭题

徐碧圭（右）与作者陈芝敏合影

这里再举周天初助人为乐的小事一桩：

盖叫天的孙子在《西子湖畔几段缘》中特别提到50年代末的一个除夕，他陪祖父盖叫天参加杭州市文联组织的诗画会，周天初老师让他带去册页，热心地介绍他认识文史大家张宗祥、国画大师潘天寿，并让他求得了大师们的画。盖叫天的孙子还说：周天初画得一手好画，他在小组活动中却为张宗祥、灵隐寺方丈大悲和尚、名中医叶熙春、盖叫天等人张罗活动日程琐事，不厌其烦。

受书法界好评的《篆书七言唐诗一百首》，是周天初的最后上门学生陈威遐的书法作品，他以一手精美的小篆在全国书法展中获奖。陈威遐介绍，他的书法受益多师，临习种种碑帖，书艺益进，最早在西泠印社拜见并求教的老师就是周天初，他经常到周老师家里拜访并得到周天初赠送的一本字帖《欧阳通书道因碑》，还在周天初的推荐下拜见了陆维钊等先生。而周天初的高风亮节也给他留下深刻的印象。当年拜师，还常在老师家吃饭，没有送过任何礼物，心里愧得慌。在物资紧张的年代，所有东西要凭票供应，周天初是抽烟的，有时仅抽半根熄灭，待后再抽。于是他借工厂抽烟人员登记时买得2包香烟，兴冲冲给老师送去，哪知小小2包烟，周天初却也一定要付钱的。陈威遐自述得到周天初的悉心指导，启蒙之师不能忘，一直感恩在心。

退休后的这些年，周天初竭尽全力为浙江省的美术事业发展甘做桥梁、基石和扶手，为专业的美术家创造更多的交流、提升、展示的机会；为业余的、基层的美术爱好者提供学习、培训、普及美学的帮助。

第六章

艺术情怀和造诣

周天初艺术造诣深厚，他的作品将西洋画的一些特点很好地揉和在中国水墨画中，使所表现的物体既有中国画的寓境，又结合了西洋画的透视和造型，在表现上更加丰富。

张厚植对周天初的诗画有这样的评价：藏神秀于典雅，溢古体于豪瀚，词婉气和，一唱三叹，雅有风人深致，益以见君得山水者多也……

第一节　西泠印社复社

1956 年，张宗祥提交了恢复西泠印社的提案，对西泠印社复社功不可没，经浙江省文化部门批准，西泠印社继续开展正常工作，韩登安任其总干事。西泠印社复社，杭州有名望的画界人士都到了，上海、北京以至日本的许多书画家也来了，刘海粟当场画了一幅四尺的老鹰。①

周天初曾作诗《西泠印社复社纪念》曰：

① 2005 年《韶华老人周天初》中，由于编辑修改时把刘海粟的画与周天初的诗仅用逗号连接，误为题词，在此作勘误注解。陈芝敏《韶华老人周天初》，见杭州市政协文史资料委员会编《耆英影事：现代文化名人与杭州》(《杭州文史资料第二十六辑》)，杭州：杭州出版社，2005 年 9 月，第 88 页。

印始邃古，秦汉乃昌；
西泠结社，两浙曙光。
初祖钝丁，巨擘老仓；
推陈出新，后学津梁。
断桥不断，孤山不孤；
西泠复社，治印如初。
兼备四宝，文房所需；
艺术遥聚，携手欢呼。

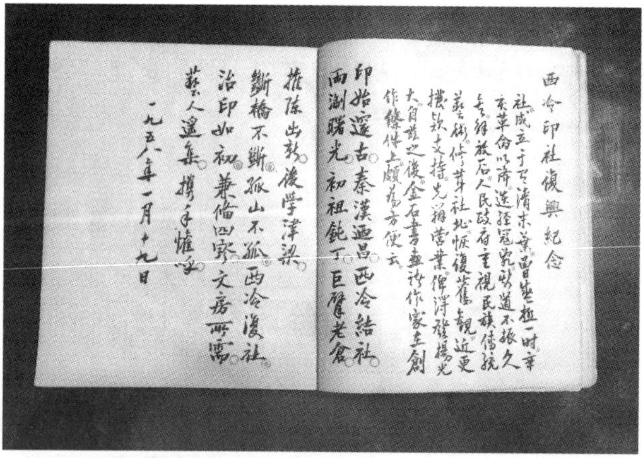

西泠印社復興紀念
社成立于有清末葉曾盛極一时辛
亥革命以降迭經冠亂斯道不振久
矣解放后人民政府重視民族傳統
藝術使社恢復舊觀近更
[illegible]營業俾得發揚光
大自兹之後金石書畫詩作家來創
作條件上頗為方便云
印始邃古 秦漢迺昌 西泠結社
兩浙曙光 初祖鈍丁 巨擘老倉
推陳出新 後學津梁
斷橋不斷 孤山不孤 西泠復社
治印如初 兼備四寶 文房所需
藝人遙集 携手懽呼
一九五八年一月十九日

西泠印社复社纪念周天初手稿（1958 年 1 月 19 日）

古人有言：断桥不断，孤山不孤。何言桥之不断，是有浪漫传说在人们心里搭起了白蛇和许仙相会的鹊桥；何以孤山不孤，凭借了多少朝代文人墨客的踪迹诗章相伴。而西泠印社的复社，正如周天初诗中期盼，制印如初。但要恢复“如初”却是需要人们的辛劳付出。

周天初在《西泠印社复社纪念》中写道：“社成立于有清末叶，曾盛极一时。辛亥革命以降。迭经冠乱，斯道不振久矣。解放后，人民政府

在西泠印社的周天初(右 1)与韩登安(右 3)等

重视民族传统艺术,修葺社址,恢复旧观。近更拨款支持,先办营业,俾得发扬光大。自兹之后,金石书画诸作家在创作条件上颇为方便云。”尽管周天初的名字并不在西泠印社的名录上,但他却一直协助张宗祥(张宗祥称周天初为姻兄)、韩登安为西泠印社的复兴默默地工作着。直到 1958 年成立筹委会,张宗祥出任主任委员,到西泠印社 60 周年社庆活动时,张宗祥被选为社长。从 1958 年始至 1965 年,张宗祥为西泠印社做出了重要贡献,如召开西泠印社社庆大会,举办纪念庆祝活动,举行学术研讨会等,并在后续的恢复印社行动中带头将一些藏品捐赠给西泠印社,以此来重振西泠印社的名声和威望,团结印社内外同道,恢复了印社的正常工作,这才度过了西泠印社所处的艰苦困难时期。据西泠印社工作人员王月琴回忆,她 1961 年从杭州艺专毕业到杭州书画社、西泠印社工作。在学校里幸遇周天初教授书法,在西泠印社也与周天初先生朝夕相处,为他的学问、人品所折服。

王月琴回忆道:

我在西泠印社工作时间比较长，住西泠印社。那时候，周老先生经常到西泠印社来，晚上有时候也住在那里。我只知道周先生是请去的专业人员，他具体担任什么任务我不知道。

那时，我住西泠印社观乐楼，就是吴昌硕住过那个房间。漆黑的晚上，我一个人住很慌，所以经常会跑到周老先生住处去聊天。同时，周老先生也教导我，他说你年纪还小，要好好学书法，从现在起就要用功。学好后写的字会漂亮。有时候他也会把着手教我走笔、收笔。

周先生身体不太好，有胃病，经常胃疼，我在他身边经常给他搞点开水，拿饼让他吃，他有时吃一点，有时不吃，正式的饭量也很少，就像零食一样。他有时候晚上会胃痛呕吐，我就会跑过去看望他。

我是杭州艺专年龄最小的学生，后又在西泠印社工作，所以我跟周先生接触的时间比较长。因此对他的印象很深：他的生活很俭朴，没有什么要求，而且脾气个性也很好，遇事很淡定。晚上发了毛病，他也不吭声不跟人讲，白天照样认认真真、勤勤恳恳地工作。他字写得好也从不张扬。不像现在有些人到处为自己宣传、吹嘘。周老从来没有。

因为我们都住在西泠印社，所以我对他的人品是看得很清楚，实事求是做人做事，自爱，对人热情，生活质朴。我从周老先生身上学习到了他的品德，这些往事在我内心深处深深记忆着，所以我现在老是会想到他。

周老师的女儿因为父亲身体不好，中午会来送饭，我们就会聊天，我总跟她说：你爸爸身体不好。直到有一天晚上他发病被送出去以后，就不来西泠印社了。

据研究西泠印社史学的陈振濂在《西泠印社史研究导论——西泠印社的大师巨匠们》文中所述：一个贯串百年的艺术社团能得以持续，首先必然是基于有一批名家大师前赴后继戮力同心的艰苦奋斗，西泠印社当然也不例外。准确地说，不仅仅是例外与否的问题，而且西泠印社百年史向我们表明，它是以名家大师的前后承继为脉络的社团典范。遍观西泠印社所拥有的名家效应，与社长们、创社人与中坚人物们对西泠印社的大贡献相比，还有许多热心之士的作用，在西泠印社史研究中也不可忽视——如果说：领袖级大师与中坚力量的努力，是从篆刻艺术内容或西泠印社社史内部着手的话，那么许多文化名人、政府官员等的热心襄赞极力推助，则不妨被看作是来自西泠印社社外的提携与声援。一个西泠印社的存在不是孤立的，它是有篆刻界与文化界的支持作为支撑的。而篆刻史本身也还不是孤立的，它又是由整个社会结构（包括政治、经济、文化各界）来加以支持与定位的。看不到西泠印社史百年历程中来自社外、篆刻界之外的支持与声援，我们就不能说是具有真正的历史观念与历史视角的。一部西泠印社史，不应该少却这些文化名人、社会贤达的名字。

西泠印社毗邻杜公馆（西泠桥边上，现为中国印学博物馆馆址）。

原杜月笙公馆旧址，现为中国印学博物馆所在①

① 曾经其楼下作为浙江省美术家协会的办公地点，楼上是国画创作研究社的场所，有休息的房间，当时周天初常留宿此处。

当年，曾经的杜月笙别墅改建后，楼下作为浙江省美术家协会的办公地点，楼上是国画创作研究社的场所。张宗祥、潘天寿、周天初、余任天、黎冰鸿、倪贻德、韩登安等等艺术家们都在这里活动，是无法分彼此的。

第二节　殇情岁月，笔耕不止

1937 年抗战爆发后，杭师迁至丽水碧湖，周天初把家安顿到老家宁波。在回乡探望回校途中，经永康拜访友人孙宾甫，留下了一幅《驴背图》，周天初题诗曰：

薄海深仇不易销，东风凄紧浙江潮。
惊心故园传烽火，未许闲情滞霸桥。

周天初将自己的愁绪和愤懑都寄予笔墨中。1941 年周天初得到宁波失守的消息，在《梦游黄山图》中可以看到他所承受的民族心理创伤和诉说的忿怒，题序中表达了他对家人的急切牵挂，无奈和彷徨。

无奈沧海水，淹没故乡田。
妻孥谁抛得，念之方寸间。

期间三个孩子相继离开了人世，他常为没能拯救家人而追悔不及。国殇家难中的周天初孤身在外，与全国百姓一样，生活在水深火热之中，忍受着战争苦难的煎熬，艰难度日。但他一如既往倾心在教学中，且作诗绘画，以消解心中的殇情。他在《红岩白潦图》题词中述："余设教省立师范已二十二年矣。甲申秋以行年知命乞告归休，始获给养半载，优游里光，兼任国立立英士大学教授。暇日揽胜、观瀑、作画、吟诗，流连终日乐而忘归，于余之一生亦可谓并四美而具二难矣。”

那时的丽水并不是一个十分安全的地方。为躲避可能会发生的灾难，学校多次在丽水范围迁移，迁移所到之地周老都留下了他的画作。当时教学环境艰苦，勉强吃饱，有时喝到些浊酒，抽劣质烟。最温馨的时光，是大家围坐在一只自制红泥火炉旁。周老对这只火炉留有非常深的记忆和情感，留下了红泥小炉画作。

红泥小炉

春寒料峭，浊酒不温，手制红泥小炉，增益绿醅春色，因赋短章，藉资韵事。

劫后青山在，寒柯已着霜。

依然违老圃，还复据胡床。

斗室生虚白，残杯乐未央，

红泥团活火，艺事尽商量。

第三节　雁荡情结

雁荡山，一直是周天初魂牵梦绕的地方，即使在和家人相隔的年月，也经常魂游雁荡。一次，一位经常向其索画未果的友人屠叔安与他在碧湖酒家相聚。其间，屠叔安以诚相邀夏日一起游雁荡山，周天初闻听大喜，激动之余，欣然为这位友人作画一幅，以慰友人夙愿。

当时雁荡有周天初的故交淮南中学校长郑以真（1910年毕业于浙江官立两级师范学堂），周天初在《红岩白际图》中提到：每闻余去雁山，郑先生会扫榻以待，结伴同游。寄情山水，离不开友人。

龙湫观瀑好，雁荡约重游，
延宕复延宕，雁飞几度秋。
大龙空际落，小龙挂壁溜，
梦魂相缠绕，胡事应绸缪！

——周天初题《雁山观瀑图》

又曰："画人画山，大半闭户造山画景，与实境界相差甚远，余写雁山观瀑图，集大小龙湫于一幅，虽不免有倒海移山之讥，但于实境或差胜一筹，青溪徐哲甫先生闻余狂言莞尔一笑，因加题为赠，约他日共往雁荡，相印为证。"周天初的这番题字虽有癫狂之语，但他求真务实，提倡融入大自然的艺术态度实为珍贵。

周天初一生曾九上雁荡山，最后一次是在1963年10月18日他70高龄时。有感新中国的建设，他欣然写道：

是处花村石径宽，交通无阻鸟声欢。

雁山此日扶筇过，莫忘当年行路难。
烈士泉声户外喧，似同父老话寒暄。
老人不尽胸中感，指点游人问老猿。

题画雁荡山灵岩寺庭中盆花：

众芳参错瓦盆中，似此栽花意匠工。
我对霜枝偏刮目，爱它挺作老来红。

当看到宵洞下的道观改为养兔场后，周天初用颇为俏皮的笔墨写下：

碧宵仙窟白云封，玉兔爰爰餐紫松。
不与嫦娥递消息，人间新筑广寒宫。

庭中盆花

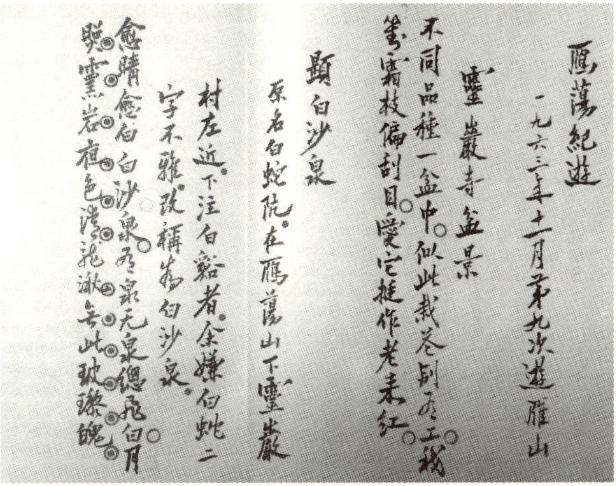

雁蕩紀遊
一九六三年十一月第九次遊雁山
靈巖寺盆景
不同品種一盆中。似此栽花到巧工。我
對霜枝偏刮目。愛它挺作老來紅。
題白沙泉
原名白蛇阬，在雁蕩山下靈巖
村左近。下注白谿者。余嫌白蛇二
字不雅。改稱為白沙泉。
愈晴愈白白沙泉。乃泉無泉總是白月。
映雲岩。植色濃。花淑無。此致謝魄。

雁荡纪游

第四节 朋友遍天下

周天初为人豪放、擅诗文、能书画、喜三弦、爱广交、勤助人。他的性情中有文人谦和礼让的书卷气，但也有“或作清狂学米颠”的豪情，他的诗中多次提到古代书画家米芾，崇尚米芾的真性情。周天初在 1943 年回复国立艺专校长陈之佛邀请诗中曰：“百丈鹅溪绢，高踪追米颠。”

周天初除诗、书、画外，还善弹三弦。每遇知心朋友，在微醺时，他就高兴地弹上一曲，杭州市音协主席顾西林精通音律，对周天初的弹琴技艺很是欣赏。1947 年，抗战胜利回杭州后，周天初曾有一诗记三弦：

灯下鸣弦图

劫馀无长物，何以慰吾情？
弦鼗在怀抱，木铎久相亲。
未合折腰舞，自赏弦外音。
抚此三条弦，一奏一沉吟。
岂敢夸白雪？俯仰独古今。
钟期不可遇，再弹夜已深！

（民国三十六年二月十三日）

数十年来，周天初一贯踏实勤奋、进取敬业的好精神好作风及与人为善乐于助人的好品格，让他有着非常好的人缘和口碑。

1964 年，正值周天初 70 诞辰，南山路韶华巷迎来了众多的诗人画家，周天初家二楼的画室里艺术家们济济一堂，把韶华老人周老夫子乐得合不拢嘴。潘天寿早早到家庆贺，为周老祝寿的有张宗祥、李鸿梁、徐沧一、陆俨少、陆抑非、徐映璞、顾坤伯、阮性山、陆维钊、董天狂、周昌谷、田宿宇、商敬诚、洪传经、张慕槎等人。

周天初画室弹三弦(韶华巷)

张宗祥祝寿图

陆维钊祝寿图

清平山人徐映璞为周天初题诗曰：

清平山人徐映璞为周天初先生稀龄大庆

足音陋室每相闻，矍铄耆英独见君。
生比东坡迟一日，画如北苑峭三分。
春风得意凝红杏，山色随心泻白云。
挥洒丹青精绝处，毫尖直欲扫千军。

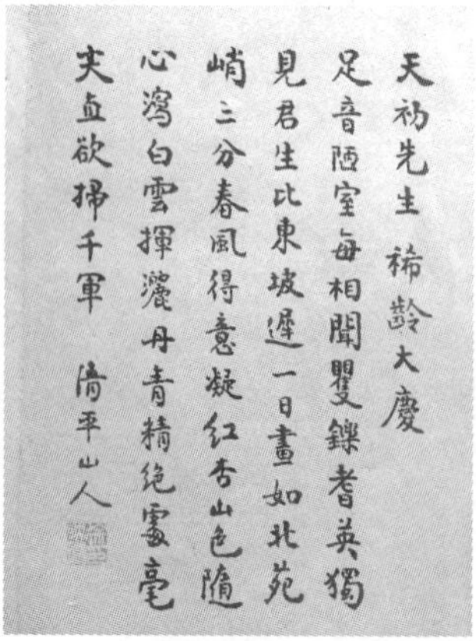

徐映璞贺寿诗

画家田宿宇为周天初作画并题诗曰：

君后东坡一日生，多才多誉重儒林。
淋漓椽峰富邱壑，老健金婚稀古今。
鹤颈松身罗汉相，光风霁月岁寒心。
梅花祝殿香盈室，贵酹先邀细细斟。

田宿宇祝寿图

洪传经题诗《天初先生七十寿》曰：

霜枝愈老愈精神，七十还如五十人。
万里名山供啸傲，千秋健笔赖传真。
韶华在眼春长驻，民瘼关心志益申。
欲唤东坡同介寿，梅花香里庆良辰。

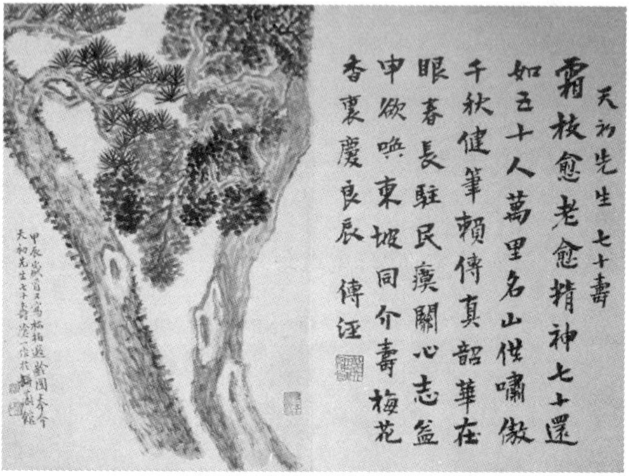

洪传经贺寿诗画

这些都是德艺双馨的周天初深受同仁、朋友敬重的最好写照。

第五节　书画常馨，弦音犹存

周天初一生从事艺术教育，又因社会活动太多，也牺牲了不少作画时间。如今寻找他的作品越来越困难。且多数作品都相赠于友人或学生，自己留存的较少。

《鹳山图》是他小女儿保存的淡彩画，《鹰蟹水墨画》由其儿子保存；《驴背图》赠与孙宾甫，《白云深处图》赠与王文瀚，《番民打寮图》赠与周耀、周佐兄弟，《雁飞图》赠与屠叔安，《雁山观瀑图》赠与徐哲甫，《水竹居图》赠与叶梅乡，《枯树图》赠送离别的卢宽、孙承志，《水竹居图》赠与叶槑卿，《山居奉母图》为朱守梅作；《渊明松菊图》系周天初与孙多慈、虞季中合作，应征 1942 年元旦浙江文化建设协会举办的美术展览会(于丽水莼社碧湖之友)；1942 年 5 月为艺术师范科真美级同学题画花卉、为毅风级同学题画竹，1943 年 9 月 27 日为真美级同学毕业题画鸡冠花。与虞季中合作画，虞季中写芥菜，周天初画莱菔并题词《题青菜萝卜》。从他留下诗作中提到曾经的画作，但不明去处的有：《题魏村狮子山》《题箬溪口小景》《报警中写景》《题鱼狗》《枯树图》《松阳独山写景》《梦游黄山图》《手艺白菜盈畦喜为写生》《戏题葫芦》《题画盘菜》《云和仙瀑岩》《红岩白潦图》《题画虾》《灯下鸣弦图》《题樱桃小鸟》《题三猿画》《题画铁树》等。在周天初纪念册上我们还可以看到他的不少诗作和画作。如：《兔》《红泥小炉》《自画像浇水图》《日光回忆图》。另外还有画作：《碧湖红叶图》《白浪岛（碧湖）吴家塘水库》《碧湖秋晚》《碧湖秋晚初冬》《河口归渡》《后周堡（松阳）》《蝴蝶》《鸡冠峰（缙云仙都）》《南瓜》《乌桕》《石笋仙钟》《老农车水图》《水车》《仙都倪翁洞》《香橼》《鞋匠》《月镜岩》《鱼干图》等等。

从留传下来的画看，山水画居多。周天初自谦“自幼学习西画的我，对于国画殊乏研究”，在他为数不多的关于绘画的论述中，曾颇为精辟地阐发：

> 作画求淡乎？落墨尚浓乎？用墨之法，半生画禅，未能参透，于此画敢毅然下一断语，曰“尚浓”，落墨尚浓，宜于人物画，不但笔墨老到，墨彩随纸寿而永生，山水画宜于求淡，淡则仿佛有空气笼罩着，每当运笔纵横之顷，便觉烟云动荡。①

据陈日唐老师回忆，杭师美术教室曾挂着周天初的素描，顾西林音乐教室中则挂着一幅周天初的油画《冼星海》。南京艺术学院沈涛教授

① 周天初《读罗两峰所作丁敬身先生像》，载《浙江第一次全省美展纪念特刊》，1949 年 10 月。

周天初在书房

函告，他尚保存着周天初的《烟际迷离图》一幅。1963 年，周天初等杭州五位画家合作《山花烂漫》图向群英会献礼。周天初和潘天寿合作的一幅画作给了涌金街道，陈日唐于“文革”后期去超山的茶室，还曾看到 4、5 幅周天初的画挂在大厅的墙上，有竹篮中的蔬菜画、盘中鱼儿图，还有周天初和他的日本同学（时任中国美院的日本教授）合作的画；周天初与俞乃大合作的《凤仙花开根连根》留存给杭州师范学校图书馆。

画家柳村有一段回忆：1970 年的一天柳村去周天初画室，被他三弦独特的音韵所感动，同样喜欢乐器的柳村向其请教，周天初即取纸，一边画图一边从三弦的形状等方面向他讲述了中国弦与日本弦的不同之处，并教给柳村一些简单的指法和技巧，还把三弦借给了柳村。半年

柳村（1994 年）

后，柳村去留华巷还弦时，只见画室不见人，原来周天初已去世多日，柳村对此惆怅不已。那个年代没有布告，没有追悼会。闵学林为他留了遗照，学生陈威遐送老师最后一程。

1970 年 10 月，周天初在弥留之际，想起一本久借未还的书——《上海博物馆藏画》，借书的图书馆在“文革”期间被封，周天初多次还书未果。就这样“还书”成了周天初临终留下的遗嘱。直到十多年以后其夫人俞行华在临终前，让儿子和小女儿去打听，最终找到原浙江省美术家协会秘书长朱琦，把书交托与他。

柳村为周天初诞辰 110 周年题(2004 年)

淡薄、豁达、执着、宁静是周天初一生特有的人生情怀，他将一生的才学都献给了自己钟爱的美术教育事业。他是“美术教研工作的组织者，中国美术教育的先驱”。这是画家柳村先生对他的评价。

附录

附录一　《周天初先生担任教席念五周年、执教杭师十六周年纪念册》缘起和序文

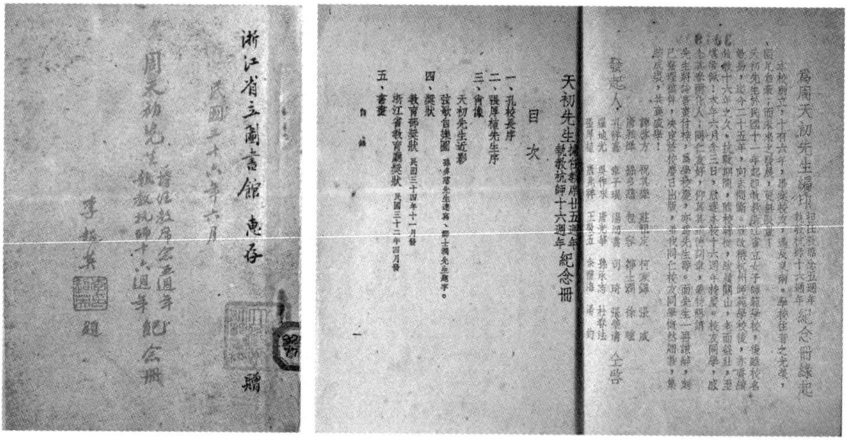

《周天初先生担任教席念五周年、执教杭师十六周年纪念册》，浙江省立杭州师范学校，1947 年 6 月

为周天初先生编印（担任教席念五周年，执教杭师十六周年）纪念册缘起

本校创立，十有六年，毕业校友，遍及东南。学校往昔之光荣，固足自豪；而未来之发展，更无限量！

天初先生于民国十一年起即执教浙江省立女子师范学校，后虽校名数易，迄今二十五年，向未间断。就改称杭州师范学校后，亦赓续执

教十六年之久。抗战期间，随校转徙，跋履关山，老而易壮，至堪敬佩！本年六月念三日，欣逢本校十六周年校庆。校友同学，感念其春雨化人；同仁友好，仰慕其道德词章，爰特恳请先生将诗、书、画付梓，为学校庆，亦为先生寿。而先生一再谦辞，刻已整理稿件，决定于校庆日出版，希我同仁、校友、同学慨然赠款，集腋成裘，共襄盛举！

发起人谭启方、唐颖犀、孔祥嘉、罗迪光、张厚植、祝其乐、孙多慈、章子琨、吴作求、唐兆祥、庄祖定、包容、汤鸿翥、唐光华、王敬五、柯秉铎、邹士润、司琦、孙承志、余礼海、张威、徐畽、张荣清、杜春法、汤钧仝启。

序一

天初先生，别号天衣居士，奉化诗人石虞先生之哲嗣也。民国五年，毕业于上海美术专科学校，旋又东渡，进日本东京美术学校。十一年秋，学成归国，任教浙江省立女子师范学校。翌年春，兼任浙江省立第一师范学校课务。十四年秋，女师改称省立女子中学，一师改称省立第一中学，十六年秋，两校合并，称省立杭州高级中学。二十年六月，倡师范独立，杭高师范科停止招生，本校成立。二十六年十一月，寇迫杭垣，学校内迁。二十七年七月，杭、嘉、湖旧属省立七校在碧湖合并成立临时联合中学，内设师范部，二十八年秋，联中师范部改称省立临时联合师范学校。三十五年一月，学校仍称杭师。校名虽有更易，然先生赓续任教二十五年，向未间断；即改称杭州师范学校以来，亦垂十六年之久。先生教学，谆谆善诱，数十年如一日。抗战期间，随校转徙，跋履关山；老而益壮，至堪敬佩！任教期间，先后获得部、厅颁发服务奖状，此不独为先生之荣誉，亦且为学校之荣誉也。

本年六月二十三日，欣逢本校成立六十周年纪念。校友同学，感念其春风化人；同仁友好，仰慕其道德词章；并本尊重校史、礼待教师之旨，爰请先生将诗、书、画付梓，为学校庆，亦为先生寿，是为序。

中华民国卅六年六月廿三日浙江省立杭州师范学校校长孔祥嘉敬序

序二

予与奉化周君天初交，始自二十九年之春。时以寇乱俱避地丽水碧湖，君执教省立临时联合师范，予课读联初。一日，君偕杭县虞君季中过予，出示所作《题水车图》五古一章；并为予言，昔尝学诗于慈溪洪佛矢先生，嗣以咯血中辍。盖自游学东瀛，课徒省垣，屏不复作者几二十年矣。观其诗，规模固具，神采未充，足徵荒疏之久，相与推敲言欢而别。后月余，复以《题白云深处图》四绝见示，则声情佚荡，姿态横生，洵乎一鸣惊人，为之击节不已。其后续有所作，亦时有过人者。昔苏子由尝谓："文不可学而能，气可以养而致"；"太史公周览四海名山大川，与燕赵间豪俊交游，故其文疏宕有奇气"。君平日未尝执笔吟讽，而所谓卓卓如是，理或一道乎。其年秋，与君共事联师，比屋而居，晨夕过从，常共诗酒唱和之乐，以暂忘其兵燹流寓之戚。三十一日[①]年夏，寇扰婺甄，予旋北归，君仍留南，穷山蛰处，道阻且长，犹时以篇什见寄。予亦曾寄以诗云："朱弦一曲伯牙琴，流水高山要赏音。犹记碧湖春雨夜，泥炉温酒话文心。"盖纪实也。胜利复员，联师复名杭州师为[②]范，君随校迁杭，予亦来杭执教建国中学。乱后重聚，喜可知已。检君旧稿，如《题红岩白漈图》等篇，藏神秀于典雅，溢古艳于豪翰，辞婉气和，一唱三叹，雅有风人深致，益以见君得山水之助者多也。

今岁六月廿三日为杭州师范学校十六年校庆日，而君执教省校亦

① "日"似是衍字。
② "为"似是衍字。

已二十有五年矣。杭师孔校长祥嘉梓君诗，丽以影印书画，分赠校友以为纪念；且示崇笃敬师之谊。君辞不获，辑其题画诸作，命之曰《天初题画诗賸》，属序于予。谨缀数言弁其端，亦以见彼此相交始末云尔。

中华民国三十六年六月六日富阳张堃厚植敬序

附录二　回忆怀念篇

回忆篇之一：毕生致力美术教育的周天初先生①

咸　信

一

周天初先生，浙江奉化人，1894 年生。小时候先生就爱好图画，弱冠去上海艺术专科学校习画，毕业后经刘海粟推荐留校任教。不久征得其父同意，于 1918 年与弟天裕东渡日本学习。在东京美专先生潜心研究西洋画的原理，尤致力于透视学与色彩学。1922 年学成回国，先后在浙江省立女子师范学校、省立第一师范学校及其后改名的省立女中，省立一中和杭高师范科任教。1931 年转入新创办的杭州师范学校，直至 1958 年退休，先生在师范学校任教，前后达三十七年。其中曾应沈定一之请，在杭州艺术专科师范兼教西画一年半，应林风眠、潘天寿之请，在国立杭州艺术专科学校兼教色彩学、透视学八年。1937 年抗战发生，杭州师范迁

① 咸信《毕生致力美术教育的周天初先生》，见政协杭州市委员会文史资料委员会编《师魂初编》(《杭州文史资料》第 12 辑)，杭州：浙江人民出版社，1989 年 7 月，第 162—167 页。

至丽水碧湖时,又应国立英士大学之请,兼教色彩学,透视学二年。

先生在杭州师范执教的时间最长。1931 年,先生去杭州师范任教时,姜丹书也去该校任教,他们两位为杭师的美术教学奠定了基础。1934 年,杭州师范建造新校舍时,先生与该校音乐教师顾西林坚决主张美术、音乐两科一定要有专用教室,在校长徐旭东的支持下,几经交涉,方得厅方同意。翌年,杭师新校舍落成,教学大楼中采光良好的美术教室,就是先生设计的。这样的美术教室,当时除国立艺专外,全省是独一无二的。抗日战争时期,杭师辗转迁至丽水碧湖。先生爱国爱校,将家眷安置在乡间,只身随校南迁。那时物质条件极差,先生喝最差的酒,用长烟管吸烟,晚上备课,用的是青油灯,不以为苦,一直坚持到抗战胜利。

二

先生以绘画名世,而现在他家只留有两幅画:一幅《鹳山图》,这是先生最擅长的淡彩画,现由他女儿周慕梅女士保存着。另一幅画的是鹰和蟹,水墨画,原由周师母收藏,周师母亡故后,现由其子周启正收藏。前者是 1959 年夏杭州市人民委员会组织人民代表、政协委员参观时所作,后者是先生七十诞辰(1964 年)时所作。都是退休后画的。据南京艺术学院沈涛教授函告,他尚保存有先生的《烟际迷离》图一幅。又据邹士润老先生和周先生女婿凤发君说,1956 年苏联伏洛希罗夫来我国访问,到达杭州时,美术协会曾请潘天寿和先生合画一幅国画送给伏老。慕梅女士不久前整理出一个硬面练习薄,先生在上面用墨笔写了不少旧体诗,这是十年劫后先生的真迹。写的字,正、楷、行、草都有,写得苍劲中姿媚跃出。是难得的一手好字。先生的旧体诗,也很有造诣。《光荣退休》七言四章是他 1958 年 8 月 21 日写的,其中二章说:“记得来时二十六,湖山容我作勾留;去年六十二初度,桃李盈盈雪满头。平居宁静不趋炎，逝水也曾细浪添；解放而今入蔗境，老来才觉宿根甜。”时先生虚龄六十五，实足年龄六十有三。先生除诗、书、画外，还善弹琴。他善弹日本留学时所学的日本琴和三弦。每遇知心朋友，在微醺时他就高兴地弹上一二曲。杭师音乐教师顾西林通音律，对先生弹琴的技巧很是欣赏。由于先生多才多艺，二三十年代著名文学家郁达夫经常与先生交往，成为契友。一些老杭州也许还记得，在现在湖滨六公园，长生路的对面临湖处，抗战后曾建有一座八十八师淞沪战役阵亡将士纪念塔，塔顶站着一个军官的雕像，拿着望远镜，手指东北方，下一士兵，持枪作冲锋状，塔顶四角饰有炸弹，以示在枪林弹雨中对日浴血抗战。此塔是八十八师师长俞济时委托先生设计等建的。雕像出自名家刘开渠之手，具体工程则由顾季平担任。

三

先生才华横溢，难能可贵的是他把毕生主要精力都放在师范美术教学上。有好多知名的美术界的朋友想拉去工作，薪金比在师范教书要高得多，但他都婉言谢绝；以先生的社会关系来说，也可以另谋“高就”，但他不慕虚荣，不趋炎附势，始终坚持在师范教育的岗位上。先生认为一个人从小就应该培养他的爱美的情趣，而我国小学美术教师很少，先生希望通过师范教育，培养出更多的合格美术教师。先生日本留学回国在女师、一师任教后，即积极提倡写实主义。三十年代杭州美术界风靡西方的形式主义，而先生坚持写实主义，讲透视法，强调写生（为此制作了一套写生对象）。在这种教学思想指导下，学生对美术学习，学得了较扎实的功夫。其次先生坚持师范美术教学必须为培养小学师资服务，为小学美术教学服务，因此，先生在美术课上教画小学教具、手工工作图等。其绘画形式则坚持铅笔淡彩。这是水彩画的一系，在美国、苏联和欧洲其他地区广泛流传，与我国国画传统亦有联系，有其独具的艺术特点。先生认为这是一种最适切于幼、小教学的实用美术技术。这种为培养小学美术师资服务的思想,与一般师范美术教学脱离实际、追求纯美术基础或自我表现、自我玩乐的美术思想(这在今日是相当普遍的)是根本对立的。先生的得意门生,曾任杭州幼儿师范学校校长多年的余礼海同志说:"周先生的美术教学思想是我衷心赞同的,也是在我四十五年的教学实践中,验证正确,全力以赴的。"

师范学校美术课没有一本现成的完美的课本,先生便自编教材,或编写补充教材。1936年,由于小学普遍缺少美术教师和体育教师,为了解决社会需求,杭州师范开办了特别师范科,先生对其中的艺术师范科化了很多心血,精心制订了从计划到每一年级的具体教材,对小学生应该教什么,一个合格的小学美术教师应该掌握那些基本知识,怎样通过短期学习立竿见影,先生都考虑得非常周到。因此,这个艺术师范科办得很出色,培养出一批合格的美术课教师。因抗日战起,这个艺术师范科只办了二期就停办了。画要画得好,美术课要教得好,涉及到许多基本原理,而其中有一些其本原理如透视学,又非空口说得明白,为此先生很重视教具的制作和应用。大的小的方的圆的各种木制模型、石膏像、铁皮房子等等,在杭师美术课中,几乎应有尽有,这些教具好多都是先生亲自设计、亲自动手制作的。他常常教导学生,小学生知识有限,理解能力差,必须加强直观教学,否则就很难达到教学的目的和要求,把一堂课教好。他又谆谆告诫学生,小学经费有限,如果没有现成的教具,应该自已动手去做,从现在起,就要学会这个本领。先生每堂课都有备课。还纪录了课堂效果。

先生平易近人,上课都是在谈话中进行,边教边提问,启发学生独立思考。他有说有笑,很有风趣,学生都很喜欢上他的课。但课堂要求很严,画得不好,老实不客气地请你重画。当学生在绘画时,先生总是一个一个地去看,站在背后默不作声地看着你画,到时候就指出这幅画好在何处，错在哪里，隔了一会儿他再来看，如果发现错的地方仍没有改正，他就亲自动手替你修改，改好了，他总是哈哈大笑说："你看怎么样？"先生受到学生的普遍爱戴，有好多学生，离开先生已有好几十年了，然而谈起先生，倍感亲切。余礼海同志回忆说：

"本人充竽中学、师范美术、劳作教学四十五年……对本人一生事业、为人具有决定影响的是恩师周天初和姜丹书。作为一个中学、师范良好的美术、劳作师资，必须具备美术与工科两方面的知识……我是在杭师得周师的启蒙教诲及以后自己的苦练，才能在专业教学中得以应付自如。这是周师对我事业有所成就的哺育恩情，我是永世不忘的……我得益于他的，更多的是在课外，他的操行示范，影响于我……周师府上有非常丰富的国外美术藏书，有些当时省立图书馆亦所未见。我常趋府似饥似渴地阅览，周师亦不厌我相扰，频频指导，或他自弹三弦。平居宁静，澹泊为怀，这种品德，在我精神上有深刻的感染。"

先生桃李满天下，人皆敬称周老夫子。现在杭州中小学的美术教师，很多是他的学生。在他的学生中，知名度较大的美术家也不乏其人。由于先生在美术界的声誉和对教育所作出的贡献，被推为浙江省美术协会副主席，并历任省政协委员。

四

先生在 1957 年腊月起患慢性胃溃疡，1958 年 8 月因病退休，1967 年 3 月，前列腺肿大，68 年春节，又染上了传染性黄疸肝炎，自谓："沉疴宿瘵、不堪疲惫，唯有听毛主席的话，潜心疗养而已。"1969 年 9 月写有《久病》七言四章。全诗达观豁脱，对前景充满希望。不幸竟于 1970 年 10 月 27 日，与世长逝，终年 76 岁。

回忆篇之二：启蒙之恩　终身难忘

学生　董也山

1960年杭州市委有计划地为杭州市文艺团体培养人才，决定成立杭州艺术专科学校（大专），由杭州市文化局领导，设有美术、音乐和编导三科，1960年4月1日开学。美术科在当年春季招生38人，分设绘画和舞美两个专业，又在1960年夏季招收新生约40名，专业设置为舞美、装璜和染织三个专业。期间，又开设了书法课，不同专业的学生几乎都去听课。书法课的任课教师就是当年非常有名的周天初先生。不久，听说浙江省美术家协会成立，潘天寿与我们的老师周天初等人担任正副主席。

我于书法，入学之前，尚未经历启蒙，所以到艺专学习，最令我兴奋的是书法课，虽不是主课却是必修课，我意识到自己被幸运地带入令人神往的书法艺术殿堂，那也是因为老师好。周天初先生是与潘天寿同辈过往甚密的有名望的书画家，人格高尚，为人热诚幽默，书艺风骨潇洒遒劲，古雅奇秀。教学示范生动形象，边讲解边书写给我们看，把笔法形象地演释给我们看，具体明了深入浅出，这样的教学方式使深邃玄奥的理论变为易晓易学可以操作的实在，为初学青年所欢迎。这形象化示范运笔的教法对于我日后的书法学习帮助极大，同时，为我以后的书画教学所效，亦常常应用这种一边讲述理论一边示范笔墨的教学法，效果良好。

周先生主张按书法发展演进的先后来教学，从隶入，然后简隶章草，然后楷书行草……而非从唐楷入，怨其过于规正失了古意，失了自然天真之气。这是一种极有见地的书学观，我按这种学书线路走到现在，得益非浅。周先生主张：临帖首先按选定适合自己发展的一种历史名碑作为范本，取法乎上，近人不学。周先生眼光高，通晓书法书理书史，讲解了各种主要历史名碑，并了解了学生们各自不同的秉性和笔性后，逐个为大家选定了各自的范本。周先生让我先临汉张迁碑，初具规模后再学他书。我在校时常为学校写写通知消息之类，初学一点汉碑的皮毛，大胆地学以致用了。后来时间长了，反而不敢这么胡来。真正对于张迁碑的理解，直到几十年后，才有了些深层的理悟，领会到它的一些真正的内涵，高古奇拙，越学越爱，书法真是一门玄妙的艺术。

在校期间我曾带着习作去周天初先生家求教。他住韶华巷，屋不大，格式和布置十分古雅，一开门书卷之气扑面而来，引人注目的壁上挂一把三弦，先生慢慢卷起衣袖，娓娓动听地弹起来，时而激越时而悠扬时而悲愤……和他的书画一样，跌宕多姿。他对我说："琴棋书画都要会一点，还有诗文，不要光是画画。"带有一腔宁波口音。从中我知道了画画的秘诀是不要光知道画画，而要在学画学书的同时，重视读书写字做文章，乃至如何做人，如何做事。从那时开始，自知文化程度低，读书少，订立了注重文化修养的自修计划，踏实地行动起来，直至如今古稀之年依然耕读《论语》《孟子》《道德经》《佛经》《黄庭经》《易经》……乐此不疲。

周先生不分老幼，热情待人，谈艺论书，诙谐随性，看似平平淡淡三言两语，过后想想，却十分深刻。也是在周先生家里，他看了我的临写习作，边指点、示范，边与我漫谈，写字只知"外形好看，腹中空空"（不行也），意指字的外形好坏，一般俗眼也能看出一点门道，评价的是外在美，至于用笔，笔法的起承转接，昂扬顿挫，情绪波澜种种玄奥之法，无法言传，只能意会，若初学者死临死摹，不得要领，书写没有内涵，腹中空空。这是五十多年前周先生谈论笔法的大体内容，对我启示最大，印象最深，虽然当时的我并不十分理解，但我认定这是至理名言，是有关传统文化的鸿谈阔论。

周天初先生来杭州艺专任教已是六十六七岁高龄的老人，现在想来真是我们这些十七八岁的年轻学子的福份，他老人家的为人，出众的教学风格，以及非同一般的书写格调，人人敬重、人人爱戴。周天初先生永远在我们的心中。

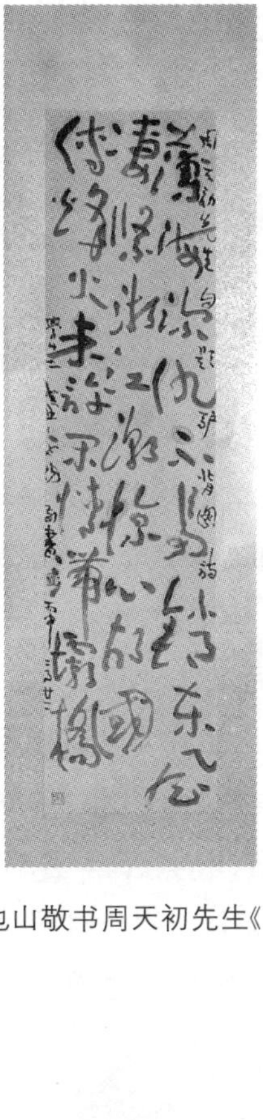

驴背图

薄海深仇不易销，东风凄紧浙江潮。
惊心故国传烽火，未许闲情滞壩桥。

董也山敬书周天初先生《驴背图》题画诗一首

回忆篇之三：对杭州师范美术教育的出色奉献

——我所尊敬的周天初先生

包辰初

包辰初先生和陈芝敏(左)

我与周天初先生在杭州师范学校共事虽只一年，但在美协一起研究工作和美术创作，日常之聚会却有十六年之久，彼此间非常了解。他长我34岁，可谓忘年之交。

周先生毕业于上海美专，以后又毕业于日本东京美专，他学习勤奋，基础深厚，修养全面。周先生出生在奉化的书香人家，其父亲是新文化运动的先行者，在光绪变法失败后不几年，就办学堂，做图书发行，翻译编写小学书籍，查阅出版小学、中学、农学各书，编辑地图等，给周先生创造了接受新文化新思想的条件。同一时期，蔡元培大力提倡“美育”，提醒人们“文化运动不要忘了美育”的思想。周天初先生是有过留学经历又有传统文化底蕴的人，自然接受蔡元培的“美育”思想并成为践行者。

我认为，周天初对美育的实行，不仅仅体现在他艺术教育的方面，也体现在他自我艺术修养和人格高尚的追求上。

他中西融合，国画、油画都好。杭州师范学校音乐厅挂着的油画就是他所作的冼星海人物画，所画冼星海神形兼备，无论是神态、色彩、明暗关系都处理得非常好。而周天初的国画，诗、书、画相结合，诗中有画，画中有诗。他诗学功底深厚，所作旧诗能给人以美的、如画的想象；而他的画又能让我们欣赏到诗样的意境；看周天初的书法风骨潇洒遒劲，能悟到书写者深厚的功底及自身的修养。他不仅能画还能设计，八十八师淞沪战役阵亡将士纪念塔就是他设计的。1948 年我到杭州读书时在湖滨看到这座碑，对周先生和刘开渠的创作很敬佩。周天初与林凤眠、潘天寿、郁达夫、马一浮都有交往，具有那个时代最先进的思想。

周天初全面发展、才华横溢，人格高尚，为人热诚幽默。按周先生的学历、画品、人品，他完全可以、应该做高等美术院校的教授。与他同时从日本留学后的亲弟弟周天裕先生就在浙大教授外语。事实上，他也曾经在上海美专、浙江省立甲种工业学校（浙大前身）、西湖艺术院（中国美院前身）和英士大学授课。他四十年间施教于大学、师范、中学的美术教育，但对师范教育情有独钟，一头钻进，辛苦耕耘了三十个春秋。周天初认为美感教育包含着美术普及，而美术普及一定要从小抓起，学生应该从小受到美育的熏陶，而小学教师是培养小学生健康全面成长的关键，杭州师范学校之培养小学美术师资的作用自然被先生看重了。

如何在师范学校办好美术教育，周天初是呕心沥血的。这方面虽然他口上没有谈，但从前辈教师的口中，从他的一言一行以及我们从侧面看到的，我有认识：

第一，重视美术师资的修养和水平。周先生本身是高水平的美术老师，仍不懈地提高自身的教学水平，他把原本在高等学府教学的方法，改变为适合培养师范生的教学方法，他因时因地因人一直在创新、摸索和调整。由于水平高，上课形象生动，所以他的课堂效果得到学生的喜爱和众口一致称赞。在五十年代初一段时期，杭州师范学校的美术教师名额是两个，周先生是一直任教的美术教师也是艺术教研组的负责人。美术教师除了先生本人，另一个请谁，校长是很尊重他的意见的，而他对搭档的推荐和选择也看重人品和教学水平。1954 年我与先生一起教美术，之前的一位美术教师是沈涛教授，后被南京艺术学院请走。我仅仅在杭州师范教了一年就因为报社需要年轻人被调杭州日报。我之后的美术老师是毕业于南京大学艺术系的吴曙霞，1957 年则是俞乃大先生。俞乃大和周先生一样，都曾经在国立艺专任教。周先生平时总是“阿大、阿大”亲切地叫俞。当年杭州师范学校的师资水平很高，完全不亚于大学教师。

第二，蔡元培把美育分为学校教育、家庭教育和社会教育三个方面。在学校教育方面，他对环境、课程、教材都有要求。

周天初对“美育之设备”上有着很高的要求，他希望师范的校舍、园林、器具都符合美的要求。1934 年杭州师范建造新校舍时，先生与该校音乐教师顾西林坚决主张美术、音乐两科一定要有专用教室，在校长支持下，交涉后得到教育厅同意。翌年，杭师新校舍落成，先生设计之采光良好的美术教室，当时除国立艺专外全省无有。周天初先生设计、改造的美术器材也是适合人体需要的，如可以上下调整的画凳、能够升降的画架、写生道具、教学模型，他的教室里设计有储物间，可以收纳石膏像、画纸、微型的铁皮房子等等。画室的墙上挂满示范用的画作和示范头像等等。譬如先生重视的教具制作，大的小的方的圆的各种木制模型,石膏像、铁皮房子等等,在杭师美术课中,几乎应有尽有,这些教具好多都是先生亲自设计、亲自动手制作的。他又谆谆告诫师范生,小学经费有限,如果没有现成的教具,应该自已动手去做,从现在起,就要学会这个本领。

周天初自 1931 年起在浙江省立杭州师范学校任教研组长,教美术、工艺、图画,他在课程安排和教材编写方面也是花了大量的心血。早期师范学校美术课没有一本现成的完美的课本,先生便自编教材,或编写补充教材。1936 年杭州师范办了特别师范科解决美术老师缺乏问题,先生为艺术师范科精心制定从计划到每一年级的具体教材。1935 年学校迁入南山路新校区,实行各科教学研究会制,组织教师进行教学改革与研究,讨论教学目标如何实现,教学大纲如何实施,教学时间如何分配,教学方法如何运用等问题,以求增进教学效能,提高学生对学科的兴趣。艺术学科会议组的负责人是周天初、顾西林。抗战八年师范学校时而逃亡、时而解散、时而合并、校舍建建搬搬,满目沧桑,周天初离开亲人坚持与学校、学生一起,直到胜利返回杭州。先生为杭师的美术教学奠定了基础付出了健康和心血。

美术课代表也是当时开启并很有作用的方法。我在师范学校的那一年,我教一年级,周先生教二、三年级。我们选择了品学兼优的学生当课代表,对于反映教学质量、师生沟通都有明显的好处。半个世纪过去了,我与课代表之间仍有联系,在做人的哲学思想和绘画技术方面仍有交流。

周先生喜欢这个学校,我也喜欢。当时的校长对知识分子很尊重。美术音乐体育是一个大组,人员有周天初、顾西林、伏少岑、徐长禾、张美龄、沈同德和我,在周、顾两位组长的领导下,学术氛围强,同事关系又很融洽。

我虽然在师范学校仅仅一年,但我与周先生关系非常好。他是浙江国画山水写生组的发起人，这是新中国成立后浙江山水画的最早组织。我调杭州日报做美术编辑时，去过周先生家韶华巷 52 号，那里是写生组的活动地，看到有周天初、潘天寿、吴茀之、汪勖予、潘韵、童鹤宵、王伯敏、虞开锡、孙慕唐、诸乐三、周启人和赖一匡等人。他们在那里聚会，论绘画史或评画，还有聚餐，我吃过潘天寿带去的卤味。

我与先生在一起时，他会与我谈诗论画，谈创作。记得 1959 年他去富阳鹳山参观回来，作诗一首，他的吟诗我还记得前两句："鹳山山影水中浮，夏木阴阴曲径幽。"有这样的诗意才有后面好的画作。记得他还给我看过他在碧湖的创作画，推心置腹地征求意见。

周先生为人真诚，记得他与省文联朱琦关系很好，在筹备美术家协会浙江分会时，他经常把自己家的房子借给筹备组搞活动，并把自己收藏丰富的图书拿出来给大家看。周先生在我结婚时，还帮我张罗；他曾经到过我家，把我的水彩画拿来提笔就改给我的女儿看，这些小事记忆犹新却让人倍感亲切。

先生是 1958 年退休离开杭州师范学校的，记得他有诗曰："记得来时二十六，湖山容我作勾留；去年六十二初度，桃李盈盈雪满头。"

周天初先生一生任教终无悔。他是一个品德高尚的人，他真心地热爱美术教育，为之奉献了自己的一切。近半个世纪后回忆周天初先生，我记起的是爱因斯坦的一句名言：一个人的价值，应当看他贡献了什么，而不应当看他取得什么。这句话用于周天初先生是何等贴切，我以为这也体现了周天初个人的社会价值和自我价值的实现。

回忆篇之四：怀念外公

陈芝敏

父母不在杭州工作，我们几个孩子从小跟随外公外婆生活。从记事起，我们家就住在西湖边南山路旁的一条小巷里。

陈芝敏作

小巷不长，200 米左右，短的可以从这头望到那头。巷口临着南山路，路两旁是法国梧桐，巷子对面是美丽的涌金公园。巷口有幢白墙黑瓦的两层楼房子，朝马路的墙面上竖写了两条脸盆大小的黑色毛笔字——韶华老人：周天初， 医师：李淦。周天初是外公的名字，上学前我就认识，但不知道为啥要写在墙上。巷尾左拐过去仅 2 个墙门，一座毛竹片搭起来的小桥晃晃悠悠架在浣纱河上，过桥就是开元路。浣纱河水从西湖流下，经过我家后门往浣纱路方向淌去。巷子右拐 30 米就有一道学校的后门挡牢去路，把一条长长的韶华巷截断，我家则在韶华巷的后段，所以叫后韶华巷。这个小学也是我曾经念书的学校——南山二小(杭州师范附小)。小巷短短名人却不少，陆维钊、周昌谷当时也住在这条小巷的后半段。另外，这里还是中国美术家协会浙江省分会、杭州市美术工作者协会的诞生之处。

我家房子在后韶华巷的中间，是墙门房。楼下有前后天井，只有两个房间和一个客厅，我们一群伢儿都住在北屋。南屋出租给顾季平先生，顾先生搬出后是舅舅一家住。楼下后天井北面有两间平房，一间厨房间，一间堆杂物，厨房紧靠着浣纱河，有石阶通向河埠头，开门见水。

我家后门河埠头比别人家多了两块石板和几级石头台阶，邻居们洗衣服都喜欢来我家，把衣服铺在石板上，拿棒槌不断敲打，好似浣纱女一般。这里也是我喜欢的地方，可以玩水、钓鱼。

通向楼上的楼梯很是狭仄。楼上有4间房间，最大的两间都是外公的。外公的卧室特别简单，除了床，就是满墙的书架了。而另一间则是外公的书房兼画室了，大大的画桌、长长的茶几，还有博古架。这里也曾是浙江第一个国画山水创作组织"国画山水写生小组"活动的地方(外公和潘天寿等8人)。外公不让我们随便进出他的书房。外婆住在楼梯口一间小小的房间里，与外公的书房是半墙隔断式，上半段用布帘相隔。另一间是我父母的房间，他们在外地工作极少回家。杭州家里老的老小的小。

外公的朋友很多，经常有他的朋友来家谈诗作画。外公、外婆好客，总是留朋友喝茶吃饭，那个年代穷，弄得我们小伢儿肚皮里咕咕叫。记得外公经常出去参观、写生，还去国庆观礼，也时常去看电影。我小时候被大人带去湖滨公园，总去看高高耸立着的淞沪战役纪念碑，两个军人四颗炮弹，四周是浮雕，那是外公设计、刘开渠雕塑的。

记得有一次外公在新华电影院门口买了一小包花生米，带回家给我们吃，每人只给一粒，我们嘴巴里嚼着香喷喷的花生米，眼睛直勾勾地盯着外公的手，可是外公却笑眯眯地看着我们的馋样扬长而去，留下一句话：记住！少吃多滋味。外公喜欢我们的同学来家里学习，每当我们在楼下客厅做功课时，他会下楼来坐到桌子前与我们交谈。"文革"大串联时，居民区安排外地串联的学生住到家里，外公也是热情地接待他们。也许当了一辈子老师的人看到学生就会情不自禁地喜欢，并自以为"师"吧。

外公的动手能力很是了不得，反正让当时还小的我很是佩服。在家里经常能看到他的手工。如用香泡皮做成有盖子的碗；用帆布、木条做写生时的折叠凳和写生画夹；家里男孩的书包也是他亲手缝制的（帆布书包因为与同学们不一样，弟弟和表弟怕被人笑话，推来推去谁也不愿意背）；他还做了一大批盒子，把书架上的画册、书籍分门别类地摆放……。后来听他的学生说，学校美术教学的教具很多都是他带着其他老师一起动手做的。

外公脾气不好的时候我们都怕他。我们从小就知道，外公的画桌是一个禁区，不能碰的。谁要动过他桌上的东西，准会被他第一时间发现，挨训是免不了的。他画桌上有一条压画纸的“教方板”（音：稿方），红木的。一旦我们犯错了，自己要主动摊开手掌，被这可恶的教方打上几板。不知道这“教方板”是不是古人“教子有方”的工具，反正我们家的伢儿都挨过它的打，数老弟小时候挨打的次数最多。还记得一件事，妈妈回家给我们买了一只小皮球，把我们几个开心得忘乎所以了，礼拜天做完功课，我们就抢着拍皮球。外公那时身体不好，午睡时，听得我们抢啊闹啊以及皮球落地的砰砰声，就传话下楼让我们小声。才安静了一小会，我们就又吵又闹起来，气的外公下楼用小刀把我们的皮球切破了，我捧着球呜呜地哭了半天。

最怕外公叫我们去他的书房写毛笔字了，写着写着他会从背后抽你的毛笔，一旦笔被抽走准会挨骂。外公自己倒是很勤奋的，身体好一些时，经常练习毛笔字，每每早上起来摸上楼看到总是他腰板笔挺悬臂练字的身影。印象最深的是他在废报纸上练字，先用淡墨写，干了后再用浓墨写。我现在学画，找到他 70 岁时几张写生的练习稿，记录着一些他批注在画上面的字：“来不及，不好，明天重画，不要畏难而止。”“放弃了二个午睡时间，把昨天所画的再画一次，不知有所进步否。于杭州中华旅馆。”“12 月 12 日大会已一星期，今晚文娱看杭剧……利用看剧前一段时间写此画……”“白色黄心绿边绿丝，近心处嫩绿，内层近心处嫩黄晕，包括花瓣……”看着他的一张张练习画作，一句句的批注和细心观察的记录，为老人的如此认真和勤奋所感动。

最后几年，重病的外公已长时间缠绵在榻，皮包骨头，还经常有人上门为淞沪战役纪念碑之事要他老实交代，真是苦不堪言。那时候，他还经常胆囊痛发作，都是我们几个伢儿用藤躺椅抬着他去医院急诊。记得“文革”初期的一天，外公已经住院，在中学当老师的大姨父慌慌张张赶到韶华巷，红卫兵对资产阶级学术权威的冲击让老师们心惊胆战，他是赶来通知外公处理家藏书画和“封资修”的东西，以免被抄家批斗。我被大姨父的情绪感染，也想做一些保护大人的事。通知不到外公，我们就跟着大姨父趁着外公住院不在家，凭印象把我们认为有不健康的书画抱到后天井，我们趴在书堆上，一张张翻阅查找，只要看到有人体素描或人体油画作品就撕下，有外国人的画也烧毁，找到一些木制精细饰品、盒子也用菜刀砍了……。一个下午，我们拼尽全力干着一件不可饶恕的破坏事情，却以为在保护外公保护家。事后，听大姨夫的儿子说还处理了一幅外公与潘天寿合作之画。这是一件瞒着外公干的事情，若他地下获知，不知道会生我们多大的气，更是一件我深深后悔和无法道歉的过错，不敢乞求外公的原谅。就在“烧毁罪证”后没几天，大姨父就在自己学校挨斗关押，但他从来没有把灾难引到老丈人身上。

到知识青年上山下乡时，我们几个小辈或去黑龙江或去乡下，留下两个老人在家孤苦伶仃地度日。在我去黑龙江一年后的那个冬天，外公走了，外婆说他是饿着肚子走的。那天外婆一早去医院给外公配药，中午才回到家，发现煤球炉子灭了，赶紧放柴火生炉子，想给外公做饭。外公唤过外婆，交代还要归还借图书馆一本书的事后(当年无法还)，要了一根香烟，吸了几口就离开了人世。我现在想想还是很难受，外公很爱我们的，翻到外公生前的一本笔记，上面有我去黑龙江前他给我作的诗，在我同事回杭看望他时，外公在病床上给我写的文字。

第二年春节我从黑龙江回杭州探亲，梦里见到他一回，老人家穿着灰色棉长袍，还是瘦瘦高高背很挺的模样，拄着那根拐杖从涌金桥上走下来，慈祥地对我说：敏儿，回来啦！

如今，我开始学画，更加思念外公。在学国画山水后，自学国画人物的第三天我画了外公。虽然画得不好，但外公的风骨傲气还是有所体现的，这是深深印在我脑海里的。

2012 年 12 月 20 日志

网上留言录：

洪秀娟：首先是你的画，你笔下，你记忆中的外公，清瘦、刚毅，也不失温和亲切，仙风道骨，非常传神，让我依稀在记忆深处有种似曾相识之感。真难以想象，你的图画能达到这样的境地，是融入了你对外公的深情，也传递了你外公深邃的人文精神。

我们住相邻，而你文字中传递出来的温情和美好，以及流水、小巷、市井生活是那么亲切和温暖。

你是那么优秀，从你身上，也看到了书香门第成长环境给你的文化传承。坚强，坚持，热情，永不放弃，赢得了新的天地。生活如你，皆是美好。所有的，都是推动你进步的动力。祝福你，也敬佩你。真的。

黄海霞：还未看完已经鼻尖发酸，字里行间透露出深深的缅怀和思念，外公的形象更是从文字间延伸到画像上，那份坚毅那份温情……短短三天的画作如此深刻，可见感情如此之深，让我想到了 8 年前的爷爷……很想他老人家！很想！

小缪：好深情好生动好感动，让我想起了我的爷爷，他信基督教的，记忆最深的就是每到星期天，他就坐在家门口唱诗歌，我们依偎在他身旁，很开心，有时也会拿一些糖果给我们吃，那是最幸福的了！

赵静容：娓娓道来，就像打开一瓶珍藏已久的老酒，醇香四溢。

高卫平：和你一起怀念外公，读了你的文字，也让我想起了半个世纪前的南山路、南山二小、“文革”、上山下乡……路似乎没变，房子变了，人变了，我们必须珍惜和享受现在。

刘国平：看到陈的怀念外公，想起上月去女儿学校上公开课，那天的语文课讲的是鲁迅。也许以前的文人墨客都有几分神似吧。

徐工：陈老师，你把对亲人的怀念融入到了笔下，有语言、有画作。让我们很形象的看到了你的外公！赞一个！

孙老师：慈祥的面孔，一双忧国忧民的眼睛。画出了老人的个性和刚毅！不错。

回忆篇之五：深切的怀念

劳诚烈

1970 年，周天初先生到杭州艺专担任书法课的教师，于是我等学子有幸得到了当时难得的极为正规的书法启蒙教育。

在杭州艺专学校开设的五门专业课素描、水彩、国画、图案和书法之中，我最喜欢书法课：而且似乎同学们都是如此。吃过午饭后的午休时间，大部分同学都会在教室练字。那怕是零下十度，砚台里的墨水都结成薄冰的时候。一方面固然是由于这门传统艺术的独特魅力，另一方面更是由于执教的周天初老师的人格光彩。

周天初先生是美术界的老前辈，我在初中读书时就久闻他的大名，而且后来亲眼见过他在灵隐为我的初中美术老师周昌谷修改写生风景。

周先生又高又瘦，戴着圆圆的黑边框眼镜，满脸皱纹，有一点稀疏的胡子，脸相可以用清奇古怪四个字来形容。鹤立于教室里的花季少年之间，他像是春天花园里一块又瘦又皱的太湖石。

从此我们知道了执笔有龙眼凤眼：手掌与前臂平，拇指与四指相对，握空拳在拇指与食指间形成圆圈是谓龙眼；而手掌与前臂垂直，三指执笔，拇指与食指间的空隙狭长，是谓凤眼。我们知道了字的间架结构必须横平竖直，笔划均匀，空间相等知白守黑。我们还知道了运笔有提按顿挫，而且必须无往不收，无垂不缩，以及一点三转，一波三折。

周先生教学极其认真。如有哪个同学听了详尽的讲解之后，写起来仍然不得要领，他会让那同学站起来，自己坐下来亲为示范。周先生虽然年事已高，但依然腰板笔挺。他笔直地坐着，悬腕悬肘，龙眼执笔，咬紧牙齿，肩肘腕指一齐用力，在黄黄的毛边纸上写下了铁划银钩，功力深厚的张猛龙或者礼器碑。此时同学们自动地在他身旁围成一圈，心弦会随着他的毛笔一张一弛地震颤。

《张迁碑》古朴，《曹全碑》柔美，颜肥柳瘦，各擅其美。周先生根据各人的禀性建议临写不同的字帖。从此《张迁碑》和孙过庭《书谱》就成了我的最爱。

在我而言，书法的效用在五年之后开始显现。1965 年我在杭州延龄路（现在叫延安路）的华泰碗店落脚谋生，一天经理发现我用指头蘸了水在柜台的玻璃台面上画空心字消遣，他不但没有批评，反而甚表赞赏。从此之后，我在踩三轮车拉货回来之后，便不必站柜台，改派为在会计室刻字了。

当时在瓷杯上刻一个字收两分钱。单位发奖用的瓷杯大约要刻十多个字，“某某单位年度先进工作者奖”。这笔钱收来不用作为利润上交，是可以由本店职工平分的。这样每个月我们都能摊上五元到八元，过年过节业务好时还要多，相当于涨两级工资，于是人人喜笑颜开。有时候我刻累了走出来想站在柜台边休息一下，和同事聊聊闲天，他们反倒劝我，小劳你不用站柜台，进去进去，坐坐喝喝茶看看报纸好了。

当然书法的效用还不止这些。有人说中国人心目中的书法相当于西方人心目中的音乐。在提按使转之时，你能感受到节奏和韵律，然而那节奏和韵律将永远凝固在纸面空间，不会像声音那样随时间而消逝。所以书法真是一门高深的艺术。我虽然向往孙过庭说的“情动形言，取会风骚之意；阳舒阴惨，本乎天地之心”那样的境界，但也知道那是可望而不可及的。然而林风眠说艺术是人生苦难的调味剂，马蒂斯说艺术是可以让你休息一下的安乐椅，书法能怡情养性。乱写一通之后把笔一扔，吐一口长气，顿时会通体舒泰，心气和平，这在我是有真切体会的。之所以能如此，应该说，得益于艺专的教育，尤其要感谢周天初老先生的启蒙。

回忆篇之六：读先生论画诗有感

劳诚烈

近日读到周天初先生 1942 年的五言论画诗。

诗中先生自述初学画时“不知手之舞，一时尚形似”，使我很有感触。“手之曼舞，墨之纶音”的古语，最深刻地揭示了中国书法与绘画的内在血缘关系。在中国文人画中，形似只是外在的东西，只有从那书法之中提炼出来的线条，那跌宕起伏的变化及其墨色浓淡和断续交替形成的节奏感和音乐性，才是我们民族绘画中最强大的表现力和感染力。

然而 20 世纪以来，西风东渐，于是有不少人片面推崇西方艺术的写实性，贬斥中国艺术的写意性，以为中国画路落后了，必须推倒重来，全盘西化。而周先生早在上个世纪的 40 年代初就在这首诗中以自己的亲自体验来启迪学生，使之开悟，从书画的联系方面去认识中国画的魅力之所在。这样的教育，在当时无疑是意义非凡，影响深远的。能在周天初先生这样的中国美术界先驱、杰出的美术教育家门下学习多时，是我人生中一大幸事。

值此周天初先生诞辰一百二十周年之际，敬录先生 1942 年所作《题画花卉示艺术师范科真美级诸同学》五言诗一首，权当迟交的作业，同时也用以寄托我深切的崇敬与怀念。

2015 年 11 月 1 日

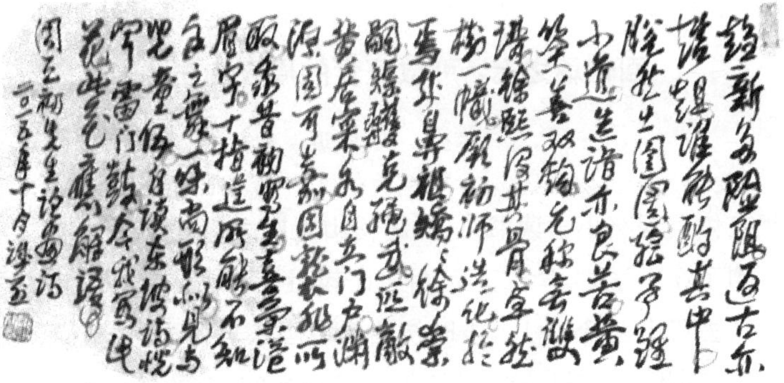

劳诚烈教授录周天初题画《花卉示艺术师范科真美级诸同学》

回忆篇之七：可敬可爱的周天初先生

学生　陈威遐

我在佑圣观路小学读书时，受冯松山老师之启蒙，从此爱上了书法绘画。到了读中学时，学校离西湖边比较近，因此经常去杭州书画社，后来又常去孤山西泠印社。当时杭州的书画家与书画爱好者们时常在那里会聚，因此，我有机会认识了不少书画名家，有的还成为我终身受益的老师，周天初先生就是在那个年代相识的。

有一天，我从家里步行一个多小时去孤山西泠印社，那里有许多古代的石刻、碑铭、金石、书画、字帖、画册等。对书画一知半解的我虽然不懂，但非常喜欢，西泠印社的画册碑帖，石壁上的名家作品，都深深地吸引着我。正在那里看画册碑帖时，只见一位清瘦的老先生戴着金丝眼镜，用浓厚的宁波口音和几位年轻人讲述着西泠印社的来历和名家书画艺术。先生的语速不快不慢，声音低沉而清晰，语气不重而深厚，我不知不觉地被吸引过去，高深的书画艺术经过先生精辟的讲解显得通俗易懂。这时有人拿出画册碑帖向先生求教，先生笑盈盈地从口袋里又掏出一副老花镜，架在已戴的眼镜上，仔细认真地端详，边看边思考，不一会儿，先生看完之后即对前人的名作娓娓道来，从年代、作者、生平事迹、艺术风格、特点逐一分析，中肯又不偏颇，畅言而不保留。在座的各位对先生渊博的学识由衷地敬佩，这就是我第一次见到周天初先生的深刻印象。

那天与周先生分别前，我还冒昧打听先生的寓所，先生也不见外，随即告知，并欢迎我这个不知礼数的青年人。此后涌金门韶华巷 52 号就成了我常去的地方，我也就成了周天初先生的弟子。

那时我对书法绘画非常痴迷，在周先生的指导下，我订了计划，学习素描、山水，学习书法、篆刻，学习诗词、古文，时间都安排得满满的。周天初先生是学贯中西的书画名家，教育学家，曾在大专院校从事书画教学多年。我开始主要跟先生学画画，学素描，后来知道先生精通各类艺术，我就把各种作业都带去向先生请教。先生经常给予鼓励，然后指出不足之处，语气温和，点评中肯。那时我喜欢刨根问底，而先生每每耐心细致深入浅出地为我释疑解惑。在那个年代学习书画最缺的是画册与字帖等工具书，新华书店很少有。我那时的西画、素描资料是从杭州图书馆借阅的，古籍书店一般人不能进，即使打了介绍信，偶尔进去也不易找到所需范本、字帖。周天初先生得知后特意送了一本楷书字帖给我，那是一本极为罕见的欧阳通楷书《泉男生墓志铭》，我如获至宝。

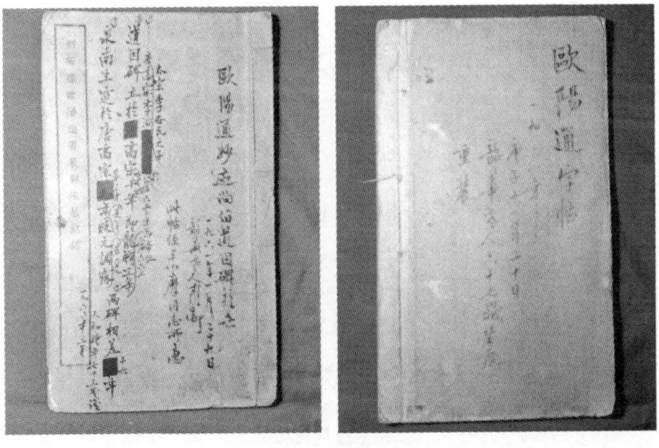

周天初送学生陈威遐的字帖

在这之前学楷书，我只知道唐代楷书三大家，欧阳询、柳公权、颜真卿，而不知道唐代还有虞世南、褚遂良、薛稷、欧阳通，更不知道唐楷之前还有楷书另一高峰——魏碑。先生送这本小欧字帖是极有远见的，欧阳通的楷书既有唐楷法则，又有魏碑韵味，承前启后，对我日后的书法学习起到很大作用。先生不仅向我讲解欧阳通楷书的艺术特色和基本笔法，还一遍遍地临写示范。从这之后，我不间断地写欧阳通《泉男生碑帖》，多年后书店中有欧阳通《道因法师碑》出版，我就临写《道因法师碑》，那本先生赠送我的字贴就被我珍藏至今。我从事书法教学多年，学楷书就采用周先生的方法，要求学生临写欧阳通的楷书字帖，效果明显。小欧的楷书用笔方折有力，笔力遒健；字体工稳，结构险绝，能大能小富有变化。这些年来，我在书法的普及教学中已取得了一定的成绩，有不少学生在中小学书法比赛中获奖，有的学生在全国、省、市书法大赛中入展、获奖，有的考进大学选择了书法专业的学习，有的加入了中国书协、省市书协，有些也从事书法的普及教学工作。

周天初先生不仅长于书画、诗词，对花木、园艺、文史也皆有涉及。有一年春节后去先生家，进门就闻到阵阵清香，原来先生家中养植了十多盆水仙，淡雅清逸，客厅、书房、卧室等放置了形状各异，多姿多态的水仙花。水仙花有自然形、蟹形、鸟形，叶短肥厚而花茎长。我那时对花草不甚了解，更不要说水仙花。先生为我讲了水仙花的知识，从水仙的习性、品种以及养植方法到产地。那个年代水仙球是很难搞到的，尤其是有那么多品种，实为不易。有几次我到韶华巷，师母告知先生在对面涌金公园散步，我就去公园寻找，只见先生手持拐杖，踱着方步，不紧不慢地走着，不时看看这里，看看那里，有时注视眼前的花木，有时眺望远山秀水。我觉得好奇，先生对我说：学艺之人要经常观察自然，一草一木、一山一水，皆有可师之处。有时先生还会向我讲一些杭州西湖的典故，涌金公园的来历等等。先生还经常外出写生，多次游历名山大川，行万里路，读万卷书。那时我更深刻的体会到了古人云：“挥毫当得江山助，到处云山是我师。”

我们那个年代，学艺是不交学费的，只要老师肯收你为学生，也不必送礼。当时我赋闲在家没收入，父母薪水不高，兄妹四人加祖母共七人，生活比较拮据。因而跟许多老师学艺、习武均未交过一分钱。后来我进了单位有点收入，除了交父母补贴家用外，自己留点生活费。有时我会去单位附近，如三墩、祥符桥、勾庄、良渚等地，买一点水产、蔬菜、鸡蛋、竹笋之类带给先生。但师母每每不肯收下，即使收下也一定要付钱。那时香烟是单位配给的，一星期只有几包而已。我知道先生要抽烟，几包如何够呢？于是借单位登记我假说常抽烟争取到几包。每周我揣着分配到的香烟，及时带去想孝敬一下先生，但每次先生都坚持要自己买单。

先生为人随和，待人热情，心胸开朗，那么多年，我从先生游于艺，却未曾看到他有不快之时，待学生严而不厉，律而有度，是可敬可爱的长者。有一回我听说陆维钊先生家与周先生家相邻，先生得知我想去拜访，即告知我陆先生家就在隔壁 59 号，正因为有他的推荐，我才有幸多次去陆先生家求教。有时在周先生家正逢有书画家朋友在场，先生也要我拿出习作请各位老先生指教，使我得益良多，受益匪浅。

先生韶华巷的房屋，与我上海外婆家高福坊极为相似。那是石库门样式的楼房，进门是天井，前面是客厅，后面是厨房，二楼向南处是卧室，北面是先生的书房，有一些老式的红木家俱。我小时候在上海长大，常去外婆家，后随父母移居老家诸暨农村，又迁居杭州，十多年未曾去外婆家，现在想来我经常去周先生家似乎还有一种外婆家的情结。周先生、周师母的年龄与我外婆相仿。先生长我五十六岁，其时我与先生的孙儿、外孙、外孙女也成了好友，大家在一起，像是我上海的表兄妹。即使先生作古，我们之间时有来往，此后大家各自成了家，因而才疏于往来。年前，应先生之外孙女陈君之约，回忆一些先生的往事，以表感激之情。

先生之风，山高水长。

先生的艺术之路，代代相传，后继有人。

2016 年 4 月 3 日于杭州

回忆篇之八：孜孜不倦，只为更好的奉献

——我所认知的周天初老先生

李　莉

在说周天初老先生之前，我想先说一下我与本书著者陈芝敏女士(下文称陈阿姨)的相识故事。说来甚是神奇，我与陈阿姨的相识，竟然是源于一篇文章。

2011年，大学刚毕业2年的我供职于杭州一家装饰公司，做策划编辑。同年10月，公司的第一期内刊印发，这也是我首次整体操作一本企业刊物。从刊物名称到框架到内文，皆出自于我手。那时陈阿姨还在杭州市装饰协会任秘书长一职，不知从哪里看到这本刊物，看了序言后，夸奖说：这个女孩有才气，像男人的笔锋。这话传到我这里，受宠若惊。通过公司的一个工作人员，她要了我的QQ号，就这样开启了我们神奇的忘年交之旅。

陈阿姨是一个特别会生活的人，退休后写字、画画、看展、去旅行……将生活安排得很丰富。作为她的小朋友，我一直有关注，直到有一天，我在她的个人空间看到一篇文字，题目叫《回忆外公》，我才知道陈阿姨的外公竟是鼎鼎有名的周天初老先生。

我对周天初老先生并不是很陌生，混迹在设计师这个圈子，总是能听到很多艺术家的名字。周天初老先生的名字是从谁口中听到，我已无从记得，但却仍旧记得提及者一脸的尊敬。印象太过于深刻，以至于我马上就掏出手机去搜，那时还是2G网，很慢，好不容易打开，却发现相关介绍却很少，寥寥几句。

由于跟陈阿姨私交甚好，经常会去她家里蹭饭。盖浇饭、海鲜面、片儿川……陈阿姨变着花样给我做好吃的。我们就一边吃，一边聊天。

家常、行业、工作……最后还是聊到了周天初老先生。

最先，陈阿姨给我看的是一张她画的周天初老先生的国画，然后又拿出对应的老照片，泛黄的相片纸，上面有着岁月的斑驳，但是周天初老先生挺得笔直的脊梁和精神矍铄的面孔还是给我留下非常深刻的印象。

接着陈阿姨极为宝贝地端来一个匣子，打开后才发现是周天初老先生的习作，有字有画。我看了一篇 1943 年周老先生婉转回绝国立艺专（现中国美院）校长陈之佛邀请其去重庆沙坪坝任教的诗信，以及一些画作和编写的美术教材。打开看到一部分自然景物速写，还有一本被虫蛀的民国二十三年他亲手编写的国立艺专色彩学教材。教材角角落落有他满满的标注；每幅画上也都会配有一些文字，有些是观察记录，有些是绘画心得，还有些是题诗。

周天初老先生极爱画菊花，画作中有很集中一段时间的习作画的都是菊花，姿态万千美好。但一看画上的批注，却发现他对自己的画作要求极为苛刻。其中一幅的批注为："来不及，不好，明天重画，不要畏难而止。白色黄心绿边绿丝，近心处嫩绿，内层近心处嫩黄晕，包括花瓣。"

另外还有几幅的批注是:“1963 年 12 月 12 日大会已一星期,今晚文娱看杭剧,利用看剧前一段时间写此画……”

“放弃了二个午睡时间,把昨天所画的再画一次,不知有所进步否。于杭州中华旅馆。”

“在二日五日天中抢画二天,计六页。第一天不如二天第一张,不及第三张,抛荒已久。”

“五八年染病以来,迄未动笔,七十老翁画法如此多稚。奈何!”(大大的奈何二字)

“会议? 不论晴雨风云必须每天握管。”

……

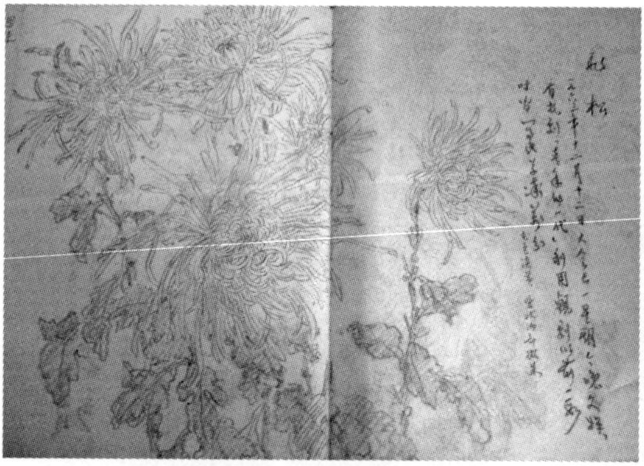

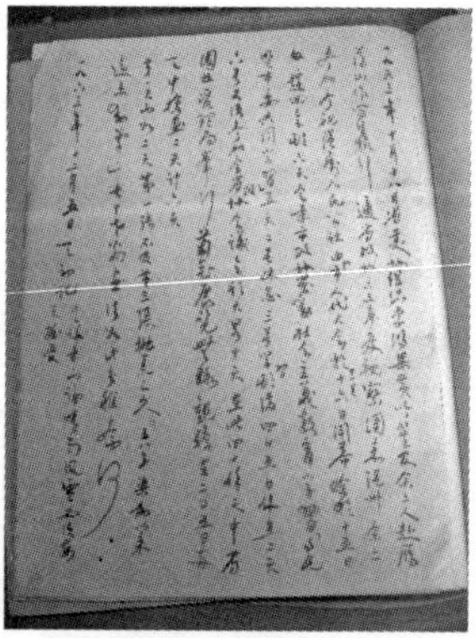

说实话,这些批注给我极大的心理震动。从年月上和画作批注上看,周天初老先生画这批习作的时候,已经是 70 岁高龄。在这个原本应该是颐养天年的年纪,他却依旧每日勤勉,笔耕不辍,这种孜孜不倦的精神,着实让我这种 80 年代中期出生的人,极为汗颜,也极为感动。

后来断续几次相聚,陈阿姨又给我讲了很多关于周天初老先生生前与潘天寿、丰子恺、林风眠、郁达夫、王映霞、孙多慈之间的关系与趣事。我在她写的周天初回忆录上了解到周老先生在有生之年为中国美术事业做出的一系列贡献。

这期间，周老先生还一直不间断在学校任职，出入各种社会公益类活动，老年仍作画不息……这种孜孜不倦的精神，伴随着我对周天初老先生了解得愈多，感受得愈强烈，我内心也愈是难以平复。好似很多话和情感都堵在喉咙里，却一句也说不出。我不知道，这是不是一种震撼。

作为一个在近现代中国艺术领域开风气之先的前辈之一，周天初老先生的这一生，所有的孜孜不倦，都是为了艺术的无私奉献。纵观其一生，他做出了让历史不可逾越的贡献，并且他的思想和精神依然引领着这个仍然在奋斗的民族，激励着无数后辈继续奋力前行。

为这一切，向周天初老先生致敬。

2016 年 3 月 2 日

后记：非常感谢陈芝敏女士细致分享，我才可以最近距离，知晓老一辈艺术家的跌宕人生，领略其崇高的艺术情操与人格魅力。也特别感激陈芝敏女士的盛情邀请，方有我在这里为周天初老先生留下纪念的笔墨。三生有幸，不敢辜负。

回忆篇之九：孙多慈为外公速写

陈芝敏

在我外公周天初的纪念册里，有幅《弦歌自乐图》，画的是我外公弹着他心爱的三弦，自娱自乐。画者：孙多慈，题词：邹士润。（画稿来自《周天初先生担任教席念五周年、执教杭师十六周年纪念册》，民国1936年）

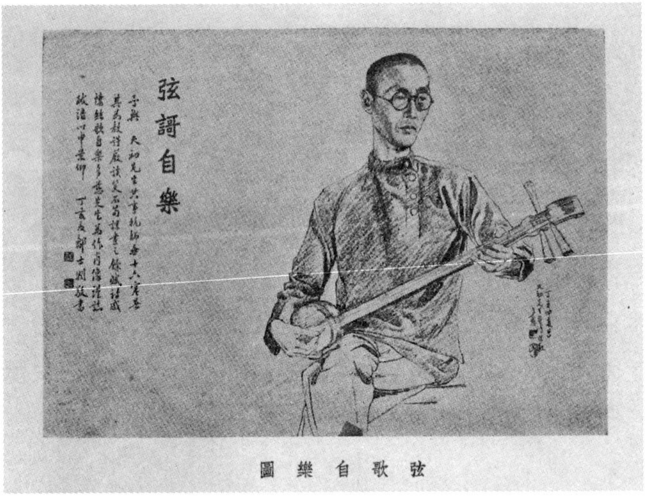

孙多慈速写、邹士润题字《弦歌自乐图》

邹士润题词：予与天初先生共事杭师，垂十六寒暑，其为教谨严，谈笑不苟，课画之余，赋诗感怀，弦歌自乐。多慈先生，为作肖像，谨志跋语，以申景仰。

——丁亥年邹士润敬书

今又在《杭州师范大学艺术教育史文献汇编》见到“1938 年是年女画家孙多慈来学校任教”的纪录。[1]（2015 年 11 月 10 日浙江美术馆“孙多慈画展”简历中记载到杭州师范时间为 1939 年，据李既鸣介绍，时为聘书日期。）

孙多慈到丽水时，杭州师范正避难于丽水碧湖三峰村，为多校合并后组成的浙江省临时联合中学。她到临时联合初中、高中任图画老师，时年 25 岁，与同在该校教美术的我外公周天初结识，当时外公任美术教研组长。几年后孙多慈受聘英士大学再与我外公同校任职（外公 1942 年—1944 年兼职于国立英士大学副教授，孙多慈 1944 年也被聘为该校讲师）。孙多慈与外公有了多年的交往，在杭州师范学校同仁集资给我外公出纪念册的前夕，画此速写（孙多慈也是纪念册出资人之一），落款丁亥年夏，时为 1947 年，学校已经从丽水迁回杭州。

1942 年元旦，浙江文化建设协会举办美术展览会，在丽水莼社碧湖之友，周天初、孙多慈、虞季中三人曾经合作作画《渊明松菊图》一幅以应征。虞季中构寻丈巨松，孙多慈女土添绘丛菊，我外公周天初画彭泽小像陶渊明，画作由周天初题词[2]：

题渊明松菊图

（三十年十二月十日）

避地荒村事事慵，每逢同好兴偏浓。

五年不涉湖山路，梦忆泉唐九里松。

有美一人淡如菊，偶然画菊淡如人。

---

① 曹布拉《杭州师范大学艺术教育史文献汇编·卷三艺术教育年表（1908—2012）》，杭州：浙江文艺出版社，2012 年 10 月，第 32 页。

② 卢炘对周天初《题渊明松菊图》诗评：这首诗写得蛮好的，借陶渊明松下赏菊，连带出浓浓的友情、乡情、落难时的爱国情怀。对仗和用词均属不凡。

风枝月朵篱边影，活色生香妙入神。

晚香菊有傲霜枝，松更耐寒不改姿。
却笑葵心随日转，向阳能有几多时！

孙工画菊虞补松，容我先描栗里翁。
各有田园归未得，天涯兴慨略相同。

孙多慈1913年生人，安徽寿县人，出生于清末重臣之家，伯祖父一手创办京师大学堂（北京大学前身）；父亲孙传瑗曾参加晚清民主革命，为一代名士。孙多慈自幼酷爱丹青，是徐悲鸿女弟子中得其真传且较有成就者之一。徐悲鸿的笔下多有描绘孙多慈风姿的素描与油画，二人相恋遭到孙多慈父亲的反对。

1938年，孙多慈的好朋友李家应在浙江丽水碧湖战时儿童保育院接任院长，该院专门收容离开家乡与父母失散的孩子或孤儿。于是孙多慈投奔她的好朋友来到丽水，到避难时合并的临时联校任教，随后她的父母家人一行二十余人也来到丽水。而时任浙江省教育厅长的许绍棣负责战时浙江各大学内迁工作，也随教育厅移署丽水。乱世之中，孙多慈与许绍棣经王映霞介绍，结识二年后结婚。在《王映霞自传》中王映霞有“我为孙多慈与许绍棣做媒”的详细记录。

许绍棣和郁达夫在日本留学时期结识，郁达夫、王映霞在杭州期间本就与许绍棣有较多交往。抗战爆发后，郁达夫应邀工作于福建省政府，夫人王映霞则避乱于丽水，租住在燧昌火柴公司的房屋。而从杭州搬去的浙江省政府几个厅也驻此地办公，王映霞恰巧遇到许绍棣。乱世之中，为人热诚的许绍棣对王映霞的关照却受到猜忌与扭曲，因而流言四起，最终造成了郁达夫、许绍棣之间的矛盾以及郁达夫与王映霞的离异。

孙多慈和王映霞，一个是外公的同事，一个是外公的学生并朋友之妻，郁达夫又是外公的好朋友，对这样的结局一定是外公不愿意看到的。

在写旧画此文的同时，从报纸上看到浙江美术馆正举办孙多慈画展的消息，这是孙多慈外孙女李既鸣女士策划的一次“孤山丽水觅诗情——孙多慈画展”，我有幸参观了这次数量相当多的孙多慈艺术作品展，画展分类有：油画、中国画、书法、素描，惊叹于她每一类作品的精湛和拔萃。（事后与李既鸣女士交谈时，才知道这次的作品多选与杭州、丽水相关之作，还有其他作品没有展出。）感谢李既鸣女士介绍其先外祖母给浙江乡亲，让更多的人能够藉此了解孙多慈的生命历程和艺术生涯；也理解为什么这是一场不渲染往事的画展。

意外在橱窗里发现有孙多慈的书法和诗作，竟然有一幅是题写丽水碧湖的：

碧湖

碧湖水色碧于蓝，摇曳东风万柳鬖。
千里青青堤畔草，愿随草色到江南。
路转山腰往复还，三峰秀出白云间。
淡烟如墨萧疏甚，眼底倪迂未画山。

参观后的几天，我在上海接到李既鸣女士电话，她正在杭州的浙江美术馆撤展。两岸朋友、世交之后缘于孙多慈的画展也联系上了。我们通过信箱互相交流告知前辈的一些信息。

两个月后，我收到了李既鸣女士从台湾寄来的孙多慈画册《游艺心

陈芝敏参观孙多慈画展留影

李既鸣(左)与陈芝敏

曲》,欣喜之后,拜读文章欣赏画作,静静地度过了一个美好的下午。

2015 年 10 月 30 日

2016 年 1 月 29 日改

附：陈芝敏与李既鸣信件

李既鸣老师：

您好！

我因为一直在上海，媳妇做产。昨天回到杭州，收到了您寄来的孙多慈先生画册，欣喜万分非常感谢！

今天一直在拜读文章，欣赏画作。孙多慈先生集油画、国画、书法、素描多面优秀于一身，真谓大师。

通过观看画作上不少许先生的题词，也看到此书中介绍他的经历，我发现他的才华、为人、好学、责任和担当，对他有了新的认识。

同时也感谢您策划了今年在杭州的画展，让我和我的朋友能够目睹孙先生的真品；更有幸让祖辈世交的我们能以此次画展而联系上。我朋友的母亲也收到了画册，转告。

顺祝安康！

陈芝敏 2016 年 1 月 29 日

芝敏女士，您好！

首先恭喜您喜获金孙，平安喜乐！

您前次要打听的在台亲友，我曾上网查过，可能时间较久远了，早年的状况大家流传甚多，近期倒没有人知道，不过要找人台湾的户籍数据建立的还好，我再问问看了。

此次到杭州展览未能及早通知各位，略有遗憾，所幸各位的热心通联，让我和许多先母及先外祖辈的亲族友人们联系上，才是我的最大收获呀。

三月中旬天气稍为暖和些时，安徽电视台预备要作一个专访节目，届时我还是会到杭州来一两趟的，我们可再叙。

敬祝　新春大吉大利，身体健康，合家安康！

李既鸣　敬上
2016 年 2 月 2 日

既鸣老师：

我在细读我外公《纪念册》缘起一文中，看到了当年 25 位同仁出资的名字中有孙多慈，这本纪念册留下了珍贵的周天初史料。

八十年后的今天，我辈后代要真诚地感谢学校、感谢孙先生、感谢众同仁。孙多慈不仅出资还留下周天初的速写画像，弥足珍贵。

安徽电视台的专访之行何日？不知道当时我在上海还是杭州，希望有机会一面。

芝敏　敬上
2016 年 3 月 25 日

芝敏女士，您好

谢谢你！这些对我也是珍贵资料啊！

我这次到杭州，是配合安徽电视台的采访工作，时间还要再商议，原则上是四月一日到，也许要两三天工作时间。我会到四月七日回台北。

访问的几位杭州的老人家，大概您也认得，您若是在杭州，方便就一起来，所以可能我到了之后，会再电话连络，无论如何总会找一个地方见见面的。

敬祝　安康

既鸣敬上 2016 年 3 月 25 日

回忆篇之十：外公教我为人的点滴回忆

陈芝敏

小时候，记得外公的卧室墙上一直挂着四幅画，四只猴子用不同的姿态表达了：非礼勿视、非礼勿听、非礼勿言、非礼勿动之意。我不知道这四幅画是否外公画的，也不知道后来这四幅画去了哪里，但我知道，外公是这样的人。他也是这样教育着我们。

我自小是个活泼爱动的女孩，不仅成绩不错，还特别爱玩，尤其热爱体育。因为爱玩，跟同学之间关系也都不错。小学毕业前，虽只当过小队长，我也乐乐呵呵的很开心。

进中学后，班主任让小学当过班干部的同学都留下。回头一看，一半同学留下了，因惦记着去少体校开溜了。班干部定下来当然没我，我也不在意。半个月后的一天，班主任却让我留下，给我带了一个三道杠，于是我莫名其妙地当上了大队组织委员。大概体育好，又成了每次学校活动的大队旗手。周围同学对我的态度有没有变化，反应迟钝的我也没有感觉。

直到有一天，我与一位班干部打招呼，她明明听到却装未听到转身离去时，我才知道，她对我有意见了。事后也有同学告诉我，她在背后说我坏话。

那几天，我一直闷闷不乐，因为我不知道我哪里做错了，也不知道该如何做。

我的情绪被外公发现了，于是我把心中的委屈告诉了外公。

外公笑眯眯的问我：你不高兴了，你的那位同学会高兴吗？

当然也不高兴吧。

外公又说：现在你们在一个班级里，你们长大后也会有很多人在一个单位里。不管在什么地方，总有喜欢你的人，不喜欢你的人；有你喜欢的人，也有你不喜欢的人。一个集体里，不可能每个人都喜欢你，但你要学会喜欢每个人，喜欢他们的优点。

千万不要在背后说别人的短处，坏话。

你要真心对待同学，总有一天，不喜欢你的人也会喜欢你。

不要怕吃亏，吃亏的人总有一天不会吃大亏。

要懂得谦让，同学间要谦让；荣誉成绩前面你要谦让；家里你是姐姐，要谦让……虽然这样你现在看着是吃亏了，但时间长了，你会得到尊重。同学的尊重，弟弟妹妹的尊重，你自然也会开心了……

这些教诲都是平常外公对我说过的，我铭记了。

同学的传话不再听，我尝试去发现对我有意见那个同学身上的一些优点；每月积攒5毛的零用钱，帮助班里交不起学费的同学；也愿意给生病请假同学去补课……

后来，那个对我有意见的班干部对我友善了很多。有次在老师布置写一篇“学会了什么的”作文时，她组织了几个同学到家里去讨论，也邀请我一起参加。班级里其他的同学也对我非常好，也会非常积极地配合一些工作。

我这一辈子朋友很多，杭州话说“木梢”很多，之前我总为自己被人需要乐此不疲。回想起来，我是被外公影响了。

外公是个很谦让的人，也是愿意奉献的人，是个热心助人的人，更是位包容接纳之人。这些我从他为美协、画展、中学教研活动等等付出的辛劳中认识到。在家在外，他都是先他人先集体，谦让荣誉、谦让利益、谦让值得谦让的一切；乐意承担，承担责任、承担辛劳、承担委屈、承担值得承担的一切。在谦让和承担中他也得到了精神和人格的升华。

回首往事，时间在逆转。

一段对话，一件回忆，仿佛又回到了与外公相处的美好的时光。

2015年10月27日

回忆篇之十一：杭州艺专同学座谈会

前排左起：吕仲华、吴丽丹、董也山、陈芝敏、陈威遐、劳诚烈
后排左起：金铁强、胡炯炯、陈可、王月琴、金国光

主题：原杭州艺术专科学校部分同学对周天初老师回忆座谈

时间：2015 年 10 月 22 日

地点：杭州环城北路新白鹿 211 室

座谈者：董也山、吴丽丹、金国光、金铁强、陈可、胡炯炯、吕仲华、劳诚烈、王月琴、陈威遐(非艺专同学)、陈芝敏

速记员：赵彩玉

陈芝敏：各位老师好！我是周天初的外孙女，今天邀请各位老师帮我回忆我外公周天初在你们学校教学的情况和人品，教学时的点点滴滴。

陈芝敏：你们是哪年的学生？

董也山：1960 年杭州市委成立杭州艺术专科学校，由杭州市文化局领导，设有美术、音乐和编导三科，在 1960 年 4 月 1 日开学。美术科在当年春季招生 38 人，分设绘画和舞美两个专业，又在 1960 年夏季招收新生约 40 名，专业设置为舞美、装璜和染织三个专业。期间，又开设了书法课，不同专业的学生几乎都去听课。书法课的任课教师就是当年非常有名的周天初先生。你外公与潘天寿应该是同时代人。

陈芝敏：是的，潘天寿是 1887 年，比我外公小 3 岁，我外公是 1884 年的。

董也山：潘天寿是 1887 年，他们两个人年纪差不多，记得他们两个人最早筹备中国美术家协会浙江省分会，周天初是副主席，潘天寿是主席。后来又组建杭州市美术家协会。我还记得他是第一批留学日本的。

吴丽丹：我印象当中，周先生让人特别记住的是戴两副眼镜。

陈芝敏：那个时候你们学校校长是谁？

金国光：校长赵中岳，文联的秘书长。

董也山：我们学校是文化局办的，校长是杭州市文化局局长孙晓泉。学生的所有费用都是由国家出，连铅笔橡皮都是国家给。

陈芝敏：那时候我外公还在教书？他 1958 年杭州师范已经退休了的。很多学校来请他都没有去，怎么会去你们学校？

董也山：我们的校长孙晓泉是一个非常喜欢美术的领导，他要请到好的老师，没有他办不到的事。请到了像周天初、邓端和这样高水平的前辈。

吕仲华：我们学校连音专学习的时间一起算，读书有三年多，音专以后改成艺专，是 1959 年大办教育时搞的。

董也山：可是那时候讲出身成份。像我们班的方虎，他原是美院初中部招进去的学生，成绩非常好的，却因为成份不好，在美院初中部读了一年就被赶出来了。刚碰上我们杭州艺专招生,他就来了我们学校。读了半年一个学期被退学了。劳诚烈也是这样。出生好画得好也用功的同学,就留到最后了。

金国光:成份不好回乡的同学工作也难找。我们这些人留下的都有分配工作。

后来因为整个经济形势不好,学校搬来搬去没有定所,再后来才有校舍。最后停办这个学校很可惜。

董也山:学校如果办到现在,肯定人才济济了。那时学校情况很好,主要因为老师好,学生又用功很有钻研精神,很刻苦。

毕业以后同学都分散了,有些人改行。今天来的人大部分都还在搞美术或做美术老师。但很多人下乡去了。劳诚烈完全不能搞美术,因为他家文化底蕴厚,妈妈是老师,他自学英语,翻译了很多书,是教授。现在退休了他又画画,基础好,他的画马上到一个相当高的层次。他曾经有一篇回忆周天初老师的文章,文笔好又是美术评论家。

杭州市艺专如一直办下来就好,老师教的、我们学的都是真才实学。我们的学生分配到美术公司,都成一把手的设计、成了专家。

董也山:我是农村人,3 岁父亲去世,家庭很穷,少时没有受多少的教育,常到池塘边上去画画去。遇见艺专招生,喜欢画画的我就去了这个学校,到杭州来。当时学校条件艰苦,我们学习更加刻苦,也是对我们的磨炼,我是应该感恩的。

周老先生非常有才华,他也非常惜才。看到我们爱画画又刻苦,当我们是宝贝。看到成份不好的学生被赶回去了,他也很心疼。

但是越这样,我们留下来的很拼命,晚上、礼拜天没有不画画、不看书的。

陈芝敏:我听杭州师范陈日唐老师说,当时有一个叫沈同德(音)的学生,他音乐也好,美术也好,顾西林老师跟周天初都想要他,虽然外公爱才但也会谦让,他与顾老师关系很好,就谦让了。所以沈同德(音)后来留校当音乐老师。

董也山:那个时代条件艰苦,反过来说对我们有好处,是一种磨炼。条件优越的说不定你就成功不了。

吕仲华:周天初老师给我印象很深刻,他教学很好,是因人施教的。他一定要对每个学生熟悉、了解一段时间后,再根据每个学生的性格、特点一一地因人选帖,该学什么帖,为什么,应该注意什么,都交代清楚。第二个我印象蛮深的事是:每到课间,他会到办公室吃一碗给他准备好的宁波汤团,他是宁波人喜欢吃。

董也山:学校里所有人对他都很尊重,他到我们这里已经退休了。特聘这么有资格的一个大教授来教我们这些初出茅庐什么都不懂、书法根本没接触过的小孩子,他还认认真真教。当时不知道他的背景,只晓得他上课好,这是我们的大幸。

金国光:他是我们这一辈人的启蒙老师。龙眼、凤眼,原来我们一点不懂,不认识,他给我们教授的知识,印象非常深刻。

陈芝敏:那天我在网上看到董老师的自述:周天初是我的启蒙老师。我觉得他是懂得感恩的人,还记得启蒙老师。

董也山:在我书法展的序中,周天初的名字有人叫我不要写,我坚持要写,不能忘记的。

陈威遐:我补充一句,我这个观念不知道对不对,我拜过很多老师,有些名望很大,但我写文章或写前言时不敢提。其实我也是私心,怕人家说你拉大旗。

董也山:实事求是,不要怕。

陈威遐:我与朋友说起我出了一本书,提到了哪些老师,他说现在很多人喜欢提老师来抬高自己。我认为要提老师,表示:一、我没忘记你。二、我出了这本书,我传承了你。而且越是名望不大,水平好人品好的,我越要提。

金国光:我们也是一种感恩的思想。

董也山:今天这里主要是艺专的同学,今天的主题就是大家回忆回忆周天初先生的情况,这样的会我觉得要多开,其他人可能有更多了解,你们也可以作访问。

金国光:我知道淞沪战役阵亡将士纪念碑是周老师设计建起来的。

陈芝敏:是他设计、刘开渠雕塑的。50 年代初思想改造运动知识分子检讨反动思想的时候,他就去检讨过纪念碑的事。

金国光:周先生对我们的教育,我们是终身受益。他把我们从这些根本不懂书法的学生带入到艺术人生当中去。虽然我们年纪很小,但对周天初老师很有感觉,他是很有名气的一个教授,所以我们很珍惜。我在美术公司一直从事美术设计,工作中,老师教我的书法及各方面的手艺都起到作用。美术公司工作是多方面的,有书法、有设计的。周天初老师根据我的喜好、特点,让我学隶书,教我隶书应用的各方面知识,教我临帖的注意点。所以走上工作岗位后,手艺都能够跟社会需要接轨、跟实际结合。

金国光:当时经济状况不好,学校停办。但我们艺专出来的人基础好都有底蕴,我们同学,基本上在各个学科,或者是音乐或者是美术、国画、油画都很有才华,这跟老师分不开的。所以那天说周天初老师的事我们要聚一下,回顾回顾,我说很有意义。周天初老师去世得早,对他的宣传很不够很不够。

陈芝敏:他去世得比较早。

金国光:他是死得早,他实际上是跟潘天寿同辈的有影响的艺术家。

陈芝敏:昨天看到王伯敏写的浙江山水画的组织,是在 20 世纪下半叶,1952 年底浙江最早成立的浙江山水写生小组,就是我外公、潘天寿、吴茀之、潘韵等 8 个人组成的,当时他们经常去写生,大家互相交流,他们是同时代人。

金国光:我觉得周天初既是一个教育家,也是一个活动家,他搞一些社会活动,把美术界的人组织起来,是很了不得的组织者。

陈芝敏:第一届美术家协会浙江省分会第一任副秘书长朱琦,很多事情是朱琦做的,不能忘记。朱琦活着的时候跟我说,他是部队下来管美术,周天初多次建议成立协会也是发起人之一。朱琦说,筹备的时候我很多事都依靠他,周天初人脉多,学生多,所以第一届成立的时候就有三百多个会员,好多人名都是他提供的。

金国光:他教了多少年书?

陈芝敏:他自 1916 年上海美专毕业,留校开始教书,留学日本回来,1922 年又开始在师范教,同时在浙江省立甲种工业学校,就是浙大前身工作。退休再到你们学校工作的 1961 年算,40 年吧。他去世得早。

金国光:在我们学校的时候他大概 70 岁不到一点,67、68 岁。可惜 1961 年 9 月份学校全部停掉了。

劳诚烈:我的感觉是下半年冬天停的。因为我在 1961 年 4 月的时候就离开学校了。

金国光:我们是 1961 年 9 月份全部结束掉的。每年艺术学校是这样的,成绩跟不上要排除掉,家庭成份不好的也要排除掉,学期中间清退一些,学生会少人。

劳诚烈:我印象非常深刻的是我在艺专时候得到的教育,对我帮助最大的就是周天初先生。因为学校开头时候是不大正规的,教学环境也很差。在西湖电影院楼上,睡的是地板,也没有课桌,什么都没有。到了 1960 年夏天以后,搬到了杭州幼儿师范里面的一座大楼里,也就是跟杭州音专对换了以后搬到原来杭州幼儿师范的教学大楼里去的，在二楼。自此，我们寝室也正规了，上下铺；教室有了课桌椅，变成一个很正规的学校，就是在现在的幼儿师范，文二路上的。这个时候我们学校来了几个新的老师，一个是李觉老师，第二个何宝光老师，第三个就是周天初老师，开始上水粉课、水彩课、国画课，周天初老师担任书法课。我第一个感觉是他的风度非常好，人长长的、瘦瘦的，有点宁波口音，说起话来很规矩，有板有眼的，他教我们练书法。叫我们每个人先写几个字给他看看，我们就都写了。而后，他首先讲解书法的历史，篆书、甲骨文、钟鼎文，到汉朝就转变为隶书是官方的字体，接下来就是三国时代，到了魏晋的时候，就是接近楷书的魏碑体，一直流传下来，到唐朝就变成正楷。草书在魏晋的时候就非常流行了，讲了书法的源头，很详细。然后要我们根据自己的爱好选取，在看我先写的几个字后，他就建议我，说你写魏碑不合适，我觉得你写《张迁碑》比较合适，古朴厚重，你不要写太轻飘的。看了有些女同学的字，他就认为写《曹全》比较合适，他为每个不同的人量身定制了一种学习的计划。接下去他说还可以练一点草书，他说练草书，会使得笔划更加流畅，对字的音乐感、韵律性会较有体会。因为我们刚开始写，还不大吃得消。所以他说从比较规范的草书开始，他建议我们学孙过庭的《书谱》。练孙过庭的本，他说同时也可以掺杂其他书体的韵味，当时每一种碑体哪一种可以临摹，而在每一种书体里面，哪一种书体最好、格调最高。都是他告诉我的。他说在魏碑体里面介绍我们临写《郑文公碑》上、下。他的课我到现在印象都很深。我当时蛮用功的，都用笔记写下来，非常喜欢书法课，也非常喜欢周天初老师的讲课，而且得益匪浅。

后来的受益到什么时候体现出来？因为我是国民党家庭背景，分配到下面当农民，第一个工作是养猪，第二个工作是种番薯，第三个工作是种果树。后来因为我生病体力吃不消回到城里。当时街道办事处介绍我工作，就说你学过画的，到商业单位可以布置橱窗，介绍我到延安路一个碗店里当了学徒，我就在那个碗店里卖碗、踏货，碗卖完了要去仓库里拿货，要踩三轮车提货回来卖。回来没事的时候站在柜台边，蘸着洗碗落在玻璃上的水，在桌子台面上画字，因为用手指头撇捺写不出来，就画空心的字，写出撇捺的连贯性。无意当中的写字，被经理发现了，我想经理要骂人了。但他却说：你再写，多写几个。然后他说碗店里有时顾客要求在茶杯和碗上刻字，这个事情下次由你来做。从此以后刻字的事情就由我担任了。我记得当时一个空心字两分钱，一到过年过节，五一节或者是春节的时候，会有大批的瓷器的茶杯供应，单位的工会很喜欢到节日发点奖，最少就一个“奖”字，少点五六个字，多一点“某某单位先进工作者奖”，底下落款“什么什么单位工会”，“某某年度什么奖”，这样一来大约一个杯子 15 个字就三毛钱，有 20 来个字杯子算下来要好几毛钱。通常刻两三百个杯子，就有相当可观的收入。春节时业务非常多，刻下来有好多钱，这钱不用上缴，给本单位里职工个人平分，当时店里十个职工，好的时候可以分十几块钱，差的时候是 5 块到 8 块，不得了了。当时我的工资只有 34 块，加上十几块钱涨两级工资，所以我在店里的地位变得非常优越，因为可以给他们涨工资。等我三轮车拉货回来帮柜台卖碗时，他们就说你不用站柜台，进去坐着喝喝茶看看报纸好了。这是非常直接的好处。

书法还有另外一个好处，可以陶冶心情，让人变得非常的耐心。我听说有人把中国的书画比作中国人的音乐，宗白华先生说中国人的乐教失传，把心情融入到书法当中，书法就是中国人的音乐。我记得他说过中国书法理论中比较有名的两句话，第一句话他说中国书画是“手之曼舞，墨之纶音”，我听了以后，非常有感触。我就想到周天初先生的教导，他就教导我们在写字的时候，要有一点顿挫，有点节奏感，一波三折，一点三转，一个点要转三转，写一横要弯三弯，要波浪形。还有“情动形言，取会风骚之意”，下面还有“阳舒阴惨，合乎天地之心”，《书谱》里的话。所以我就很喜欢写字了，我觉得整个艺专里给我留下印象最深刻的就是周天初先生讲的课。而且对学生不厌其烦，看到同学写得不太理想，他说你站起来，我坐下来写给你看，然后他咬紧牙关，亲自走笔示范。记得他是这样拿笔的，做凤眼、龙眼、象眼给我们示范。他说走笔有三种方法，第一种龙眼应该这么拿笔，（我是闻所未闻，也从没看到人家写过这样的字）第二种是凤眼，第三种是象眼，这是他教的执笔的方法。这个细节大家都记得，是他坐在那里给我们示范的，示范了以后写的纸，我当时珍藏起来，以前我还保存着，但是一下子找不到了。记得他写的《郑文公碑》。已经过去50年了，我印象仍旧很深。我觉得我在艺专里面得益最大就是书法教育，这个课也是我最喜欢的课。喜欢到什么程度？那时候天很冷，砚台都结冰了，结冰的时候还在那里写字，从心底里的热爱，这种热爱就得益于老师的教导，得益于他人格的光彩，所以我们感受很深。所以今天叫我来谈谈对周老师的感受，我一定要来的，因为这个事情受益匪浅。

我就这么一些感想。我还有一本艺专五十周年纪念册，有周天初先生和我们师生的合影，可以复印一下给陈芝敏，另外一本给赵一益。

陈芝敏：谢谢谢谢！真的很珍贵。

劳诚烈：当时我们那一班的同学，有当校长、书记的潘云鹤，也有当老师的。除这里的老师外，还有李老师、姚老师。

陈芝敏：潘云鹤校长答应给老师周天初题个词。

陈威逷：前些年在浙大有个书法联展，潘云鹤在写前言中提到了老师周天初。我刚好出一本书，浙大请我去上书法篆刻课，我请浙大的老同志写序，他说你的老师周天初也是潘云鹤的老师，所以我记住了。现在纪念周老师，潘校长一定不会忘记的。

劳诚烈：周昌谷还在念书的时候我就认识他，因为他的妹妹是我妈的学生，他们经常到我家来玩，星期天会来我们家吃饭，交情很好。小时候我就喜欢画画，周昌谷妹妹就让我跟她哥哥画画去，我就跟着周昌谷跑来跑去，有一次机会看到周天初先生给周昌谷改画。

在我很小的时候，我妈妈在杭州师范管图书馆工作，我在图书馆见到过周天初老师，当时我不知道他名字。后来我跟周昌谷先生学画，当时昌谷先生还在读研究生，才二十八九岁很年轻。一次他在灵隐的冷泉厅旁边画水彩画，后来我看到周天初先生过来了，朝昌谷的画看看，他指出一些地方不对。周昌谷很谦虚地站起来请周天初先生帮着修改，周先生就坐下来改。这给我的印象深刻，我想这个人是“大牌”。后来周天初先生特聘到我们学校来上课，我一看就认出他了，我就非常佩服，知道他是美术界、教育界的泰斗，我知道有福了，很荣幸做周先生的学生。于是他的教导我都很详细地记下来，因为他是我先生的先生。

陈芝敏：什么时候的事？

劳诚烈：1954、1955 年的时候。

王月琴：我先向大家道个歉来得比较晚。因为女儿有个车祸要处理。前面大家都已经讲过了，我先问一下周老先生的女儿有没有来？

陈芝敏：我妈妈还健在，今天没来。

王月琴：我认识你妈妈的。

艺校的情况大家讲过我不再重复了，在周老师这里我们都受益匪浅的。我是学校最小的一个，学校出来，我被分配到杭州书画室跟西泠印社，工作时间比较长，我又住在西泠印社，周老先生经常到西泠印社来，晚上有时也住在那边，这样我跟周老先生相处更多了。我因住吴昌硕住过的那个房间，那里有张照片上都是过世的名人，过去他们都在这里聚会。我睡觉一个人很慌，所以我晚上会跑到周老先生那里去聊聊天。同时，周老先生也给我一些教导，他说你年纪还小，你现在就要好好用功去学，学好了以后写的字会漂亮起来。有时候他会把着手教我走笔、收笔。

他身体不太好，有胃病，经常胃疼，我在他身边常给他搞点开水，有饼让他吃一点，他有时吃一点，有时候不吃，正式的饭也很少吃，就像零食一样的。他住在那里有时候晚上会吐，我就跑过去看他。

跟周老先生在西泠印社时候接触多，发现他的生活很俭朴，没有什么要求，而且个性脾气也好，遇事很淡定的。有什么事情、有什么毛病，他也不声不吭，不会跟人家讲，照样认认真真、勤勤恳恳地工作。因为我们都住在那边，所以我对他的人品是看得清清楚楚的。一个人的品德最重要，我当时跟这些老先生接触以后，我觉得他们实事求是的品德真是应该值得我们学习。周老师字写得好，他也从不去跟人讲。现在有些人到处为自己宣传、吹嘘，周老从来没有。所以我感觉到从周老先生的身上我学习到了他的品德，学习了他做人的那种淡定、自爱，对人热情跟朴素的交往，这些东西在我内心深处是深深记忆着的，所以我老是会想到他。同时，我想到了周老师的女儿，因为周老身体不好，他的女儿中午会送饭，我们就聊两句天，我还跟她说：你爸爸身体不好的。

周老先生在人品上教了我不少，他的为人我在旁边看了不少，在书法方面对我的教导更多。直到有一次他晚上发病被送去医院以后，西泠印社就不来了。

陈芝敏：他住在西泠印社大概是几几年？

王月琴：大概是 1962、1963 年左右，那时候西泠印社没有扩张，人也比较少，我分配到西泠印社去很早，应该是 1961 年。学校时我 14 岁，分到书画社，书画社又叫我到西泠印社去。不管在艺校、在社会上，周先生对我的影响是最深的。因为后来在西泠印社遇到的更多的画家，有成名或是没成名的画家，不少人都很傲。但是周天初给我的印象真的很朴实、淡定、低调，从不张扬。而且他对每个学生都比较认真、负责的。像我，他给我选写《礼器碑》，我就每天早晚写，我不懂他教我，怎样一波,怎样三折,怎样点好,把着我的手教。在山上没什么事住在那里心又慌慌的,有他教教我,我心里很开心。

陈芝敏:他怎么一个人住在西泠印社呢?

王月琴:他身体不好,不愿意走来走去(回家),西泠印社山不高,他经常去,博物馆也经常去,跟他们聊聊天。所以昨天晚上吴振华约我参加座谈会,我说一定要来的。

陈芝敏:他是不是身体不好,回不去,住在西泠印社?他平常做点什么工作呢?

王月琴:对的。西泠印社对外营业的,有些人要刻章,当时吴振华还没有正式成为雕刻家,吴振华会请教周老,他跟周天初老师也接触多,后来吴振华刻章刻得很好。

陈芝敏:西泠印社这一段回忆蛮珍贵的,因为原来不知道他住那里的事。

王月琴:有住的,吴昌硕他们也来,有好几个房间,张宗祥也在旁边。他们活动的区域在博物馆。

陈芝敏:西泠印社复社的时候社长是张宗祥。我外公70岁生日,张宗祥送他的画上写的是"姻亲",具体不知道什么关系。

陈芝敏:吴振华的电话有没有?

王月琴:我没有,但是你联系得到的,他已经退休了。田立新调到书画社来的时候,周老先生已经不在西泠印社了,所以他们可能不认识,彼此是知道的,但没有相聚的缘分。

胡炯炯:对周老师的印象非常深,像一个老夫子一样。他给我们上书法课,我们本来什么都不懂,他是我们的启蒙老师,他的教学影响着我们的一生对书法的爱好。他给我们上课,因人而异定教材,而且他上课的时候非常耐心,一点怎么写,一横要怎么过去,龙眼、凤眼都讲得非常清楚的。因为我从来没拿过毛笔,在学校里那时候也是学工、学农、大炼钢铁这些的。他走到我面前看了一会，很耐心地说，女孩子我看你还是练《曹全碑》，很秀美的。然后他就具体教我怎么写。他的教学虽然时间不长，一星期只有一两节课，但是真的影响到我们一生，现在我一直对书法非常爱好，我课余的时候经常练书法的。我在学校里教书的时候也是，经常到工会里面找地方练，天天练书法。所以一个好的老师影响到学生的一生，不管有没有成就，兴趣爱好受益一生。

陈芝敏：胡老师您也是教美术的？

胡炯炯：我是小学老师，美术音乐都教。

金铁强：刚才各位同学都讲了很多，首先我要感谢艺专，因为艺专改变了我的命运。我在萧山初中刚毕业，老师说杭州艺专在招生，你要不要去？我在学校里很喜欢画画出黑板报。搞艺术我喜欢，学校就推荐我来了。出了艺专我分配到美术公司裱画，我也蛮喜欢的，跟画接触都喜欢。开始不知道裱画是什么，手工操作怕冷。这以后碰到了很多美院的潘天寿、吴昌硕、余任天等大师，接触很多书法家，我们给他们裱画裱得很好，我两个师傅都有名。原来我想学画的，不行啊，那时候有饭吃已经不错了，裱画就裱画吧，前后大概裱了七八年，就像八年抗战一样。

但画画这个情结一直在，我到现在也在画画。

第一感谢学校，第二个要感谢的就是周老师。为什么我要感谢周老师？我从萧山过来的毛头小子，小地方出来的什么都不懂，看到有这么一位老先生来给我们上课，人高高的瘦瘦的，皮肤黝黑的，上课戴两副眼镜的，就他的印象非常深。我想凡是上他课的同学，印象应该比其他老师都要深。周老先生教我的，我终身受用。我后来从美术公司出来，一直在学校里从事书法的教学。先教毛笔书法，中学部的软笔书法我教了三四年。后来到职高教书法，职高的学生以后要做营业员要开发票、写条子，跟人接触的，字写得不好是很难为情的事。周老师教我们写字就是一个人的第二张脸，所以我们要把字写好。商贸职高的学生我教了很多年，教硬笔书法、软笔书法。还有些人教教普通字，后来就教钢笔书法，因为我软笔书法有基础。所以很多学生受书法的熏陶，书法成绩有大幅的提高，我们教工也有书法比赛，有老师得奖。家庭里，我教女儿从小就炼书法，现在又教小外孙女书法，从学龄前幼儿园就开始教。周老先生教给我的东西现在也在用，终身受用。我的外孙女儿写字很好，在班里都是第一名，到育才中学老师让每个同学交三张钢笔字，她只写了一张，还有两张准备过两天交，老师却不要她交了，过关了，让她保持就可以。书法教小孩子从小开始，就像石头上刻下不会变，写好了终身受用。所以周老师对我们的书法教育，不管教学方法、教学理念，都给我们留下很深刻的印象，使我们终身受用。我没有再拜过其他老师，就凭周老师教我的，后来通过自学提高。现在我在画油画，还继续写字，我对写字始终感兴趣。我看了老董的字以后，绝对佩服。我非常想要你这本书，校长看到这本书也爱不释手，我舍不得给我们校长。向老董学习，因为你的国画跟书法结合得非常好。

人们常说的书画书画，有书才有画，书画同源，书是在前面的，画是在后面的。你要把国画画好一定要用到书法。我们社区有几个老同志退休后画，就是画不好，我说写不来字你就画不好画。我国画也画得比较好，很喜欢，现在时间紧张，但我念念不忘。

金国光：周先生对于我来讲，真是忘不掉，听了刚才的讲述，我想起一件从来没讲过的事。我是搞设计的，美术公司是一个综合性的单位，有很多牵扯到书法的事情，常有书法家在那边。我到美术公司是1961年。1964年的时候，浙江京剧团在胜利剧院演出，节目单介绍要放在剧院门口，当时需要写两张字，美术公司沈老先生写一张，时间急，美术公司领导就把我抬出去，当时派上用了。在这么好的书法先生面前，在一个专业的美术单位里让我出场，说明我还是可以的。这是我受周天初先生的教育以后，几年来自己坚持学习的结果。说明周先生教我的本事还有一点用场。短短一年多时间的启蒙教育，对我们以后的人生起到的作用是非常非常大的。所以我们同学回忆周老师是特别印象深的，都异口同声。我觉得当时学校有眼光，能够把周先生这种老前辈这种大师级的人请到学校来不容易，一般请不到的。

劳诚烈：当时学校是有长期打算的，计划扩展成杭州的一个艺术学院。丁世林他们好几个人到处去采访，去取经，回来打了报告，希望能够升级成艺术学院。结果当头一盆冷水：现在国家经济困难，大跃进跃了三年，大家没饭吃了，学校要下马了，你们这个学校现在属于下马之列，别想升级艺术学院，一盆冷水。

金国光：我们进学校保送一样，同学当中很羡慕很羡慕的，全部是国家培养的。后来的人生从艺专到了美术公司，最后退休。我很有感恩的思想，是党培养了我。进艺专全部是国家培养，连铅笔全是国家提供的，家庭条件差一点的，每个月还有 5、10 块钱的助学金给补贴。中途有很多单位、有很多机会要调我，我就不去，曾经杭州国宾馆叫我去，美院的工艺系要我去做老师，我都没去。这里有我跟老师、跟这个学校的感情在里面。

陈芝敏：我外公在 1953 年的时候，美院来调他，当时他也不走跟师范感情比较深。尽管在校外他跟著名画家们一起活动，但回到师范他始终喜欢教学的岗位。

董也山：我的感觉，他既是一个美术教育家，还是一个社会活动家。我知道省美协、市美协都是他协助搞起来的，潘天寿是美协主席，实际上具体工作多是他做的。当时美协根本没有多做事的人，地方最早就是在韶华巷。应该说他是一个社会活动家、美术教育家，教了很多学生，不光是我们，杭州师范、国立艺专有这么多学生，很多大名家都听过他的课。

我补充一下，周天初先生教育上、对艺术的观念上，是非常有高格调的。他给我们选帖的时候，根据你的性格，根据你写的字，看出该往哪个方向去发展，这个是要有眼光的。我记得到他家里去过几次。他谈话的起点也很高，他一定要选最好的东西，要我们学最高标准，名碑名帖，从难要求。他所谓龙眼、凤眼，书上也有，但那个时候不讲这些，西方文化进来以后，传统文化教学办法都靠边了。他虽然留学学的是西洋画，在传统失掉的那个时候他还在坚持中国的优良传统。还有让我们练习掌握型锻炼观察力。形怎么掌握，古人练习就举杯子给你看一下，盘子看一下，放好。你默写画个圆要跟盘子合上，说明你观察力强。这些就是古传。

金国光：我们学校领导有眼光的，能够请到周先生来教授。他是特聘教授，不坐班的。俞老师估计晓得的，最清楚应该是姚老师。

陈可：我只记得每到下课的时候，总是有很多同学在练书法，停不下来。大家是从心里喜欢这门课，喜欢周老师。

回忆篇之十二：采访西泠印社裱画师钱立新先生

等了好几天，钱先生不在杭州。2015 年 11 月 11 日接到鲍先生电话，告诉钱先生今天回杭州了。下午电话联系钱立新先生。

陈芝敏：钱先生，您好！我是周天初的外孙女。

钱立新：认识，认识。我认识周天初先生，也认识潘天寿、沙孟海、张宗祥等等，还有很多他们那批的老画家。当时我还年轻，在西泠印社做裱画工作，因为湖滨有我们的书画社，所以见到他们的时候很多。

陈芝敏：他们到你们那里的活动有哪些？

钱立新：主要是画和裱之间的业务联系，他们有字画来裱。还有是来欣赏、交流。我们书画社隔一段时间要换一批画，他们会来看看，也在我们这里聚聚谈谈天。

陈芝敏：您能具体的记住什么事吗？

钱立新：有的有的。一件是周天初和潘天寿有一张合作的画，送人的，与我有点关系。另一件事是去超山，他们几个人经常一起去写生的，因为这次我也跟去了，所以印象很深。记得是一个清明节，他们几位要去余杭县塘栖附近超山给吴昌硕扫墓，在报慈寺西面的宋梅亭边上。有潘天寿、周天初、吴茀之、潘韵、诸乐三等人，我知道他们经常上超山那里去。扫墓后，就一起去那里边的茶室，喝茶、聊天。茶室里的人看到他们热情得很，显然是老熟人了。这个茶室里挂着不少字画，蛮有味道。

陈芝敏：您说到周天初与潘天寿合作画的事情？是怎么回事？

钱立新：我们书画社除了这些有名的画家来，经常也有书画爱好者和有兴趣的收藏人来的。我记得有一个浙江体育学校的老师也是我们这里的常客，他有时候也会带老婆、孩子一起来的。有一次，他带来一幅潘天寿、周天初等人合作的端午画，画上有窗户草（艾草）还有端午有关的粽子什么的，让我给裱一下。我建议他还是作一幅长卷，再让其他名家题上词，档次会上去。结果这件事他叫我帮忙了。我因为画家熟人多，所以找了陆俨少、沙孟海题词。当时也不好意思说是他人的画，所以两位画家都以为是我的，给题了词，也因此写上因为我所请。几年后，有一位买主来问我这幅画原先是不是我的？我才知道体育老师把这张画卖了。后来我再碰到体育老师问他为什么卖，他说贴补家用需要。他的人样我很熟悉，名字忘了，当时他家住在现在文二路文三路那块。他最早是搞盆景的后来搞画了。

陈芝敏：你接触了这么多画界老人，印象怎么样？

钱立新：总之，1950、1960年代的这些大家，他们反倒更平易近人，对我们也客客气气的，他们互相之间也很尊重。

你有空来我家玩玩，我的地址是在：钱塘江边，梅登桥洋潘弄金棕榈花园。

陈芝敏：谢谢钱先生，您让我对老一辈画家增加了一些认识。

2015年11月12日补记

回忆篇之十三：怀念周天初老师（油画二幅）

金轶强

2016年1月画

回忆篇之十四：敬书周天初先生诗三首

祝富荣

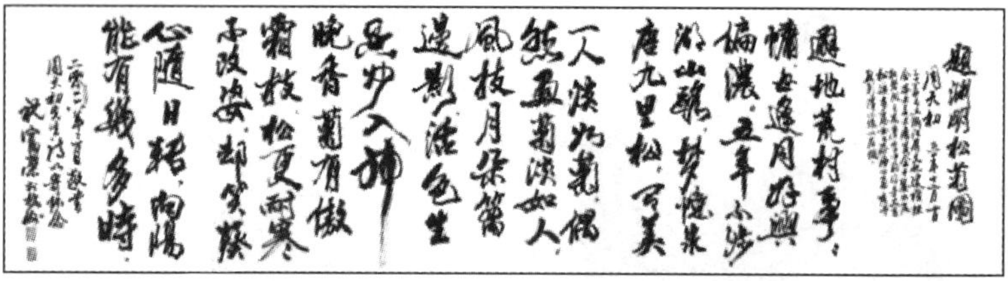

1962 年衢州程本一(左)带学生祝富荣(右)到周天初家访问留影

附录三 周天初作品篇(部分画作、手稿、论文、诗剩)

作品篇一:部分画作[①]
作品篇二:部分手稿[②]
作品篇三:希望[③]
作品篇四:部分诗剩

作品篇三:希望[④]

每个人为了希望生活着,如果没有希望,便不可以生活,断了希望甚至可以自杀,希望的情形,各各不同,有自身的希望,有个人希望于大众,有大众希望于个人的,也有个人希望大众或归望于另一个人的。

我于民国十一年抱着无限希望,择木而栖的来到杭州,第一希望是要追踪李叔同先生(即弘一法师早我十年毕业于东京美专)从事提倡艺术。最初执教于女子师范,翌年兼课第一师范,结果于十四年秋季创立

---

① 见文前彩色插页。
② 见文前彩色插页。
③ 见文前彩色插页。
④ 周天初《希望》,载《浙江第一次全省美展纪念特刊》,1949 年 4 月 10 日。同期另有周天初《读罗两峰所作丁敬身先生像》一文。

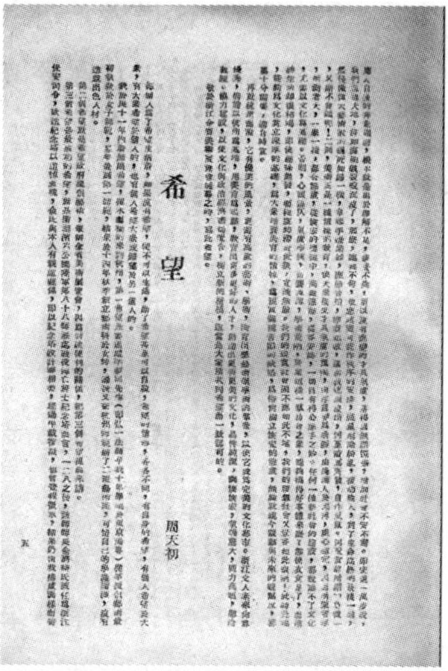
希望

周天初

艺术科于女师，过后又在杭州师范办了二班艺术班，可惜自己的学识谫浅，没有造就出色人材。

第二个希望就是希望政府提倡艺术，举办全省美术展览会，因为叙述便利的关系，把第三个希望提前来讲。

第三个希望是最成功的希望，就是指湖滨六公园陆军第八十八师淞沪战役阵亡将士纪念塔而言，一·二八之后，该师师长俞济时氏被任为浙江保安司令，欲造纪念塔以追悼忠魂，俞氏与本人有亲谊关系，即以纪念塔设计图相委，经过半载推敲，也曾登报征求，结果仍由我构成图样而寄托无限希望，这种希望，我却从未宣布，现在将过去的事实略加说明，以庆区区希望之成功。

俞氏之意，纪念塔莫好于面临湖山，余告以图意所在，不得不向东面，塔顶二武装同志，一为军官模样，向东指挥，一为士兵模样，枪杆向东北，这是象征着雪国耻收回东北的意义，基地四隅角，各栽柏树(原定计划栽以龙柏，今所栽者为刺柏)，共计八株，取义八百春秋之意，希望全国武装起来，随着八十八师英勇抗敌的精神，来保全我们四面八方的锦绣江山，平肩的四颗大炸弹，乃是俞氏自己附将上去，谓今后国防上必需注重空军，全部建筑的工程，却是老友顾季平君所计划的，铜像原想请江小鹣学长铸造(即湖滨陈英士铜像铸造)。是年我在国立杭州艺专兼课，因教务主任林文铮的介绍，就请刘开渠君造像监制，周围的浮雕还是刘君设计开凿的。

塔身的轮廓，是四方锥体的平截，所附贴的大理石却是直立而未与并行，我于立体的设计缺乏经验，一时失检，铸成不统一的错误，金石的作品，没法修改，这是无法弥补的缺憾。

塔是民国二十三年秋季奠基，二十四年春季树立的，二十六年起开始抗战，是年十二月杭州沦陷。纪念塔被毁，幸未全部破坏，胜利后，略加修葺，巍然犹存，我于是年冬复员返杭，遥望塔影，仰尔而笑，最近报载日本帝国主义者东条土肥原等战犯，业已执行最后的命运，而我的希望也就达到了，为之大快。

方才说第二个希望，希望政府能提倡艺术，举办全省美术展览会，这桩事是远在二十年前北伐完成时，全国教育实行大学区制的时候，曾经向浙大校长蒋梦麟先生秘书刘大白先生及党部委员沈定一先生建议举办全省美展，当时还留着一个深刻的印象，刘大白先生说："在现在的时候实际生活还成问题，那里还配得上讲什么艺术的生命，生命的艺术，且等日后再议……"甚至还想把女子师范的艺术科停止，刘先生是位大文学家，闻其所言，仿佛冷水淋头，不胜骇异，那时我自己也以为太不合时宜，知难而退。

其后许绍棣先生秉政浙江教育，大约在三十三年吧，重庆方面筹办第三次全国美展的时候，也曾为了全省美展事向教育厅建议，当时却未被采纳。

在非常时期内，创办定期性展览会，原属不易，作家分散，交通阻隔，邮递不便，实为主要原因，但许氏热心提倡艺术，记得二十八年四月及三十一年元旦与胡健中先生所主持之战时文化委员会合办战时文化美术展览于金华丽水云和等处，正合时代要求，虽未能达到目的，但那时并不觉得怎样失望。

最近李季谷先生主持浙江教育，李先生本人原是一位文艺作家，对于艺术深切了解，我还记得李先生于民国十六年长一中（即今之杭高）的时候，嘱我起稿，拟举办艺术特科，不久李先生因事离杭，不及举办，现在李先生来浙主持教育，当然我有许多希望，希望李先生来提倡艺术，登高一呼，万山响应。

机会到了，就是我的第二个希望可以成功了，有一天我去访旧，拜会李先生，李先生说：“多年不见，我正有事和你商谈，最近教育部举办全国美展，浙江的美术作品如何征求，你住杭州多年，情形熟悉，请为帮忙一下。”我当时就把我的大体意见贡献出来，李先生颇为赞同，同时介绍社会教育科赵欲仁科长与之商订办法，赵先生本来也有同样的计划，对于我之希望颇多吻合，于是一切计划，由赵先生主办，邀集国立艺术专科汪日章校长，潘天寿、孙福熙教授，及中学教师代表李鸿梁、俞乃大诸先生共策进行，结果今日之全省第一届美展，出现于西子湖畔之民众教育馆，琳琅满目，万人空巷的任人欣赏，我的希望果然实现了。

第四个希望，奇望这全省美展，继续不断的进行，年年影映在杭州市市民的眼帘。

第五个希望，还是从这全省美展而发，这次展览会期定在元旦，固然很好，不过这个时候寄居在杭州的人们，大都回家过年，不及参观，希望以后的展览会能在春秋二季分别举办，一次水彩一次油画，或一次国画一次西画，或一次巨幅一次小品，或其他……三四月八九月间，那时逛西湖的游客众多，领略山光水色之外，还可以带些艺术空气回去，盛大的展览会，岂可限于杭州市“庆赏元宵”，专供市民享受眼福？

第六个希望，是希望我们参加全省美展的艺术作者同志们努力于作品的进展，艺术是时代精神的表现，也不可受空间的限制要从现社会产生出来，首先要忠实，一切表现，要以社会环境为对象，不要高出而要深入，不要甜蜜而要生涩，不要贵族化而要平民化，不要空中楼阁，不要醉生梦死，中西混合的折衷画面，更不可说他是不中不西，不伦不类，因为艺术是没有国界的，艺术重在创造，不要崇拜过去的形式和过去的内容，把他刻舟求剑的来追摹，要知背时的艺术作品，实在会令人发生厌倦，假如这次全省展览会，一切作品都是仿古、摹古、抚古、拟古一类作品，简直是旧货摊的杂陈，明明是市场，哪里还有艺术展览的价值呢！我对于今番参加第一次全省美展出品的同志们，每位作家都非常敬爱，因为我们艺术工作者为了艺术应当劳力响应；虽然也有为了时间匆促，作品的工拙未及检讨，希望第二三……次展览会作品，逐次改进，这是个人自惕之外，同时希望于作者同志们的。

天初题画诗剩①

驴背图

二十九年一月二十三日，萧山失守，宁绍接境大有唇亡之虞。余恐路断，急于月梢离家赴碧湖。道经永康，访孙宾甫先生。宾甫索画，写此寄意。

薄海深仇不易销，东风凄紧浙江潮。

惊心故国传烽火，未许闲情滞壩桥②。

题青菜萝卜（二十九年三月）

二十九年春，与泉塘虞季中、富春张厚植同旅碧湖。寇患方炽，物力维艰，虽皋比坐拥，日三餐惟莱菔芥菜一盂而已。写此解嘲，季中写芥菜，余画莱菔并题。

莱菔③开花芥叶黄，书斋茹素若僧房。

悯时吾亦耻求饱，毳饭④何如皛饭⑤香。

---

① 句读、简体直译：杭州师范大学方爱龙教授；注释：浙江省之江诗社常务理事连金法先生和浙江省博物馆西湖画院院长、书画家董也山先生，部分源自“百度百科”等。

② 壩桥：拦水的建筑物，此处引为路上。即在“驴背”上也。

③ 莱菔：萝卜。

④ 毳(cuì)饭：戏谑语。“毳”为三“毛”，南粤与闽南“毛”通“无”，读音就是“无”的意思。故“毳饭”犹言“三无”之饭。

⑤ 皛(xiǎo)饭：谓白米饭、白萝卜和白汤。三者皆白，故戏称。语出宋曾慥《高斋漫录》：一日，钱穆父(钱勰)折简召坡(苏轼)食“皛饭”，坡至，乃设饭一盂、萝卜一碟，白汤一盏而已，盖以三白为“皛”也。后数日，坡复召穆父食“毳饭”，穆父意坡必有毛物相报。比至日晏，并不设食，穆父馁甚，坡曰：“萝卜、汤、饭俱毛也！”穆父叹曰：“子瞻可谓善戏谑者也。”

题老农车水图(二十九年三月)

赤日恣炎熇,陇亩失青滋。
老农恤禾稼,此日无闲时。
凭借清池水,举趾互高低。
昼尽夜又继,寸步不曾离。
莫谓故步封,连阡望无涯。
水流辘轳出,汗滴左右挥。
池水忽已涸,荷车大江陲。
赤帝即亡道,龙师安可祈。
民以食为天,灌溉敢云疲。
力尽犹未息,西月斜凉晖。
嘉谷苟不熟。薇蕨难疗饥。
寄语邻家子,袖手莫旁窥。
体此东皋意,努力共追随。

仙都月镜岩口占(二十九年四月三日)

皓月实而虚,明镜虚而实。
偶作小乘客,相对自怡悦。

题白云深处图寄王文翰(二十九年四月十日)

庚辰春假赴八婺,应浙江教育文化委员会之约评判战时文化展览品。归途经丽水,适值寇机来袭,警报频传,急趋避于白云山,因便访文翰兄,得叙乡情。嘱画补壁,仓卒无以应命。返校后,成《白云深处》图以寄之,并系以小诗四阕。

一声警报人空巷,云外机声顶上闻。
急向丽阳城外走,白云深处忽逢君。

忧时漫唱白云歌！薄海深仇未息戈。
两浙交通凭策画，车尘更比白云多。

君方任浙江公路局局长，白云山乃总办公处。

白云山上白云居，漠漠无心任卷舒。
为问当年虎门客，白云苍狗意何如？

北伐军兴，君任虎门要塞司令，故云。

君家移向白云住，知与白云时往还。
岭上白云分不得，我来偷画白云山。

山居奉母图为浙江省委员朱守梅先生作[①]（二十九年七月）

永康西南郊有凤凰山，山之麓有塔院曰“宝严”。锦溪潆洄，于其背迤东里许，有村名溪口者，则又似吾故里。朱君守梅称为第二故乡者此也，客岁于其地筑慈竹堂以娱亲，嘱为《奉母图》实其事，并赋四绝句以呈。庚辰孟夏。

清漪紫锦水，摇曳凤凰山。
疑是故乡住，输君种竹闲。

老母嗜清笋，临风忆孟宗[②]。

---

① 朱守梅先生在永康凤凰山溪口筑慈竹堂为其母住，以避战乱。作者应嘱画《山居奉母图》并题绝句四首相赠，诗中歌颂了孝道和清廉古风，也寄托了对奉化溪口亲人的思念。

② 孟宗：二十四孝之一，成语“哭竹生笋”的主人公，三国时荆州江夏郡鄳县（今湖北省孝昌县周巷镇人），后因避孙皓（三国时吴国末代皇帝，字元宗，孙权的孙子）字讳，改名孟仁，字恭武。少年时父亡，母亲年老病重，医生嘱用鲜竹笋做汤。适值严冬，没有鲜笋，孟宗无计可施，独自一人跑到竹林里，扶竹哭泣。少顷，有地裂声，只见地上长出数茎嫩笋。孟宗大喜，采回做汤，母亲喝了后果然病愈。后人有诗云：泪滴朔风寒，萧萧竹数竿。须臾冬笋出，天意报平安。

鱼官不遗鲊①，慈意倍从容。

庭植虚心竹，非维是吾师。
贞筇原有节，莱服②日追随。

依依慈竹影，不愿别须臾。
欲识天伦乐，请君看此图。

题秋景（二十九年十一月）

三载住碧湖，年年见乌桕。
衰颜借酒红，霜叶浑如旧。

题魏村狮子山（二十九年十一月）

吴中景物久关心，此地忽逢狮子林。
却笑倪迂多一事，从今懒向虎邱寻。

题箬溪口小景（二十九年十一月）

金刚山脚箬溪口，地接三峰百步间。
画理细参王摩诘，何劳跋踄终南山。

---

① 鲊：腌制的鱼。“不遗鲊”：不留私腌制的鱼。典出自“还鲊”的故事，也源于孟宗。孙皓时期，孟仁被授予主管渔业的官职，他亲自捕鱼精心烹制后送给母亲，其母送还，并责之以道，曰：“汝为鱼官，而鲊寄我，非避嫌也。”表现出一个贤母严守封建操守的可贵精神。后以还鲊指称贤母，或以鱼鲊表达为官清廉之意。参见明程本立《送鱼课司霍思诚》诗：“居有马鞯留客坐，食无鱼鲊寄亲尝。”

② 莱服：即莱衣。相传春秋楚老莱子侍奉双亲至孝，行年七十，犹着五彩衣，为婴儿戏而取悦双亲。后因以“莱衣”指小儿穿的五彩衣或小儿的衣服。着莱衣表示对双亲的孝养。参见唐杜甫《送韩十四江东觐省》诗：“兵戈不见老莱衣，叹息人间万事非。”

题三猿画(二十九年十二月)

视而不见,是大明咒。

听而不闻,是无上咒。

笑而不言,是无等咒。

题鱼狗(三十年一月十日)

功狗[①]逐兔为他人,鱼狗捕鱼为己身。

功狗已烹鱼狗[②]在,年年披翠立江滨。

警报中写景(三十年一月十一日)

警报逾时未解除,藏身树穴觉宽舒。

低头细听机声远,方弗老僧入定初。

插图(周天初随笔)

题枯树图赠别卢宽孙承志(三十年四月十二日)[③]

来日大难,

口燥唇干。

口燥唇干,吮笔难更难。

图成槎枒枯树干,

① 功狗,典出《史记》卷五十三《萧相国世家》:“高帝曰:‘夫猎,追杀兽兔者狗也,而发踪指示兽处者人也。今诸君徒能得走兽耳,功狗也。至如萧何,发踪指示,功人也。’”后以“功狗”比喻杀敌立功的人。

② 鱼狗是普通翠鸟的别称。因其常直挺地停息在近水的低枝或岩石上,伺机捕食鱼虾等,因而又有鱼虎、鱼狗之称。鸟类属中型水鸟,自额至枕蓝黑色,密杂以翠蓝横斑,背部辉翠蓝色,腹部栗棕色;头顶有浅色横斑;嘴和脚均为赤红色。食物以鱼类为主,兼吃甲壳类和多种水生昆虫。

③ 附张厚植先生题:朔气正凛烈,退藏讵为拙。春风转眼来,生意仍蓬勃。寒,暖始;枯,泽初。他年蓬勃意,此日敛藏馀。莫道冰霜能摧折,渎凛一树见风节。

半为生离，
半为流浪不成欢。
枯树春来还复萌，
他日相逢为君重点翰。
叶翩翩，花粲粲，请君取次看。

松阳独山写景（三十年八月）

莫说独山小，独山具独妙。
独山平地起，众山四围绕。
白鸟翻青幕①，孤云依独山。
松溪浪迹处，权作故乡看。

插图（周天初随笔）

题渊明松菊图②（三十年十二月十日）

三十一年元旦，浙江文化建设协会举办美术展览会于丽水莼社碧湖之友，虞季中构寻丈巨松，孙多慈女士添绘丛菊，嘱予画彭泽小像以应征。

避地荒村事事慵，每逢同好兴偏浓。
五年不涉湖山路，梦忆泉唐九里松。

有美一人淡如菊，偶然画菊淡如人。
风枝月朵篱边影，活色生香妙入神。

---

① 青幕，地名。

② 第一首言避战乱在荒村已五年之久，于艺事也遇同好才激起兴趣。作者魂牵梦系的是家国沦陷区。第二首颂画菊的美女人菊一致。第三首歌颂菊和松的傲霜品格，嘲笑葵花是没有骨气的小人。这里隐含对抗战战士的歌颂和投向太阳旗下丧失民族气节的汉奸们的鞭挞。第四首点明作画的主题，忧国情怀是相同的。

晚香菊有傲霜枝，松更耐寒不改姿。
却笑葵心随日转，向阳能有几多时！

孙工画菊虞补松，容我先描栗里翁[①]。
各有田园归未得，天涯兴慨略相同。

清晨浇花图（三十一年三月十八日）

晨风掠水来，皱纹侵吾脸，
风定水还平，脸皱不复展。

忆我垂髫年，每嫌流光缓；
而今逾四旬，夜长苦昼短。

自笑应不惑，群疑偏相绊。
暗中一摸索，眼花更撩乱。

眼花可戴镜，夜长且起早。
毋令寂寞心，处处添烦恼。

---

① 栗里翁：指陶渊明。栗里：庐山温泉北面一里许，是陶渊明的故乡。栗里坐落于山南虎爪崖下，是一个山环水绕，景色秀丽的山村。

陶渊明是淡泊名利、追求宁静美好生活的代名词，但元代遗民诗人却从中读出忠义，读出了不仕二姓的节操。具体表现在咏陶的诗人规模庞大，诗歌众多，形式多样，特别是题陶渊明画像诗，由于题画者的经历、思想、性格各不相同，陶渊明也具有不同的形象、内涵和价值。如黄枢题《乐志善所藏陶渊明画像》云："五柳弄碧色，众菊含秋芳。兴怀栗里翁，寸忠为激昂。忧勤企贤圣，气致超羲皇。但谓特隐逸，岂能详厥藏。观其所咏篇，荆苛与三良。殆欲身殉国，寓意何慨慷。述酒虽瘦词，三复增悲伤。耻周西山夫，报韩张子房。尚友千载下，前后相辉光……因将靖节心，与君细论量。饮酣得纵笔，勿谓吾为狂。"据此看来，陶渊明不仅耻于出仕刘宋政权，而且还如誓报韩仇的张良，有以身殉国的气概。持此观点者在《题渊明像》的诗作不少。作者是画家，这些画作和诗一定读了不少。处在祖国大好河山被日寇蹂躏的当时，其《题渊明松菊图》的画和诗就可以理解了。

烦恼不添心如扫，

养花四季不知老。

老年花似雾中看，

花在雾中看更好。

1942年画作 1947年6月题写

石帆写景（三十一年四月八日）

舟发丽水二十里入青田境，有岩壁如帆影突出江岸，一亭翼然其上，望之宛若当涂采石矶。隔江一村曰石帆，或以此得名。三十一年春假，余与李生承喜同游石门洞，舟经其下，回程写此以志游踪。

下水船，随流急。

上水船，篙穿碛。

上水复下水，

浪激船头白。

孤帆不阻石尤风，

山头应立望夫石。

题画花卉示艺术师范科真美级诸同学(三十一年五月十日)

趋新多险阻，返古亦趦趄。
谁能酌其中，脱然出囹圄。
绘事虽小道，造诣亦良苦。
黄荃善双钩，允称无双谱；
徐熙没其骨，卓然一帜树。
厥初师造化，于焉成鼻祖。
矫矫徐崇嗣，榘矱克绳武。
匹敌黄居寀，各自立门户。
渊源固可嘉，因袭非所取。
我昔初写生，喜气溢眉宇，
十指逞我能，不知手之舞，
一味尚形似，见与儿童伍。
自读东坡书，恍闻雷门鼓。
我今写此花，此花应解语。

题画竹赠毅风级诸同学(三十一年五月二十日)

兵氛四塞多荆棘，剩水残山浪迹难。
今日赠君无别意，写来个个是平安。

插图(周天初随笔)

桃源即景

桃源在景宁南乡，三十一年六月二十八日避寇来此，八月二十八日别去，得纪游图八帧，各系一诗。

其一(景宁一瞥)

二十六年秋，寇犯吾浙，登陆金山卫。冬随校迁建德旋返桑梓，翌年秋复校碧湖。三十九年冬曾一度归家，去年四月故土陆沉，今金兰敌进，迫不已，复由碧湖迁避桃源，又添万重云树，故乡消息更其模糊矣。

万叠景宁山，一线桃源路。
回头望四明，四明黯云雾。

其二（仙岩）

景宁城中至桃源村计五十五里，仙岩在桃源溪口旁，石甚平坦，釜甑丹灶，形迹天然，相传有仙人飞升于此。见《景宁县志》。三株树，地名，景宁西郊小村也。

早发三株树，乱山历无数。
仙岩忽在望，仙源不知处。

其三（桃源溪）

《景宁县志》：桃源溪在村外，溪水澄静，桃花夹岸。每当春日晴和，儵鱼出游，餐英唼影，不减武陵幽胜焉。

夹岸无桃花，绕溪生杂树。
地名桃花源，避秦来此住。

其四（胡一垒）

胡一垒，村西北隅之镇石也。
草木久惊心，陡然起疑怖。
胡为一垒高，髣髴黄云戍[1]！

插图（周天初随笔）

---

① 黄云戍，似有军队在戍守之意。参见李白《紫骝马》："紫骝行嘶，双翻碧玉蹄。临流不肯渡，似惜锦障泥。白雪关山远，黄云海戍迷。挥鞭万里去，安得念春闺。"又薛逢的《猎骑》："兵印长封入卫稀，碧空云尽早霜微。浐川桑落雕初下，渭曲禾收兔正肥。陌上管弦清似语，草头弓马疾如飞。岂知万里黄云戍，血迸金疮卧铁衣。"

其五(石鼓岩)

石鼓岩在村之正南,高丈许,旁有数石相扶,若置鼓架然吗,叩之镗然有声。详《县志》。

赤马红羊劫①,此中人不语。
欲秉鱼形桐②,登山叩石鼓。

其六(漈门)

《景宁县志》:漈门在深洋水口溪间,坦石中洼成巨潭,外一横闩而空其底,水从穴出,壁间旧有甑瀑喷如雨,其旁近巨穴无数,深邃莫测,疑为龙穿云。

泉落漈门深,龙穿甑瀑怒。
挟雨过前溪,共鸣浪迹苦。

其七(畲民打寮)

予避地桃源,寄寓吴氏昆仲耀周、佐周家中,相处至得。居两月将返碧湖,临别为写一图,以留鸿爪。图中之景,乃隔溪畲民打寮楼窗外所习见者。

山腰修竹围,山头薄云护。
美彼世外居,团圞一家聚。

---

① 红羊劫:古代的谶纬之说,代指国难。古人以为丙午、丁未是国家发生灾祸的年份。以天干"丙""丁"和地支"午"在阴阳五行里都属火,为红色,而"未"这个地支在生肖上是羊。后来,每六十年出现一次的"丙午丁未之厄",便被称为"红羊劫"。

② 鱼形桐:一种用桐木制成的鱼形击鼓用具。典出南朝宋刘敬叔《异苑》卷二:"晋武帝时,吴郡临平岸崩,出一石鼓,打之无声,以问张华。华言:'可取蜀中桐材刻作鱼形,打之,则鸣矣。'于是如言,音闻数十里。"

其八(回澜桥)

桥在桃源村口,重建于民国四年乙卯岁。梁上榜书“坐坐去”三字。

踟蹰复踟蹰,桥亭坐坐去。

也许再度来,行程须记取。

题画学生纪册(三十二年一月三十一日)

身如随波之鸥,心如不系之舟。

廿年陈迹何在?杭州严州[1]处州。

插图(周天初随笔)

① 严州:原位于浙江省西部,下辖建德、寿昌、桐庐、分水、淳安、遂安六县,为浙江省历史文化名城。见宋范成大《严州》诗:“城府黄尘扑马鞍,一篙重探水云寒。耳边眼底无公事,睡过严州二百滩。”

雁飞图（三十二年四月十五日）

屠君叔安索画，避地中意弛久未应命。寒食节邀饮于碧湖酒家，并约暑期共游雁荡，余心乐焉，遂为走笔，并寄乐清卢宽。

三月不知花猪肉，丹青不辨绯與绿。
叔安酌我以春醪，润我枯毫意殊俗。
君家雁荡山水好，闻之欣然意先到，
携屐共约登山游，喜心猎见雁飞早。

昨宵闲饮孙志昆君寓午夜方归倦甚晨起酒醒写此

湿云浮动春山活，膏雨微茫老树芽。
酒力困人人意懒，宿酲[1]初醒一杯茶。

怀归引四首并序题梦游黄山图

余自服务师范学校以来蝉联二十有一载，夙夜孜孜未敢或懈。于今始有倦意，盖以二十九年冬镇海报警仓惶出门家室遥隔，三十年四月十七日宁波失守，十九日吾邑沉沦，复未能拯家室于狂澜中，心焦灼不可言喻。迩日颇思乞假一年，暂归梓里以慰骨肉。馀暇拟作雁荡黄海之游，藉资休养，惟念国难当头，未便率尔请假轻离厥职。日写《梦游黄山图》以寄微怀。三十二年四月二十四日志于碧湖。

浮生将五十，接物有良缘。
所遇皆善类，交澹意缠绵。
绿杨遶黉舍，岁岁听鸣蝉。

---

① 酲(chéng)：病酒。宿酲，犹宿醉。三国魏徐干《情诗》：“忧思连相属，中心如宿酲。”宋司马光《和留守相公寄酒与景仁》诗：“想对白衣初满倾，执杯未饮已诗成。怀贤孤坐悄无语，不是朝来困宿酲。”

蝉联廿一载，反顾亦欣然。
师道今犹昔，时衰意兴迁，
整装其归欤，从无不散筵。

故人在巴蜀，寄我以巴笺，
盛说陪都好，要我缓息肩。
桂林山水佳，西与峨嵋连，
君如脚力健，一路看林泉。
无奈沧海水，淹没故乡田，
妻孥谁抛得，念之方寸煎。

国立艺术专科学校校长陈之佛兄期我今秋之重庆沙坪坝本校任课。

心胸怀汤火，岁月滞风烟。
正朔未能伸，杞怀实忧天。
所恃有长城，吾且策吾鞭。
百丈鹅溪绢，高踪追米颠。
挥毫雁荡中，泼墨黄山巅。
山灵如见约，期我待明年。

余以休假一年之意陈情，徐校长旭东允本届艺师科结束后再议。

众鸟自高下，蜗牛动蜿蜒。
愚驽循故道，一往直如弦。
既往奚必返，丹青老益专。
茅衡①时入画，清风来无边。

① 茅衡：茅屋。参见宋欧阳修《和圣俞聚蚊》诗句："富贵非苟得，抱节居茅衡。"又明朝画家唐寅《绝名诗》之一："领解皇都第一名，猖披归卧旧茅衡。立锥莫笑无余地，万里江山笔下生。"

良辰和美景，随分与周旋。
名山身外事，及早付东川①。

题画鸡冠花示真美级诸生有感而作

民国十一年承乏省立师范学校教职以来，二十一年间滥竽艺术专科师资讲席，历经三届。十四年倡设艺术科于女子师范，十六年北伐军兴该科几乎星散。第二届成立于二十五年，附设于杭州师范，初办时成绩斐然。翌年寇扰浙西，校址南迁，由建德而丽水，学生疲于奔命，遂致错落，勉为结束而已。三十年厅令临时联合师范举办艺术师范科即真美级也，虽人数寥寥，惟国艰中尚知努力，故成绩颇有后来居上之概。今距毕业期不远，余体力日益衰颓亦将归休，退笔写此，愿与诸君子共勉焉。三十二年九月二十七日志于碧湖。

昔余植鸡冠，观者叹未有，
圆转似绣球，矮脚随风走。
去年避寇患，归来立冬后，
拔草觅众雏，花细形如帚。
遗种落闲阶，今年萌依旧。
初时慎剪裁，但遣地力厚。
经秋忽踰垣，花朵大于斗，
并峙若宫纨，金冠络紫绶。
三载三莳花，花诚不我负。
人定乃胜天，化工操吾手。
天定固胜人，此理莫穷究。
且移鸡冠花，聊比蕙百亩。

插图（周天初随笔）

① 东川：此处泛指乡村。

手艺白菜盈畦喜为写生(三十二年十月二十四日)

古人惜寸阴,陶生①勤运甓。
何以操我劳,浇花乐晨夕。
种石轩之南,护蕉庭之北,
在昔之江滨,积久乃成癖。
避寇来栝苍,三思守故辙。
夙夜提喷壶,始终惟抱一。
檐前方丈地,量情为点缀。
杂花欣向荣,物我意俱适。
栖遑②六载还,周围就逼仄③。
岂不投所好,弃华乃崇实。
花坛陵为夷,径曲易为直,
谓为叶绿素,远胜花中蜜。
我艺园中蔬,初由习劳得。
讵知知非年,恧颜有菜色。
吁嗟首宿盘④,每饭无鱼食。
谁其缘木求,吾且食吾力。

---

① 陶生:陶侃。陶侃是东晋时期名将(259—334年),字士行(一作士衡)。他在任广州刺史期间,事务比较清闲,每天清早起床,把数百块砖搬到室外,傍晚又搬回室内,刮风下雨,严寒酷暑,从不间断。有人看见感到奇怪,问他:"为何要这样干?"他说:"吾方致力于中原,过尔优逸,恐不堪事,故自劳尔。"后人称他为"运甓翁"。

② 栖遑:忙碌不安,奔忙不定。北周庾信《和裴仪同秋日》诗:"栖遑终不定,方欲涕沾袍。"唐王绩《游仙》诗之四:"为向天仙道,栖遑君讵知。"宋司马光《送聂之美摄尉韦城》诗:"徒劳已足倦,漂泊益栖遑。"

③ 逼仄:狭窄。杜甫《逼仄行赠毕曜》:"逼仄何逼仄,我居巷南子巷北。"

④ 宿盘:这里是漂泊、逗留、宿住、盘桓之意。如盘川,指路费、旅费;盘桓,徘徊,指逗留、住宿。如曹植《洛神赋》:"浮长川而忘返,思绵绵而增慕。夜耿耿而不寐,沾繁霜而至曙。命仆夫而就驾,吾将归乎东路。揽骓辔以抗策,怅盘桓而不能去。"

戏题葫芦(三十三年二月二十日)

葫芦不自立,摇摇何所托。
不向杖头悬,便尔腰间缚。
畸人异想开,古藤为之络。
平置乃斯稳,贮酒花丛酌。
时亦汲山泉,携之入云壑。
道旁卖药者,于中藏何药?
谈谐若悬河,滑稽称渊博,
知否李铁拐,未疗自家脚。

题画盘菜(三十三年三月八日)

夫子盘中菜,非鱼亦非肉;
块根若芜菁,纤维似莱菔。
既猒[1]首蓿羹,偶尝得所欲;
细咀觉微酸,贪多乃作恶。
七载辟强邻,蹭蹬栝苍麓,
蔽体衣不周,病胃全愈缩。
无鱼漫思归,无肉尚不俗。
对此菜根香,毋忘勾践辱。

题春光潋滟图(三月十五日)

三十三年三月碧湖避地中,方英兴酣写此,天初略加点染并题。

---

① 猒,古同“厌”。此处应作饱、足。参见清段玉裁《说文解字注》:“猒,饱也。足也。足也二字依韵会增。浅人多改猒为厌。厌专行而猒废矣。猒与厌音同而义异。雒诰万年猒于乃德。此古字当存者也。按饱足则人意倦矣。故引伸为猒倦,猒憎。”

巴舡①早发瞿塘②，吴舲③来自瓜洲④。
吴儿劝住巴客，随波莫赴下游。
下游地接沧溟，四野洪水横流。
鸟衔木石未填，心潜海市蜃楼。
海市日中消散，蜃楼风括俱收。
碧浪桃花去处，何如小作勾留。

题山观瀑图（三月十五日）

画人作画大半闭户造山，画景与实境往往相去甚远。余写《雁山观瀑图》集大小龙湫于一幅，虽不免有倒海移山之讥，但与实境或差胜一筹。青溪徐哲甫先生闻余狂言，莞尔而笑，因加题为赠，期他日与共往游携之以相印证焉。

龙湫观瀑好，雁荡约重游。
延宕复延宕，雁飞几度秋。
大龙空际落，小龙挂壁溜。
梦魂相缠绕，胡事虚绸缪！

---

① 巴舡：巴蜀的船，泛指长江上游的船。舡（chuán 古音为 xiāng）：船，俗作舡。见《儒林外史》："那日叫了一只小舡，在水西门起行。"

② 瞿塘，指巴蜀瞿塘。见唐白居易《杂曲歌辞・竹枝》词："瞿塘峡口冷烟低，白帝城头月向西。唱到竹枝声咽处，寒猿晴鸟一时啼。竹枝苦怨怨何人，夜静山空歇又闻。蛮儿巴女齐声唱，愁杀江楼病使君。巴东船舫上巴西，波面风生雨脚齐。水蓼冷花红蔟蔟，江蓠湿叶碧萋萋。江畔谁人唱竹枝，前声断咽后声迟。怪来调苦缘词苦，多是通州司马诗。"

③ 吴舲：吴国的船。泛指长江下游的船。舲：有窗的小船，泛指小船。见《楚辞・九章・涉江》："乘舲船余上沅兮，齐吴榜以击汰。"《淮南子・俶真》："越舲蜀艇，不能无水而浮。"

④ 瓜州，在现在江苏省长江北岸，扬州市南面。从前是江中的沙洲，现在已经与江岸连成一片。见北宋王安石绝句《泊船瓜洲》："京口瓜洲一水间，钟山只隔数重山。春风又绿江南岸，明月何时照我还？"

云和仙瀑岩（三十三年六月二十日）

与方英避地云和沈村，地有仙瀑因以名乡。雨后揽胜写景各得一帧，因题。

晴岩万贯珠，雨崖百尺瀑。
上有仙女祠，英灵着乡曲。
踽踽山下客，力惫脚扑朔，
辟寇频往还，未遑探幽谷。
值彼素心人，逸情遽振作，
拾级登层云，松荫数息足。
冈峦列体势，丹青论格局。
谩道笔墨疎，夏山正怒目。

红岩白漈图

余设教省立师范已二十二年矣。甲申秋以行年知命乞告归休，始获给养半载，优游里光，兼任国立英士大学教授。暇日揽胜、观瀑、作画、吟诗，流连终日乐而忘归，于余之一生亦可谓并四美而具二难矣。腊尽冒雪返桃源有感而作，寄题于此。三十四年甲申①二月志于景宁桃源黉舍。

一劳致永逸，劳人不由己。
营营秋复冬，此身能馀几。
天垂白发斑，廿载一闲止。
平生不知闲，得闲反多事。
老妻与故旧，音书频频寄。

老妻速我归，门庭今有喜，

---

① 甲申应为乙酉之误。

弱男宜室家，二女方驯雉。
旧交敦聘书，雁山近在咫。
政惟鼎沸年，事事废而弛。
逡巡至里光，因循入讲肆。

六月间金华敌又向东南进迫，永嘉、丽水相继沦失，余随校重避桃源，同时英士大学由云和小顺迁辟泰顺里光。余既获短期休养，拟约眷属至宁海次女家过夏，且为正儿完婚。秋凉游雁荡山，山中有淮南中学校长郑以真先生故交也，闻之扫榻以待。因敌据永嘉不退，乐清亦被蹂躏，路塞作罢，乃至里光英士大学任课焉。

里光盆地耳，洼居沉锅底。
翼然位其中，一垒排空起。
士从东方来，相率游于艺。
愧无韩干才，薄奏雕虫技。
如不嫌下愚，他山相砥砺。

他山益以智，艺坛进以礼。
应物而象形，释回便增美。
物我久忘形，苍烟贮白水。
红叶点残岩，诗人歌乐只。
美景岂寻常，赏心良可持。

里光与司前相去十里，司前乃英大本校所在，设分校于里光红岩漈，距司前七里是左溪之源白水漈，由里光溯溪西行七里即至，二溪汇流于司前，飞云江之最上游也。

美景寻常是，赏心不可恃，

乐事方兴酣，良辰去何驶。
爆竹连山响，梅开腊尽矣！
山客选其家，余也将离此。
阴寒天欲雪，朔风悲旅次。

朔风凄且厉，旅途迢亦遰。
冻云压山巅，木冰绝鸟趾。
役夫一肩从，纡回风云里，
驾言访仙源，归来非故里。
故里何年归，劳人不由己。

桃源至里光山程六十五里，其间东坑至上田一段逶迤三十五里，大壑岑寂旷无人烟，路在山肩下临无地，平时行人视为畏途。时大雪迷漫，既惧狼虎且防盗匪，恐怖心理为生平所未曾有。

残美斋雅集图（三十四年十二月十日于碧湖）

去秋避地桃源兼课里光英士大学，见学生陈沙平君所作《群盲鉴古图》，颇觉诙谐，曾为题咏。今戏仿其意而扩充之，并录旧题，略事增删，以补馀白。

骨董[①]列几案，古玩盈轩榥[②]。
群盲诩鉴别，众喑共欣赏。
赝鼎不失鼎，铜尊曰银盎。

① 骨董：古董、古玩的旧称。记载最早见于北宋韩驹《陵阳集》卷三近体诗《送海常化士》："莫言衲子篮无底，盛取江南骨董归。……乞得金多未为贵，归来著眼看家珍。"这里说家珍即骨董。南宋吴自牧《梦粱录》卷十三"团行"一条中有："买卖七宝者，谓之骨董行。"

② 轩榥：窗户。南朝梁江淹《萧让太傅相国齐公十郡九锡表》："是以览云际而怀古，凭轩榥而未宁也。"此处引申为带窗格的立柜。

大聋顾而乐，自叹耳闻广；
聆音辄会意，倾心先拊掌。
駑踦与挛腕，工书兼造像。
漆书若蝌蚪，取法周秦上；
仙佛摹贯休①，鬼趣袭罗两②。
嗜古竟学古，满座皆技痒，
乃制集贤图，令名相标榜。
吾生何落落，幽居常悒怏③。
老莲此谑笔，恬然得长养。
江湖多至人，至人贵无想，
穆穆④复廱廱⑤，于世息纷攘。
勿以残废者，过从非吾党。
尺幅有馀地，盍为植一杖⑥。

---

① 贯休：贯休(823—912)，俗姓姜，字德隐，婺州兰谿(今浙江兰溪)人，是唐末五代著名画僧。7岁时投和安寺出家，为圆贞禅师童侍。贯休记忆力特好，日诵《法华经》1000字，过目不忘。唐亡后于晚年入蜀，被前蜀主王建封为“禅月大师”。他以诗著名，同时也是画家和书法家，有《禅月集》存世。他的一生，能诗善书，又擅绘画，尤其是所画罗汉，更是状貌古野，绝俗超群，在中国绘画史上，有着很高的声誉。

② 罗两，即罗聘(1733—1799)，清代画家，“扬州八怪”之一。字遯夫，号两峰，又号衣云、花之寺、金牛山人、师莲老人等。祖籍安徽歙县，其先辈迁居扬州。为金农入室弟子，善画《鬼趣图》，画鬼态无不极尽其妙，借以讽世。

③ 悒怏(yì yang)：忧郁不快。唐蒋防《霍小玉传》：“夫婿昨向东都，更无消息，悒怏成疾，今欲二年。”元王实甫《西厢记》第一本第二折：“听説罢，心怀悒怏，把一天愁都撮在眉尖上。”

④ 穆穆：宁静；静默。《楚辞·远游》：“形穆穆以浸远兮，离人群而遁逸。”晋陶潜《时运》：“迈迈时运，穆穆良朝。”唐胡宿《天街晓望》诗：“金波穆穆沙堤月，玉树琤琤上苑风。”

⑤ 廱廱(yōng yōng)：和乐貌。《楚辞·九辩》：“鴈廱廱而南游兮，鹍鸡啁哳而悲鸣。”王逸注：“雄雌和乐，羣戏行也。”

⑥ 植一杖，此处“杖”应该理解为“犁杖”，而不是“手杖”，有手持犁杖除草培苗之意。引申为不因有艺“盲”“艺”“聋”而漠视，要为其“植一杖”，“勿以残废者，过从非我 (转下页)

步韵题陈虚生群雀齐飞图(五月八日于杭垣)

虚生原唱

莽莽秋郊又晚晖,年荒谁惜稻粱稀。
风多枝弱栖难稳,自向山云深处飞。

黑穗黄云黯落晖,麦秋时节雀声稀。
扬翎已失逍遥意,到处弹丸何处归!

任博悟画园蔬余补绘蚕荳并和原韵(五月二十七日)

博悟原唱

为爱珍蔬护短篱,解嘲画饼未充饥。
写教天下同胞看,咽唾不曾燃荳萁。

薪桂奈何尽折篱,米珠到处闻啼饥。
邻姑昨夜语新妇,煮荳无妨燃荳萁。

题画虾(二月十七日)

杭州人指虾曰"弯转",近以白齿尽脱颇喜啖此,取其易于咀嚼耳

拙生失其方,直趋不弯转。
老而不转弯,何以补所短?

(接上页)党"。"杖"在古文中,既可指"手杖""刑杖"或"凭杖"。也可指"犁杖"。因为,犁杖在犁地之时,其下端犁铧须着地人土,其上端犁把儿须以一手持之,故曰"杖"。正如段玉裁所言:"凡可持及人持之皆曰杖。"(《说文解字段注》)又如《论语·微子》:"植其杖而芸。"苏轼《东坡题跋》:"非古之藕耕植杖者,不能道此语;非世之老农,不能识此语之妙。"

题水竹居图赠叶槑卿(三十五年双十节)

几处雕栏曲榭,何似竹篱茅舍?
爱他烟水苍茫,明月清风无价。

越叟朱怙生先生和作

与天初同饮叶梅卿家,蟹已输芒。燕谈殊畅,天老乘兴作画并题。嘱和,援笔成此。构出心亭意榭,恍忆松江蟹舍。老饕且醉且吟,休问长安市价。

芦雁(三十六年一月八日,古历十二月二十七日)

江秉甫表兄学业湛深兼工绘事,弱冠负笈东瀛、远游柏林习医,归后当道器重,扬历中外,并以仁术济世。五十后安隐闲居,复敦夙好,芦雁直追灏公。明岁为兄周甲之年,写此预祝。班门弄斧,聊博一粲云尔。丙戌腊月雪窗呵冻。

十年兵燹久相违,乍见雁行款款飞。
却喜阿兄老愈健,折芦画笔未停挥。
湖海浮沉归路赊,故园如客客如家。
抽毫怕对双蓬鬓,为写汀前红蓼花。

灯下鸣弦图(三十六年二月十三日)

劫馀无长物,何以慰吾情?
弦鼗①在怀抱,木铎②久相亲。
未合折腰舞,自赏弦外音。

---

① 鼗(táo):两旁缀灵活小耳的小鼓,有柄,执柄摇动时,两耳双面击鼓作响。俗称"拨浪鼓"。

② 木铎:以木为舌的大铃,铜质。古代宣布政教法令时,巡行振鸣以引起众人注意。宋苏轼《元祐三年春贴子词·皇帝阁》之一:"蔼蔼龙旂色,琅琅木铎音。"

抚此三条弦，一奏一沉吟。
岂敢夸白雪？俯仰独古今。
钟期不可遇，再弹夜已深！

画兔题偶（二月二十一日）

旷野逐狡兔，猎人苦力竭。
丹青但取形，株守讵为拙。

老夫株守圣湖边，
杨柳春风廿五年。
玉骨霜毫翻新样，
画来直探月精妍。
而今笔退意萧索，
眼花怕点迷离目。
子猷宅①畔耳双矗，
吾将扰之返林谷。

1947 年仲夏

题樱桃小鸟（三月四日）

的砾②出墙红，偷眼鸟先啄。

---

① 子猷宅：子猷，即王徽之(338—386 年)，字子猷，东晋名士、书法家，王羲之之子。曾历任车骑参军、大司马参军、黄门侍郎，但生性高傲，放诞不羁，对公务并不热忱，时常东游西逛，后来索性辞官，住在山阴(今浙江省绍兴市)。其书法有“徽之得其势”的评价，后世传帖《承嫂病不减帖》《新月帖》等。徽之生性酷爱竹，《世说新语》说子猷尝暂寄人空宅住，便令种竹。或问：“暂住何烦尔?”王啸咏良久，直指竹曰：“何可一日无此君！”“子猷宅”成了一种追求高尚有节、正直谦虚、坚韧不拔的理想生活的象征。

② 的砾(de lì)：光亮、鲜明貌。参见唐李邕《嵩台石室记》：“有巨石皆似蹲兽之类，叠花仰空，的砾琼脂，色如截肪。”明高启《甘露降后庭柏树》诗：“芳穠蜂蜜滑，的砾蚌珠圆。”此处喻樱桃的光亮鲜明貌。

老夫负手过，一笑珠胎[①]落。

题画铁树（三月十日）

甫得青春意，炎阳莫漫加。
黄河清可待，铁树岂无花。

插图（周天初随笔）

题画红泥小炉（三月十七日）

春寒料峭，浊酒不温，手制红泥火垆，增益绿醅春色，因赋短章，藉姿韵事。

劫后青山在，寒柯已着霜。
依然违老圃[②]，还复据胡床[③]。
斗室生虚白，残杯乐未央[④]。
红泥团活火，艺事尽商量。

---

① 珠胎：蚌体中正在成长的珠子。《汉书·扬雄传上》：（扬雄）"因《校猎赋》以风，其辞曰……'椎夜光之流离，剖明月之珠胎。'"颜师古注："珠在蛤中若怀妊然，故谓之胎也。"唐张说《卢巴驿闻张御史张判官欲到不得待留赠之》诗："旧庭知玉树，合浦识珠胎。"清金农《十五夜对月有怀》诗："已验珠胎随影满，可怜玉镜借光揩。"此处进一步喻樱桃其光鲜如珠胎脱落。

② 老圃（lǎo pǔ）：原意为有经验的菜农。此处指作者。《论语·子路》："樊迟请学稼，子曰：'吾不如老农。'请学为圃，曰：'吾不如老圃。'"何晏集解："树菜蔬曰圃。"唐杜甫《种莴苣》诗："中园陷萧艾，老圃永为耻。"指有经验的花农。

③ 胡床：亦称"交床""交椅""绳床"，是古时一种可以折叠的轻便坐具，其功能类似小板凳，但人所坐的面非木板，而是可卷折的布或类似物，两边腿可合起来。使用外出时还可以携带。因胡床携带方便、使用舒适，在中原地区得到广泛流传。古代诗文中的"床"也指"胡床"，即马扎，一种坐具，而不是指我们现在睡觉的床。比如，李白《静夜思》诗：床前明月光，疑是地上霜。举头望明月，低头思故乡。应该是：夜晚，诗人坐在门外的马扎上，感月思乡。如果是睡在室内的床上，且不说古代的窗户小且不能透光，就是抬头和低头的动作也讲不通。

④ 未央：未已，未尽。《诗·小雅·庭燎》："夜如何其？夜未央。"宋苏轼《竹间亭小酌怀欧阳叔弼季默》诗："盎盎春欲动，潋潋夜未央。"

有感画路路通(五月二十九日,近旬来学潮迭起)

菁莪①意彷徨,杞人怀忧怖。
志士泣穷途,英雄悲末路。
哀哉世纪末,人人窘天步。
口燥唇亦干,举趾失所措。
秦晋②未要盟,泾渭不可渡。
流民聚都邑,匪盗潜林薮,
谁谓路路通,路路多险岨。
吾欲问昊苍③,恻怆④不得语。

雁荡纪游

一九六三年十一月,第九次游雁山。

灵隐寺盆景

不同品种一盆中,似此栽花别有工。
我对霜枝偏刮目,爱它挺作老来红。

---

① 菁莪:《诗·小雅》中《菁菁者莪序》篇名的简称。指美育、育材。"菁菁者莪,乐育材也,君子能长育人材,则天下喜乐之矣。"又宋朱熹《白鹿洞赋》:"乐《菁莪》之长育,拔隽髦而登进。"

② 秦晋:春秋时,秦晋两国世代互相婚嫁。后泛指两家联姻,称秦晋之盟。此处秦晋指国共两党。

③ 昊苍:苍天。汉班固《文选·答宾戏》:"不覩其能奋灵德合风云,(龙)超忽荒而躆昊苍也。"李善注引项岱曰:"昊、苍,皆天名也。"前蜀韦庄《和郑拾遗秋日感事》:"小孽乖躔次,中兴繫昊苍。"

④ 恻怆(cè chuàng):哀伤。汉荀悦《汉纪·文帝纪论》:"夫贾谊过湘水,吊屈原,恻怆恸怀,岂徒忿怨而已哉!"宋秦观《田居》诗之三:"辛勤稼穑事,恻怆田畴语;得谷不敢储,催科吏旁午。"

题白沙泉

原名“白蛇坑”，在雁荡山下灵岩村左近，下注白溪者。余嫌“白蛇”二字不雅，改称为“白沙泉”。

愈晴愈白白沙泉，有泉无泉总飞白。
月照灵岩夜色清，龙湫无此玻瓈魄。

插图（周天初写生）

题过眼烟云

偶在废纸堆中检得旧作速写散叶若干纸，各有题材或失题，不载年月日，不详作于何地。披览之顷，仿佛如在五里雾中，殊可笑已。今后拟逐一为之复制。凭意兴所至，加以题咏，不计工拙，消磨馀年，不可示人。一九七〇年一月二十七日，韶叟第七十七诞辰。

一线光明

神仙境界令人呕，十日一山更何苦。
眼底烟云腕底生，只缘契合会心处。

（黄山一线天。一月二十六日拟作）

南明积翠

南明积翠翠千丛，却少云间数点红。
安得负锹临此地，补它紫槭与丹枫。

（丽水南明山。一月二十七日作拟作）

岩阿远眺

岩栖老子信心强，展望未来眉宇扬。
早将故土立锥地，献与人民做战场。

（雁荡山灵岩至响岭头公路旁所见。二月二十日作）

附录四　周天初主要经历年表[①]

时间	年龄	主要历史事件及活动
1894 年 12 月 10 日（清光绪二十年）	1	周天初出生在宁波奉化周村。父亲周世棠，奉化诗人、举人，历任官于浙江、河南、广东、江苏、安徽。
1898 年—1902 年	5—9	光绪变法废八股，不百日又复八股，父亲周世棠曾曰："世变太快，要速速地求学实用的东西，以应对时局变化；不要拘泥于制度和非议为也。"父亲经历了科举私塾教育时代及向学堂教育的过渡时期，他对子女的教育新旧结合相对开放。父亲的思想影响着少年时期的周天初。同时父亲教周天初兄弟、妹妹学国文，做诗、对联、写字、乐器等。 周天初曾经师从慈溪洪佛矢先生学诗。
1903 年左右	9	父亲周世棠在所居住之村创办锦江小学。 周天初是否进该学堂无记载可考。
1903 年（光绪二十九年）—	9—	1903 年父亲周世棠与孙表卿在宁波成立"新学会社"书店。1905 年再成立上海新学会社、图书发行总社。 周世棠亲自往日本编辑翻译图书。 次第成立广州、汉口、北京、天津、济南、奉天图书发行分社。 父亲为周天初创造了接收新文化的条件，也普惠了全国更多的莘莘学子。

① 为明晰主要生平活动，如执教经历等，年表中"时间"互有交叉。

续　表

时间	年龄	主要历史事件及活动
1906 年	12	父亲周世棠在新学会社图书发行社工作繁忙，他无岁巡视整年不断或打理社务，辛苦异常。他查阅出版的小学、中学及农学各书，不下五百种。其自己亲手编有：小学国文八册，小学中国历史二册，小学中国地理三册，中外大地图及东洋历史地图各一册。 1906 年父亲周世棠与孙海环编辑、出版《廿世纪中外大地图》。 1906 年父亲周世棠编辑出版《初等小学简明历史教科书》。
1908 年	14	父亲周世棠与孙海环再版《廿世纪中外大地图》。
1909 年左右	15	周天初就读浙江省立第四中(宁波)。
1912 年 (民国元年)	18	奉父母之命周天初与奉化县城(今大桥镇奉南村)大家族俞家女儿俞杏花结婚，妻子时年 17 岁。
1913 年	19	父亲周世棠校阅、出版《矿物学教科书　农学校用》，新学会社出版书籍至少 300 余部，《廿世纪中外大地图》四版。 周天初为妻子改名俞行华，长女周彩菊出生。
1913 年—1917 年	19—23	周天初就读于刘海粟创办的上海图画美术院，后名为上海美术专科学校，曾用名周耕云。同期就读西洋画正科并于 1916 年毕业。毕业后受刘海粟邀请留校任教，教西画，担任函授部教员，地点在白云观校区，自此开始其执教美术的生涯。周天初同期也在上海殷秀女学(上海北四川路横浜桥)兼教图画。

续　表

时间	年龄	主要历史事件及活动
1918 年	24	二女周慕贞出生。
1918 年—1923 年	24—29	协弟弟周天裕赴日本留学，周天初考入东京美术学校，其弟就读东京高师。1922 年周天初完成毕业作业提前回国。
1922 年	28	周天初与丰子恺在杭州成立西湖画会，丰子恺主持，主要骨干还有常书鸿、都锦生。
1922 年 8 月—1924 年 12 月	28—30	回国后周天初最先入职浙江公立工业专门学校(浙大前身)，担任纹工场主任兼教员，所教课程为：图画、染织、图案等。
1922 年 8 月—1923 年夏	28—29	在浙江省立女子师范学校担任美术学科主任兼图画教员。
1923 年	29	儿子周启正出生。
1923 年—1925 年	29—31	1923 年上半年在浙江省立第一师范学校、1923 年秋至 1925 年夏在浙江省立第一中学校(改制)，担任艺术学科主任兼教员。
1925 年	31	三女周慕梅出生。
1923 年秋—1927 年夏	29—33	在浙江省立女子中学校担任艺术学科主任兼教员。
1927 年秋—1928 年春	33—34	在浙江省立第一中学校担任艺术学科主任兼教员。
1928 年	34	小女周菊媛出生。
1928 年秋—1929 年夏	34—35	在浙江省立高级蚕桑科中学兼职图画教员。

续 表

时间	年龄	主要历史事件及活动
1923 年—1926 年	29—32	先后在私立上海东方艺术大学、上海艺术专科师范、私立浙江艺术专科师范当讲师，教西画。经常奔波于上海与杭州之间，风尘仆仆不以为苦。
1928 年 8 月—1936 年	34—42	国立西湖艺术院成立（后改名国立杭州艺术专科学校），周天初受林风眠和潘天寿的邀请，教色彩学、透视学课程。周天初授课、编写教材，在国立杭州艺专教学 8 年。
1929 年—1934 年	35—40	在浙江省立高级中学、浙江省立杭州高级中学担任学科主任，教图画。
1931 年—1958 年	37—64	在浙江省立杭州师范学校任图书馆主任，教研组长，教美术、工艺、图画。
1931 年	37	二儿周甘甘出生。
1934 年—1935 年 2 月 22 日	40—41	受八十八师师长俞济时委托，设计筹建陆军第八十八师淞沪战役阵亡将士纪念塔。周天初邀请刘开渠雕塑、顾季平建筑，于右任题字。
1934 年	40	杭师建造新校舍，周天初与顾西林坚决主张美术、音乐两科一定要有专用教室，在校长徐旭东的支持下，几经交涉，得教育厅同意。翌年，杭师新校舍落成，教学大楼中采光良好，美术教室由周天初设计。
1935 年春	41	杭州书画界志同道合者组织“莼社”，社名为姜丹书所取。周天初、周子序、潘天寿、唐云、来楚生、高野侯、丁辅之、陈叔通、陈汉第、潘臣青等均为其中成员。

续 表

时间	年龄	主要历史事件及活动
1936 年	42	离开国立艺专。 考虑家人的安全和去处。 浙江省教育厅为培养美术音乐体育劳作专科师资,杭师增加特别专科项目,周天初担纲美术科目。为艺术师范科精心计划花费大量心血。
1937 年	43	安顿家属回奉化老家。 随杭师迁移浙江建德梅城,借严州中学上课。
1937 年 11 月—1945 年	43—51	日军在全公亭登录,松江沦陷,杭州师范学校、浙江省立民众教育实验学校师范科于13、14 日携手开始转移建德、丽水等地。抗战八年,时局动荡,师范学校时而逃亡、时而解散、时而合并、校舍建建搬搬,满目疮痍;流离颠沛多年随学校转移的周天初坚持下来,但落下严重的胃病。
1938 年	44	三儿周旦旦出生。
1938 年—1945 年	44—51	周天初随学校避难于丽水,妻子在老家带着孩子避难山区,缺医少药,女儿周菊媛、儿子周甘甘和儿子周旦旦,前后在六七年中生病相继死亡。
1940 年	46	应浙江省教育文化委员会之约,去八婺评判战时文化展览品。 1 月画《驴背图》赠与永康孙宾甫先生。 3 月与虞季中合作画,虞季中写芥菜,周天初画莱菔并题词《题青菜萝卜》。 3 月画《老农车水图》。 4 月画《仙都月镜岩》。 4 月画《白云深处图》赠于王文瀚。 7 月画《山居奉母图》送朱守梅。 11 月画《乌桕》。 11 月《题魏村狮子山》、《题箬溪口小景》。 12 月《题三猿画》。

续 表

时间	年龄	主要历史事件及活动
1941 年	47	1 月《报警中写景》。 1 月《题鱼狗》。 4 月画《枯树图》增送离别的卢宽、孙承志。 8 月《松阳独山写景》。 12 月《渊明松菊图》由周天初与孙多慈、虞季中合作画，周天初题词。该画应征 42 年元旦浙江文化建设协会举办的美术展览会（于丽水莼社碧湖之友）。 父亲周世棠在重庆辞世。
1942 年	48	3 月画《清晨浇花图》。 4 月《石帆写景》。 5 月为艺术师范科真美级同学题画花卉、为毅风级同学题画竹。 《桃源即景》： 其一《景宁一瞥》； 其二《仙岩》； 其三《桃源溪》； 其四《胡一垒》； 其五《石鼓岩》； 其六《滐门》； 其七《畲民打寮图》赠于周耀、周佐兄弟； 其八《回澜桥》。
1942 年 8 月— 1944 年 12 月	48—50	周天初受聘国立英士大学，任西洋美术史、色彩学、透视学、艺术解剖学课程，副教授。校址：云和。
1943 年	49	1 月《题画学生纪册》。 4 月画《雁飞图》赠于屠叔安。 题《梦游黄山图》怀归引四首。 9 月为真美级同学毕业题画《鸡冠花》。 10 月《手艺白菜盈畦喜为写生》。 周天初受国立艺专校长陈之佛邀请，望其去重庆沙坪坝任教。回复有诗一首

续 表

时间	年龄	主要历史事件及活动
1943 年 4 月	49	周天初在师范学校连续服务 15 年以上，受到浙江省教育厅表彰。
1944 年 9 月 27 日	50	2 月《戏题葫芦》。 3 月《题画盘菜》。 3 月为方英《春光潋滟图》略加点染并题词。 3 月画《雁山观瀑图》赠于徐晢甫。 6 月画《云和仙瀑岩》
1945 年	51	2 月画《红岩白潺图》。 5 月周天初步韵题陈虚生群雀齐飞图(陈虚生原唱)。 5 月任博悟画园蔬，周天初补绘蚕荳并和原韵(博悟原唱)。 11 月周天初在师范学校连续服务 20 年以上，受到教育部表彰。 12 月为学生陈沙平《群盲鉴古图》题词《残美斋雅集图》。
1946 年	52	1 月周天初随学校由丽水碧湖迁回杭州。 2 月《题画虾》。 10 月《题水竹居图》赠叶槑卿。 把家属带回杭州，先后送几个子女读蚕校。周天初的弟弟周天裕在该校当教务主任。
1947 年	53	女画家孙多慈为周天初速写《弦歌自乐图》，邹士润题词。 1 月为江秉甫表兄预祝周甲写《芦雁》。 2 月为自己喜爱之三弦作《灯下鸣弦图》。 2 月《画兔题偶》。 3 月《题樱桃小鸟》。 3 月《题画铁树》。 3 月《题画红泥小炉》。 5 月《有感画路路通》。

续 表

时间	年龄	主要历史事件及活动
		6月杭州师范专为“周天初先生担任教席念五周年、执教杭师十六周年纪念册”出纪念册，校长孔祥嘉作序，浙江省教育厅厅长李英超题签。现存于浙江图书馆古籍馆。
1949年初	55	举办浙江省美术展一直是周天初的心愿，他从北伐完成时第一次提议到1944年再次提议，直到1949年得到主持浙江省教育的李季谷支持，在社教科的主办下，邀国立艺专汪日章校长、潘天寿、孙福熙、李鸿梁、俞乃大共策，在杭州民众教育馆举办了浙江省第一届美展，周天初在《浙江第一次全省美展纪念特刊》上发表《希望》和《读罗两峰所作丁敬身先生像》。 杭州解放。
1952年秋冬	58	周天初发起，与潘天寿、吴茀之、汪勖予、潘韵、童鹤宵、王伯敏、虞开锡等人成立新中国成立后浙江国画山水的第一个组织，名为《国画山水写生组》；第二年增加了孙慕唐、诸乐三、周启人和赖一匡。聚会讨论学习绘画史、互相评画，或外出写生。
1953年	59	美院邀请周天初任教，吴容校长要以相同水平之教师调换为由拒绝。 暑假，请学生帮忙将画箱晒太阳，发现13箱书、画被白蚁蛀害。
1954年	60	社会上：由周天初、潘韵、周启人等人积极建议筹备，4月26日举办了浙江省乃至全国解放后的首届山水画专题画展。 学校里：年底，在浙江省杭州师范举办学生的美术作品展览会。 浙江杭州师范新建校舍建成后，周天初亲自动笔为顾西林的音乐教室画了冼星海油画。

续 表

时间	年龄	主要历史事件及活动
1955 年	61	多次提出建议,成立中国美术家协会浙江省分会。
1956 年	62	杭州市中等学校首次评一级教师,全杭州市共 7 名,杭师占一半以上,该校周天初、顾西林、唐兆祥、袁恒初获一级教师称号。
1958 年	64	配合浙江省文联与朱琦一起筹备成立中国美术家协会浙江省分会。5 月 1 日筹备会议,即讨论并成立了 24 人组成的省美术家分会筹备小组。 8 月周天初因病退休。
1959 年—1961 年	65—67	杭州艺术专科学校特邀,教授书法。
1960 年	66	周天初配合杭州市文联与徐碧圭等人筹备成立杭州市美术工作者协会。1960 年 4 月 24 日成立,主席黎冰鸿,副主席周天初、吴健锋、顾生岳。
1961 年	67	省美协筹委会收集并组织发动全省的美术工作者、编写章程。1961 年 7 月省美协分会正式成立。第一届就发展到 332 人,潘天寿任主席,周天初和倪贻德、黎冰鸿、姜丹书、张宗祥、邓白、肖传玫、马凤棠、张漾兮、史岩共十位副主席,倪贻德兼秘书长,朱琦为第一任副秘书长。 7 月画《鹰蟹图》。
1962 年—1965	68—71	与张宗祥、潘天寿、沙孟海等人组织了“杭州书画研究社”。 承担协会的公益性工作:为专业的美术家创造更多的交流、提升、展示的机会;为业余的、

续 表

时间	年龄	主要历史事件及活动
		基层的美术爱好者提供学习、培训、普及美学的帮助。如上辅导课,组织学习、观摩、创作、修改画作等活动,并组织评审和展览。
1963 年	69	周天初与邓端和等人合作画《山花烂漫》作为杭州市文教卫生群英会之礼物。
1967 年 3 月—1969 年	73—75	前列腺肿大、黄疸肝炎、胆囊病。 被贴大字报、被调查有关设计建造八十八师阵亡将士纪念碑之事。 写有《久病》一文。
1968 年	75	外孙女去黑龙江,写有诗文相送。
1970 年 10 月 27 日	76	逝世,享年 76 岁。

附录五　参考文献和资料

一、参考文献

1. 周世棠,《甬山堂诗集》(线装六卷),1930 年。
2. 《农家百事问答》,新学会社,宣统元年(1909 年)三月。
3. [日]上野英三郎原著、沈化夔译述,《农业土木教科书》,新学会社,1913 年 7 月。
4. 杭州师范学校编,《周天初先生担任教席念五周年、执教杭师十六周年纪念册》,杭州:浙江省立杭州师范学校,1947 年 6 月。
5. [日]吉田千鹤子,《东京美术学校的外国学生》,韩玉志、李青唐译,香港:天马出版有限公司,2004 年 12 月。
6. 姜丹书,《姜丹书艺术教育杂著》,杭州:浙江教育出版社,1991 年 10 月。
7. 西湖国际美术家联谊会编,《湖上学人——王伯敏》,香港:远东文化艺术交流中心,2013 年 1 月。
8. 谢鲁渤,《浙江大学前传——烛照的光焰》,杭州:浙江人民出版社,2011 年 9 月。
9. 咸信,《毕生致力美术教育的周天初先生》,见政协杭州市委员会文史资料委员会编,《师魂初编》(《杭州文史资料》第 12 辑),杭州:浙江人民出版社,1989 年 7 月。
10. 邓晴南,《只为馨香重　求者满山隅:音乐教育家顾西林生平与教学研究》,北京:中国社会科学出版社,2011 年 12 月。
11. 高宁编著,《百年名校　杭州高级中学》,杭州:浙江教育出版社,2009 年 4 月。
12. 高宁,《一所学校与一个时代——曾经璀璨的浙江教育之光》,《教育信息报·教师周刊》,2008 年 5 月 10 日。
13. 中国国民党浙江省党部编,《反日宣传小丛书·沪难与日本》,1932 年 3 月。
14. 翁照垣述,《淞沪血战回忆录》,台北,文海出版社,1974 年。
15. 詹宝光编,《淞沪抗日之血痕》,伤兵管理委员会,1932 年。
16. 徐怡、刘异编,《淞沪御日战史》,上海:民族教育社,1932 年。
17. 华白编,《一·二八淞沪抗战》,大成出版公司,1948 年。
18. 曹布拉,《杭州师范大学艺术教育史文献汇编·卷三　艺术教育年表(1908—2012)》,杭州:浙江文艺出版社,2012 年 10 月。

19. 王映霞,《王映霞自传》,合肥：黄山书社,2008 年 3 月。
20. 浙江文艺出版社编,《郁达夫日记集》,杭州：浙江文艺出版社,1986 年 10 月。
21. 桑逢康,《仙侣怨偶——郁达夫与王映霞》,北京：中国青年出版社,1994 年 12 月。
22. 朱联保编撰、曹予庭校订,《近现代上海出版业印象记》,上海：学林出版社,1993 年 2 月。
23.《民国时期杭州》,《〈杭州历史丛编〉之六》,杭州：浙江人民出版社,1992 年 8 月。
24. 刘开渠,《刘开渠美术论文集》,济南：山东美术出版社,1984 年 8 月。
25. 中国美术家协会编著,《中国美术家协会 1949—2002 会员辞典》,北京：人民美术出版社,2004 年 3 月。
26. 奉化市志编纂委员会编、胡元福主编,《奉化市志》,北京：中华书局,1994 年 1 月。
27. 刘海粟,《上海美专十年回顾》,载《时事新报·学灯》,1922 年 9 月 17 日。
28. 袁宣萍,《从浙江甲种工业学校看我国近代染织教育》,载《丝绸》,2009 年第 5 期。
29.《西湖边的抗战纪念碑》,载《杭州日报》,2012 年 8 月 12 日。
30. 刘锦琪,《郁达夫与周天初》,载《浙江日报》,1986 年 8 月 30 日。
31. 李喆,《早期上海美术专科学校研究(1912～1927)》,东华大学硕士论文,2013 年。

二、参考资料

1.《1956 浙江省杭州师范学校教职员工经历情况调查表》,杭州师范大学档案馆。
2.《上海美术专科学校二十五周年纪念一览》(教育部立案),上海美术专科学校,上海图书馆近代文献馆。
3.《浙江省甲种工业学校各门专科毕业成绩单》,浙江大学档案馆。
4.《浙江省甲种工业学校印染专科 1918—1824 入学名单》,浙江大学档案馆。
5.《英士大学一九四三年度第一学期课务》(教字第九十八号之一)卷,浙江档案馆(E222 1054－002－0076)。
6.《英士大学课程编制教材设备、谁开学程一览表、教员授课时数及修习学生人数一览表》,浙江档案馆(E222 1054－002－266)。
7.《国立英士大学三十二年度第一学期课务》《国立英士大学三十二年度第一

学期各院科系组教授课时间总表》，浙江档案馆（E222 1054－002－266－16）。

8.《国立杭州艺术专科学校职员一览表（廿三年三月）》，浙江档案馆（L056）。

9.《浙江省政府公报》2293期，浙江档案馆（旧资政府394）。

10.《上海私立美术专门学校关于教职员学生一览报江苏省教育厅转教育部呈》《上海美术专科学校校董会及学校、在北洋军阀时代、呈报伪教育部立案表件及往来文书》，Q250－1－2－8；《上海私立美术专科学校概况》《上海私立美术专科学校向伪教育部及其他有关机关填报本校一般性概况等表件（上卷）》，Q250－1－7－15；《私立上海美术专科学校关于上海市专科以上学校调查表》《上海美术专科学校向伪教育部及其他有关机关填报本校一般性概况等表件（上卷）》，Q250－1－7－52》。上海市档案馆。

后　记

陈芝敏

在周天初辞世46周年的今天,《韶华老人周天初》将要出版。《韶华老人周天初》最早是2005年因杭州市政协文史资料委员会收集现代与杭州有关系之文化名人史料的约稿,我第一次为外公撰写了《韶华老人周天初》一文,刊登在《耆英影事:现代文化名人与杭州》一书内。由于收集资料时间紧,很多经历无暇进一步考证,故尚未入文,而且因年代久远知情人凭记忆口述,在文章刊出后发现一些偏差,编辑在删减修改时亦有几处出错。所幸那时的采写抢住了10年时间,留下一些弥足珍贵的资料。10年过去了,又间闻外公的一些工作经历,偶尔又收集到他的一些诗文图画,有了一些新的发现,原文中有些述事和名称逐渐得到更为确凿的详情。为此,我有重写周天初传记的愿望,但因工作、生活总是忙忙碌碌,既没有提笔的勇气,也没有适当的机会。

在杭州师范大学邓晴南老师的推荐下,得到弘一大师·丰子恺研究中心陈星先生的首肯,他对周天初前辈有相当的了解并十分推崇,他还委派刘晨教授与我合作,让我有了信心。同时,杭州市民盟要做老盟员回顾的编辑,周天初也被推荐入选。在此机会的鼓励下,时不我待,历经艰辛,在诸多友人的鼓励支持和帮助下,终于重新编著了《韶华老人周天初》。

草稿初成，惶惶然担忧。一忧自己水平不够文字苍白，再忧周天初更多的经历和轶事无法详尽收集，随着时间流失、知情老人陆续故去，资料收集变得更为困难。

本人花甲已过，精力体力欠缺，在采集、挖掘、考证周天初生平资料的过程中，只能抽出有限的时间投入这项工作。为希望得到更翔实的资料，我与刘晨老师分头采集素材。我去了浙江图书馆、浙江档案馆、杭州图书馆、杭州档案馆、上海图书馆、上海档案馆、浙江大学档案馆等地；采访了当年文联的领导，找到了当年西泠印社的篆刻、裱画老师，找到了那时杭州书画社的工作人员，听取了外公最后兼课学校学生的座谈……。伴随着疲劳和辛苦，外公的往事一幕幕清晰起来，虽不能全面，但点点滴滴也汇成了一个有血有肉，有着喜怒哀乐的艺术家教育家的一生经历；同时也知道些许周天初父亲周世棠的生平，以及太公对周天初的影响、对中国近现代学校教育的点滴作用；更多地了解到周天初就学所处时代，正是蔡元培大力提倡"美育"时期，了解到中国美育的先驱们，如何将科举时代中国美育的贫乏，开拓启蒙引进发展到现代美育的进步历程。周天初的一生，正是美育在人们思想和教育活动中的地位逐渐得以确立并发挥积极作用的时期，他在美术教育和自我艺术修养追求中，成为这一时代的受益者也是其中的践行者。

此次编写过程虽有艰辛，却也时时有快乐、有收获。这些收获不光有新获知的兴奋、也有得到考证的欣喜，更有对原文事件的时间、名称曾经误传得以纠偏删减的心里踏实。下面我分别举几个例子：

新得知的事情有：

周天初父亲周世棠的经历。了解到祖辈的点滴经历，虽不能全面，却也增加了不少翔实的资料。浙江图书馆王丽萍女士帮助我找到了周世棠 60 岁时刊印的《甬正棠诗集》(民国十九年)；本书作者之一的刘晨老师查到周世棠、孙海环 1906 年出版的《二十世纪中外大地图》，查到周天初1949在《浙江第一次全省美展纪念特刊》上发表的《希望》和《读罗两锋所作丁敬身先生像》等文章，让我了解到祖上的文化遗传和遗训，知道了周天初的父亲为科举私塾教育向学堂教育的过渡，办学堂，引进、翻译、审阅、出版教科书，在全国做图书发行，编地图集、历史教材、校阅矿物学教科书等，对新文化的传播贡献之大，理解了周天初对浙江美术发展心心念念之希望；也了解到周天初及其父亲周世棠在教育中之倾注，让我们后辈为之敬佩和尊重。

在细读《周天初先生担任教席念五周年、执教杭师十六周年纪念册》后，对周天初的经历有了更多详实的补充。

外公学生董也山、劳诚烈、吕仲华、吴丽丹、金轶强、胡炯炯、陈可、王月琴、金国光等人的座谈，钱立新、陈日唐先生等的回忆都留下了珍贵的资料。潘云鹤校长作为周天初的学生，为周天初题写了求是缘字词。

得到考证的事情有：

在上海图书馆、浙江图书馆、浙江档案馆等处查到历史档案，为周天初的经历取得考证：如周天初在上海美术图画院（上海美专）的毕业名录、上海美专留学归国授课老师名单、国立艺专（中国美院）教职员工名单、国立英士大学周天初的课程目录、周天初获教育部和教育厅表彰资料、周世棠与孙表卿的新学会社出版的诸多图书等等。陈星先生给我寄来《东京美术学校的外国留学生》一书，让我了解了外公当初留学日本的背景、教师和毕业作品，同时他还赠予《杭州师范大学艺术教育史的文献汇编》，给我提供了更加系统的参考资料。

得以纠偏删减的事情有：

《杭州文史资料第二十六辑》的朱馥生《我与潘韵先生的交往》有写："1957年4月，苏联最高苏维埃主席团主席伏罗希洛夫一行50人，由贺龙陪同访问杭州，周恩来专程来杭迎候并陪同参观梅家坞等地。

在此期间，潘天寿、潘韵、周天初应邀合作绘制一幅《如花之盛万年常青》的巨幅国画，赠送给伏罗希洛夫。”(第 26 页)此事咸信在《毕生致力美术教育的周天初先生》一文中也有记述(邹士润、陈凤法记忆)。为了查找画作的照片，我去了浙江档案馆找到伏罗希洛夫来杭州的具体时间为 1957 年 4 月 25 日，再去浙江图书馆查到当天的报纸，不太清晰的画作旁边一行小字，注有潘天寿和潘韵的名字。虽失望，但即刻将周天初名字删除。事后得知为何会有传周天初，原来此事先是文联邀请潘天寿和周天初，而周天初知道潘韵绘大幅画的水平，他去请潘韵合作，所以周、潘双方家人回忆此事时都认为是潘天寿、潘韵、周天初三人合作。

另有几处对 2005 年杭州市政协文史资料委员会《耆英影事：现代文化名人与杭州》书中《韶华老人周天初》一文内容的更正：一为西泠印社复社时，刘海粟画鹰祝贺，周天初写诗庆祝，而编辑校改时把两人的作品用逗号链接，误为一幅画中的题词，故而在此更正；二为 20 世纪 50 年代初组织成立“杭州市中等学校美术教研大组”，故对原文“杭州市中学生美术教研大组”作改错；三为解放初期周天初与潘天寿等 8 人成立的浙江山水画组织“国画创作小组”修正为“山水画写生小组”(出处为西湖国际美术家联谊会编《湖上学人——王伯敏》，远东文化艺术中心 2013 年 1 月版)。这要感谢俞连法先生将王伯敏《浙江 20 世纪下半叶山水画的回忆》资料提供给我，获得半个世纪前浙江山水画组织的活动情况和更为确切的名称。

本次撰写首先要感谢的是我的合作者刘晨教授为本书的付出。感谢潘崇辉老师对我的帮助、鼓励和提示。

感谢姜丹书先生的儿子姜书凯先生，给我鼓励并赠送姜丹书先生的《姜丹书艺术教育杂著》等书，书中记载的我国近现代美术史料弥足珍贵，其中多处记载有周天初的足迹，对此作多有帮助。他还帮我找到外公给姜丹书先生的书信。对我影响的还有姜书凯先生的精神,他老年自学电脑亲自打字,完成出版了父亲文集、诗集、画集的三个夙愿,目前七十多岁还笔耕不止撰写专业史书。

外公留下的诗作、画上的题词多为繁体且典故词语颇难阅读和理解。是杭州师范大学美术学院的方爱龙教授抽出宝贵时间,给周天初题画诗剩作句读、繁体改简体并打印为横排版;是浙江省之江诗社常务理事连金法先生和浙江省博物馆西湖画院院长、书画家董也山先生给部分诗剩作了书面注释。杭州师范大学的劳诚烈教授在我们写作过程中,对诗词的典故解释亦给予很多帮助。因为有上述译者的相助(包括周天初自己的注释),方便理解并发现周天初的诗词即抒怀又纪事,起到了诗史的作用。诗里词间无不反映了周天初所处时期或所到之处的自然风光、民风纪实、国家兴亡、师友情谊、教学体会、时局心境。诗词及其注释、记载,更是本书撰写查考之重要依据和来源。在此对上述各位老师表示深深的感谢!

再次感谢浙江图书馆,是浙江图书馆古籍馆保存了民国十九年出版的我太外公周世棠的《甬正堂诗集》,保存了新学会社出版的 166 部书籍,保存了 1908 年周世棠与孙海环编辑出版的《二十世纪中外大地图》;保存了 1947 年杭州师范同仁为周天初集资编写的纪念册。纪念册为我外公留下了他中年时期的教学成绩、诗剩画作,更珍贵的是留下了周天初那段艰苦历程中的真实足印和史料。国家测绘档案资料馆、国家图书馆、上海图书馆、宁波图书馆均保存了周世棠、孙海环编辑出版的《二十世纪中外大地图》;感谢日本东京艺术大学保存了近百年的周天初留学档案和毕业作品。

感谢杭州师范大学邓晴南老师,她对音乐教育家顾西林生平与教学研究书籍,帮助我更多了解外公所在师范学校美术音乐教育的状况以及学校避难时的境遇。外公和顾西林不仅私交很好,他们更是同校同一艺术学科的负责人，两人有很多相同的处境。

最后，我要特别感谢高宁先生提出的很多宝贵意见，提供的珍贵历史资料和旧照，帮助校改、补充了周世棠和周天初施教历程等章节，并应邀为本书作序。感谢潘天寿的外孙朱仁民先生，为本书题写书名并配以插图；感谢潘云鹤先生的题词；感谢包辰初、劳诚烈、董也山、金铁强、陈威遐、祝富荣先生等人撰写的回忆文章或所作之书画；感谢徐碧圭女士的宝贵回忆；更感谢已故朱琦先生、柳村先生、咸信先生生前对周天初所作的追忆。他们的支持为本书的完成和出版提供了重要的条件，我谨向他们表示诚挚的谢意！

留在本书中的缺失与遗憾暂难补救，好在对周天初的研究已经开了头。我以《韶华老人周天初》的出版来告慰外公的在天之灵，作为他诞生 121 周年的纪念吧。

2016 年 4 月于杭州

图书在版编目(CIP)数据

韶华老人周天初/陈芝敏,刘晨著.—上海:上海三联书店,2016.12

ISBN 978-7-5426-5717-6

Ⅰ.①韶… Ⅱ.①陈…②刘… Ⅲ.①周天初(1894—1970)-传记 Ⅳ.①K825.72

中国版本图书馆CIP数据核字(2016)第250443号

韶华老人周天初

著　　者 / 陈芝敏　刘　晨

责任编辑 / 冯　征
装帧设计 / 徐　徐
监　　制 / 李　敏
责任校对 / 张大伟

出版发行 / 上海三联书店
(201199)中国上海市都市路4855号2座10楼
网　　址 / www.sjpc1932.com
邮购电话 / 021-22895557
印　　刷 / 上海展强印刷有限公司

版　　次 / 2016年12月第1版
印　　次 / 2016年12月第1次印刷
开　　本 / 890×1240　1/32
字　　数 / 250千字
彩　　插 / 8页
印　　张 / 8.75
书　　号 / ISBN 978-7-5426-5717-6/K·405
定　　价 / 38.00元